DE AQUÍ Y DE ALLÁ

third edition DE AQUÍ Y DE ALLÁ

ESTAMPAS DEL MUNDO HISPÁNICO

EDUARDO ZAYAS-BAZÁN

East Tennessee State University

M. LAURENTINO SUÁREZ

D. C. HEATH AND COMPANY

Lexington, Massachusetts   Toronto

Cover Art: Rudy Fernandez, *Entangled,* 1986. Wood, neon, oil on canvas. Courtesy of the artist; Elaine Horwich Gallery, Santa Fe; and Smith-Anderson Gallery, Palo Alto.

Cover: Joanna Steinkeller.

International Standard Book Number: 0-669-17378-9.

Library of Congress Catalog Card Number: 88-84068.

10 9 8 7 6 5 4 3 2

Acknowledgments

Textual Credits

From *Buenhogar (Good Housekeeping)*, courtesy of Editorial América, S. A., Virginia Gardens, Florida: "Orígenes del tenis" (2–76); "¿Cuánto sabe Ud. sobre el amor?" (11–76) "¿Qué piensan de usted sus amigos?" (12–76).

From *Blanco y Negro*, Madrid, Spain: "¿Es Ud. un buen conductor?" (8–74); "La moda ayer y hoy" (1976); "Las precauciones que deben tomar los turistas" (9–76); "Consejos para luchar contra la gripe" (12–76).

From *Cosmopolitan en Español*, copyright 1978 by THE HEARST CORPORATION, New York: "Como no romper su dieta . . . ¡ni en un restaurante de lujo!"; "¿Una segunda luna de miel? . . ." (*Illustration*) (3–77).

From *Del amor a la revolución*, by Manuel del Toro, Río Piedras, Puerto Rico; "Mi padre." Reprinted by permission of the author.

From *El Español y los siete pecados capitales* by Dr. Fernando Díaz-Plaja, Madrid, Spain; "La gula." Reprinted by permission of the author.

From *¡Hola!*, Madrid, Spain: "—¿Le importaría repetirlo? . . ." (*Illustration*).

From *Hombre de mundo*, courtesy of Editorial América, S. A., Virginia Gardens, Florida, "El director de la casa Lanvin explica el vestuario indispensable de los elegantes" (4–76); "Gabriel García Márquez: Su visión sobre la soledad" (5–83); "Los OVNIs: Nos Llegan visitantes del espacio" by Romeo Franco Caputi (1–84), reprinted by permission of the author.

From *Las mejores estampas de Secades* by Eladio Secades: "La Calle Ocho." Reprinted by permission of Carmen Secades, Flushing, New York.

From *Mundo Hispánico*, Madrid, Spain: "Goya en los Estados Unidos" (6–76).

From *El Nuevo Herald:* "Porque buscan lo nuevo" (*Illustration*), reprinted by permission of *El Nuevo Herald*.

"Pepiño y el arte abstracto" by María Mercedes Ramos de Kinsel. Reprinted by permission of the author.

From *Popular Mechanics*, copyright 1976 by THE HEARST CORPORATION, New York: "Vacaciones en automóvil" (6–76). All rights reserved.

"Puerto Rico: Visión panorámica" by Daniel Vélez, Secretario de Prensa del Gobernador Rafael Hernandez Colón. Reprinted by permission

From *Revista Contenido*, courtesy of Editorial Contenido, S. A., Mexico: "¿Quién debe mandar, el marido o la mujer?" (4–72); "Es usted alcohólico oculto?" (4–72); "El gran Picasso" (7–73).

From Selecciones del *Reader's Digest*, Mexico: "Una familia inolvidable" by Pamela Hennell (1965); "Desapariciones en el Triángulo del Diablo" by James Stewart-Gordon (10–72).

From Selecciones del *Reader's Digest*, Spain: "Así triunfó Julio Iglesias" (1–82); "Cómo superar los conflictos matrimoniales" (7–83); "Arranca siempre con el motor parado" (1–84); "Si quiere, puede dejar de fumar" (5–84).

From Selecciones del *Reader's Digest*, Spain: "Retrato de un hombre honesto" by Pete Hamill (7–87). Reprinted by permission of International Creative Management, © 1986 by Pete Hamill.

From *Vanidades Continental*, courtesy of Singer Features, Anaheim, California: "¿Cómo está funcionando su sexto sentido?" (3–83); "¿Qué tipo de amor es el suyo?" (7–83).

Photo Credits

p. 1, Mark Antman/The Image Works; p. 3, Mark Antman/The Image Works; p. 11, Mark Antman/The Image Works; p. 21, Mark Antman/The Image Works; p. 23, Mark Antman/The Image Works; p. 26, Peter Menzel; p. 28, Mark Antman/The Image Works; p. 33, Peter Menzel; p. 41, Mark Antman/The Image Works; p. 43, Beryl Goldberg; p. 55, Mark Antman/The Image Works; p. 57, Mark Antman/The Image Works; p. 63, Mark Antman/The Image Works; p. 73, Mark Antman/The Image Works; p. 83, Mark Antman/The Image Works; p. 87, Mark Antman/The Image Works; p. 89, Peter Menzel; p. 99, Mark Antman/The Image Works; p. 101, Bettmann Newsphotos; p. 105, Joseph F. Viesti; p. 110, Bettmann Newsphotos; p. 113, Mark Antman/The Image Works; p. 115, Pierre Vauthey/Sygma; p. 122, Susan Meiselas/Magnum; p. 127, Bettmann Newsphotos; p. 131, NASA/Johnson Space Center; p. 141, Ulrike Welsch; p. 145, Mark Antman/The Image Works; p. 147, Mark Antman/The Image Works; p. 155, Peter Menzel; p. 159, Mark Antman/The Image Works; p. 162, ¡Hola!; p. 168, Mark Antman/The Image Works; p. 178, Mark Antman/The Image Works; p. 185, Dartmouth College, Baker Library, Hanover, New Hampshire; p. 187, "Modo de Volar" Francisco Goya y Lucientes. Bequest of Horatio G. Curtis by exchange and the Harvey D. Parker Collection by exchange. Courtesy, Museum of Fine Arts, Boston; p. 191, Mexican National Tourist Office; p. 192, Mexican National Tourist Office; p. 196, Vaga; p. 201, Hugh Rogers/Monkmeyer Press; p. 209, Mark Antman/The Image Works; p. 211, Spanish National Tourist Office; p. 216, Bettmann Newsphotos; p. 221, Photoworld/Freelance Photographer's Guild; p. 226, Christine Spengler/Sygma; p. 231, Mark Antman/The Image Works; p. 235, Philadelphia Museum of Art: the Dr. Robert H. Lamborn Collection. Photo by Alfred J. Wyatt; p. 241, Casa Moreno, Madrid; p. 251, Randy Taylor/Sygma; p. 253, Peter Menzel; p. 259, Eduardo Zayas-Bazán; p. 264, Puerto Rico Economic Development Administration, New York; p. 265, Puerto Rico News Service, New York; p. 269, Secretario de Prensa del Gobernador Rafael Hernández Colón.

Preface

De aquí y de allá: Estampas del mundo hispánico, Third Edition, is a cultural reader designed to provide intermediate-level Spanish students with interesting, lively, and contemporary reading materials about a variety of topics related to Hispanic culture in the modern world. The great majority of the reading selections have been taken from popular, widely read Hispanic magazines and deal with subjects that have a broad appeal to students. *De aquí y de allá* therefore allows students to develop their reading ability while stimulating them to engage actively in meaningful conversation and class discussions. In this sense, the text can be ideally suited either as a supplementary reader for grammar review courses or as the main text for intermediate or advanced conversation courses.

New to the Third Edition

A number of changes have been implemented in this Third Edition of *De aquí y de allá*. Among the most significant are the following:

- Each selection is now preceded by a vocabulary section which contains a list of the most crucial terms and expressions found in the reading. This *Vocabulario Activo* will be extremely useful in preparing students to become familiar with key terms before proceeding with the reading of each selection.
- Several new readings have replaced selections dealing with topics that were dated. Readings about contemporary Hispanic figures like José Canseco and James Edward Olmos give students a more up-to-date perspective on the achievement of Hispanics in the United States.
- Many other selections have been updated and revised to reflect key historical, sociological, political, and cultural changes in Hispanic countries.
- Many new, more recent photographs have been added, and the text has been redesigned in such a way that students will find the material more appealing and better organized

Chapter Organization and Contents

Each chapter of *De aquí y de allá* is focused around a central theme such as foods, health, sports, marriage, etc. There are two to four selections in each chapter, which then expand and elaborate on various aspects of the chapter theme. Several selections now also have brief introductions that describe the contents of each reading. In addition, numerous marginal glosses help the student understand difficult and obscure terms not included in the *Vocabulario Activo*.

The exercises that follow each reading selection of the text provide students with practice in a variety of skills, ranging from basic comprehension and vocabulary building to writing compositions and discussion topics. The exercise apparatus includes the following types of activities:

- *Preguntas sobre la lectura*   An activity consists of comprehension questions based on the readings.
- *Preguntas para discutir en clase*   An exercise designed to stimulate and promote class discussions about the topics raised in the readings.
- A variety of word recognition, vocabulary building, and translation exercises.
- *Composición controlada*   This appears in most selections and is designed to provide writing practice within the context of the reading's themes and vocabulary.

Acknowledgments

We would like to express our appreciation to Miss Ana María Pedroso for her help in securing permission from Editorial América, S.A., publisher of *Vanidades*, *Buenhogar*, *Hombre de mundo*, and *Geomundo*; to Professor Mirtha Toledo of Valparaiso University and to Mrs. Susan Fiedler, an ETSU student, for their careful reading of the text; and to Ms. Bertie E. Green of Spring Valley High, Columbia, S.C., for her valuable help in preparing the new vocabulary sections. We would also like to thank the following reviewers for their helpful comments and suggestions during the preparation of the manuscript: Matias Vega, Xavier University; Mary Gill, West Texas University; and John Turner, Bowdoin College.

Finally, we wish to express our appreciation to José Blanco, Renée Mary, Denise St. Jean, and the rest of the editorial staff of D. C. Heath and Company for their assistance in producing this book.

Eduardo Zayas-Bazán
M. Laurentino Suárez

Contents

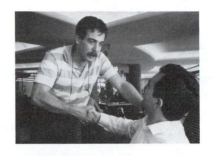

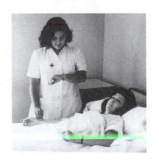

CAPÍTULO 1
La personalidad

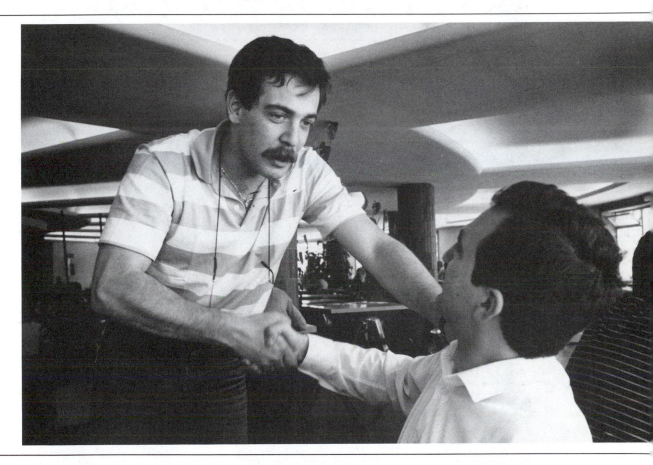

La vida es una larga trayectoria que nos lleva de la cuna[1] a la tumba.[2] A lo largo de este camino tenemos la necesidad de convivir[3] con nuestros semejantes.[4] La persona que no aprenda a llevarse bien[5] con sus iguales está destinada al fracaso y a pasar por una vida dificultosa y triste. La personalidad es una característica importantísima en el desarrollo social de la persona. Un individuo con una personalidad agradable y afectuosa tiene casi ganada la carrera contra las adversidades sociales.

Y Ud., ¿cree que se conoce bien? Después de leer este capítulo le garantizamos que tendrá una mejor idea.

---

[1] **la cuna** cradle [2] **la tumba** grave [3] **convivir** to live together [4] **nuestros semejantes** our fellow man

[5] **llevarse bien** to get along

¿Qué piensan de usted sus amigos?

VOCABULARIO ACTIVO

SUSTANTIVOS

el alma soul
la amistad friendship
la belleza beauty
el ejemplo example
la luz light
el principio beginning
el sentido sense
el sentimiento feeling

VERBOS

alejarse to distance oneself
amenazar to threaten
asistir to attend
desarrollar to develop
desdeñar to disdain
equivocarse to make a mistake

evitar to avoid
molestar to bother
ocultar to hide
preocuparse to worry
rechazar to reject
reírse de to laugh at

ADJETIVOS

demasiado too much
misántropo man / woman hater
vivo alive

EXPRESIONES

darse cuenta de to realize
estar de acuerdo to agree
tomar el pelo to pull one's hair

Nuestra capacidad para hacer que la gente nos quiera y admire depende, más que nada, de tres factores: tacto, entusiasmo y disposición para aceptar la individualidad.

Estos tres factores, cuando no se poseen, pueden ser desarrollados. Con la prueba que se le dará a continuación, Ud. tendrá oportunidad de saber cuál es su efectividad social, y de acuerdo con las respuestas, Ud. podrá saber las cosas que debe hacer para mejorar° su imagen.   to improve

Conteste todas las preguntas marcando la línea que indique si Ud. está de acuerdo con lo que dice la oración (*Sí*), si no está de acuerdo (*No*), o si no está seguro (*No sé*). Después de marcar las respuestas, determine la puntuación total sumando° el total de   adding
cada sección. El final tendrá tres totales que corresponden a cada uno de los tres factores. Finalmente, vea la sección de puntuación en la página 7 y determine el resultado.

Dos amigas conversando en un café del Paseo del Recoletos en Madrid.

TACTO

	sí	no sé	no	puntos
1. Casi siempre dice lo que piensa, sin tener en consideración los sentimientos[1] de las demás personas.				
2. Hace lo que quiere aunque otras personas no lo aprueben.[2]				
3. Tiene buena memoria para los nombres y las caras.				
4. A veces Ud. les pide a sus amigos que hagan cosas que ellos no aprueban.				
5. Si no le invitan a una fiesta, Ud. asume que tienen buenas razones para no hacerlo.				
6. No le molesta a Ud. que otras personas lo observen.				
7. Cuando Ud. está irritado, se aleja de[3] la gente.				
8. A Ud. no le gusta ser el centro de atracción.				
9. Ud. tiene habilidad para tratar con diferentes clases de personas.				
10. A Ud. no le molesta recibir órdenes.				
11. A Ud. no le gusta que le tomen el pelo.[4]				
12. Si Ud. está de mal humor, no puede ocultarlo.				

---

[1] **tener . . . sentimientos** take into account the feelings
[2] **aprueben** they approve
[3] **se aleja de** you distance yourself from
[4] **le tomen el pelo** they pull your leg

12 puntos o menos.   Esa tendencia suya a pasar por alto° ciertos detalles del trato social, puede dar la impresión a los demás de que Ud. no tiene una opinión muy favorable ni de sus propios valores ni de su prójimo.° Debe hacer un poco de esfuerzo° para que otras personas se sientan mejor en su presencia, aunque Ud. no siempre comparta° sus puntos de vista.

    Tener tacto no significa que tenga que decir amén a todo lo que le digan. Pero sí debe estar alerta a los intereses, esperanzas,° y hasta temores° de los demás y, sobre todo, que trate de entender lo que es importante para ellos. Quizás Ud. se preocupa demasiado por sus propias necesidades y sentimientos. Escuche a los demás.

pasar por alto   to overlook

neighbor / effort

you share

hopes
fears

De 12 a 28 puntos.   Aunque Ud. es a veces una persona considerada, y tiene buen sentido de lo apropiado en cada momento, a veces se irrita demasiado y tiende a perder el control. Ponga su intuición a trabajar constructivamente. Permita que los demás se den cuenta de su sensibilidad a través de sus acciones.

28 puntos o más.   Tiene un excelente sentido de lo que es apropiado para cada situación. No es común que cometa indiscreciones o faltas de tacto. Tiene gran habilidad para ponerse en el lugar° de otras personas, y entender lo que les gusta y disgusta.

place

    Su estabilidad indica un alto grado de inteligencia en las relaciones sociales. Tiene facilidad para crear un ambiente armonioso que facilita la comunicación en grupos. También trata a los demás con dignidad y justicia. No hay duda que todos admiran su diplomacia y equilibrio.

DISPOSICIÓN PARA ACEPTAR LA INDIVIDUALIDAD DE OTROS

                            sí no sé no   puntos

1. Si alguien se equivoca,[1] Ud. es la persona que le indica su error.

2. Cuando hace algo socialmente incorrecto y se siente en ridículo, puede quitarse el recuerdo de la mente con rapidez.

3. Son pocos los temas de conversación que le molestan y trata de evitar.

4. Ud. piensa que la mayoría de la gente que tiene puestos importantes en el gobierno, aceptaría sobornos[2] si éstos fueran suficientemente grandes.

5. Ud. cree que casi todo el mundo pone el bienestar de sus amigos por encima[3] del suyo propio.

[1]**se equivoca**   one makes a mistake
[2]**sobornos**   bribes
[3]**por encima**   above

6. Ud. piensa que hay gente que dice y hace cosas para molestar a los demás.

7. Ud. evita criticar a otras personas.

8. Ud. Cree que la gente es honrada[1] por miedo a las consecuencias. cias.

9. Ud. piensa que cada persona se ocupa de[2] su problema primero.

10. Ud. cree que casi nadie hace lo que predica.[3]

11. Ud. siempre evita poner a sus amigos en una situación difícil.

12. Ud. piensa que recibimos de la vida según el esfuerzo que realizamos.[4]

10 puntos o menos.   Es posible que su actitud defensiva esté estableciendo demasiadas barreras° entre Ud. y las personas que se le quieren acercar.° Es muy posible que se den cuenta que Ud. no confía en ellas y que por esto se sienten incómodas en su presencia. Además, pueden pensar que Ud. critica con mucha facilidad y que exige demasiado de ellas. Adopte una postura de "vivir y dejar vivir."

    obstacles

    to get close

De 10 a 20 puntos.   Hay veces en que Ud. no sabe qué hacer. Quiere confiar en alguien, pero le gustaría estar más seguro antes de hacerlo. A veces se muestra° muy reservado en sus relaciones con otros, y esto hace que ellos tomen la misma actitud hacia Ud. Debe tratar que los demás confíen° un poco más en su persona.

    se muestra   you show yourself

    they confide

21 puntos o más.   Su tendencia a aceptar a otros, sin poner en duda los motivos aparentes que inspiran la conducta ajena,° es un factor que contribuye mucho a que lo acepten a usted y a sus opiniones. Sus amistades nuevas aprenden a estimarle con rapidez y los viejos amigos buscan su compañía constantemente.

    belonging to another

    Como es tolerante por naturaleza, es muy posible que tenga que escuchar muchas confidencias, especialmente de problemas personales. Ud. se siente a gusto° con las tradiciones, y no tiene intención de reformar a la gente ni a las instituciones. Algunos amigos le advertirán° que es demasiado bondadoso,° pero ellos olvidan que ése es, precisamente, el motivo que los hace mantenerse a su lado.

    a gusto   comfortable

    they will advise / kind

---

[1] **honrada**   honest
[2] **se ocupa de**   takes care of
[3] **predica**   he preaches
[4] **realizamos**   we make

ENTUSIASMO

	sí	no sé	no	puntos
1. Las personas que lo conocen a Ud. piensan que Ud. es un conversador ameno.[1]				
2. Su ropa es siempre de colores vivos, muy llamativa.[2]				
3. Pasa con sus amistades la mayor parte de su tiempo libre.				
4. Si se encuentra entre personas del sexo opuesto, evita tópicos embarazosos.				
5. En las conversaciones de grupo, le gusta más escuchar que participar.				
6. Se considera más bien pesimista que optimista.				
7. La gente le dice que es el alma[3] de la fiesta.				
8. Se ríe con facilidad.				
9. Se expresa mejor escribiendo que hablando.				
10. Es más bullicioso[4] y animado[5] que la mayoría de la gente que conoce.				
11. Se preocupa[6] mucho sin tener motivos razonables.				
12. Ud. siempre trata de encontrar defectos en las ideas de los demás.				

15 puntos o menos.   Puede ser que Ud. esté interesado en todo lo que ocurre a su alrededor,° pero si no comunica sus sentimientos, es muy difícil que los demás se enteren.° También otros pueden pensar que Ud. lleva una vida vacía,° aunque no sea verdad.

a su alrededor   around you
se enteren   they find out
empty

No controle tanto sus sentimientos, esto resulta en una aparente actitud crítica hacia todo lo que hacen los demás. La falta° de entusiasmo crea una sensación de falta de interés.

lack

De 10 a 21 puntos.   Aunque hay momentos en que Ud. se muestra alegre y lleno de bríos,° su entusiasmo depende de una serie de factores que casi siempre están fuera de su control; por ejemplo, un día hermoso, una llamada telefónica inesperada,° etc. Como su entusiasmo viene de fuera,° éste va a reflejar lo que otros hacen por Ud., en vez de lo que Ud. hace por ellos.

liveliness

unexpected
de fuera   from others

---

[1]**ameno**   agreeable
[2]**llamativa**   loud
[3]**alma**   soul, *i.e.,* life
[4]**bullicioso**   noisy
[5]**animado**   lively
[6]**se preocupa**   you worry

21 puntos o más.   El optimismo y buen humor que Ud. irradia° le   you radiate
dan una ventaja° decisiva en sus relaciones sociales. Sin embargo,   advantage
si la puntuación es muy alta, tenga cuidado, ya que puede dar la
impresión de que no tiene los pies puestos sobre la tierra. Una
personalidad alegre, combinada con una conciencia apropiada de
lo que sucede a su alrededor, es la fórmula perfecta para hacer que
la gente responda positivamente a su persona.

Como se niega a destruir las esperanzas de los demás, ellos no
pueden evitar sentirse bien alrededor suyo.

Puntuación

	Tacto				Disposición para aceptar la individualidad de otros				Entusiasmo		
	sí	no sé	no		sí	no sé	no		sí	no sé	no
1.	0	1	2	1.	0	1	2	1.	3	2	1
2.	0	1	2	2.	3	2	1	2.	3	1	0
3.	3	2	1	3.	3	1	0	3.	3	2	1
4.	1	2	3	4.	0	1	2	4.	0	1	2
5.	3	2	1	5.	2	1	0	5.	0	1	2
6.	3	2	1	6.	0	1	2	6.	0	1	2
7.	3	2	1	7.	2	1	0	7.	3	1	0
8.	1	2	3	8.	0	1	2	8.	2	1	0
9.	3	2	1	9.	0	1	2	9.	0	1	2
10.	3	2	1	10.	0	1	2	10.	3	1	0
11.	1	2	3	11.	3	1	0	11.	0	1	2
12.	0	1	3	12.	3	2	0	12.	0	1	2

Adaptado de *Buenhogar*

Ejercicios

A. *Preguntas sobre la lectura.*

1. ¿Cuáles son los tres factores más importantes en nuestra
   personalidad?
2. ¿Pueden desarrollarse estos factores?
3. ¿Cuántos totales habrá al final?

B. *Preguntas para discutir en clase.*

1. ¿Le dice Ud. a sus amigos usualmente lo que piensa? ¿Por qué?
2. ¿Tiene Ud. buena memoria? Dé ejemplos.
3. ¿Le gusta a Ud. asistir a fiestas? ¿Hasta qué hora se queda en ellas?
4. ¿Qué hace Ud. cuando está irritado?
5. ¿Le molesta que le tomen el pelo? Explique su reacción.
6. Cuando Ud. está de mal humor, ¿puede ocultarlo?°   hide it
7. ¿Rectifica Ud. los errores que hacen sus amigos? ¿Cómo lo hace?
8. ¿Bajo qué circunstancias critica Ud. a otras personas?
9. ¿Sobre qué tópicos le gusta conversar?
10. Cuando está en un grupo, ¿prefiere hablar o escuchar? ¿Por qué?
11. ¿Es Ud. optimista o pesimista? ¿Por qué?
12. ¿Se preocupa Ud. de sus estudios? ¿De qué manera?

C. *Escoja la palabra que mejor complete el sentido de la oración según el artículo.*

1. Siempre _____ lo que siente sin pensar en los demás.
   a. dice   *b.* oculta   *c.* se ríe de
2. Tengo buena _____ para los nombres.
   a. idea   *b.* memoria   *c.* tacto
3. A ellos no les _____ que otros los observen.
   a. amenaza   *b.* fascina   *c.* molesta
4. Cuando estoy _____ , me alejo de la gente.
   a. enfermo   *b.* irritado   *c.* embarazado
5. A nadie le gusta que le tomen el _____.
   a. brazo   *b.* mano   *c.* pelo
6. Si alguien se quivoca, Ud. le hace ver el _____.
   a. error   *b.* hecho   *c.* luz
7. Uno debe evitar las _____ directas.
   a. conversaciones   *b.* críticas   *c.* amistades
8. Su ropa es de _____ vivos.
   a. colores   *b.* modelo   *c.* partes
9. Las amigas piensan que ella es el _____ de la fiesta.
   a. alma   *b.* belleza   *c.* defecto

D. *Seleccione la palabra de la columna A que sea un antónimo de una palabra de la columna B.*

A	B
1. aceptar	*a.* pregunta
2. social	*b.* destruir
3. respuesta	*c.* poco
4. aprobar	*d.* rechazar
5. crear	*e.* seguridad
6. principio	*f.* misántropo
7. admirar	*g.* rudo
8. demasiado	*h.* final
9. duda	*i.* desdeñar
10. diplomático	*j.* desaprobar

Cómo llevarse bien con la gente

VOCABULARIO ACTIVO

SUSTANTIVOS

la burla   mockery
el chisme   gossip
el desprecio   contempt
el escrito   writing
el éxito   success

VERBOS

alentar   to encourage
burlarse de   to make fun of
celebrar   to praise
cumplir   to fulfill
deber   to have to *(should, ought)*
dejar   to permit, let
discutir   to argue
esperar   to expect
importar   to matter
llorar   to cry
rodear   to surround
sugerir   to suggest

ADJETIVOS

amable   kind
bajo   soft; short
cuyo   whose
fiel   faithful
humilde   humble
infiel   unfaithful
malintencionado   derogatory
mordaz   sarcastic
valioso   valuable

EXPRESIONES

a costa de los demás   at the expense of the rest
hacer daño   to harm
lo que se dice   what it is said
llevarse bien   to get along
por sí mismas   by themselves
valer la pena   to be worthwhile

Tres amigos disfrutan un helado mientras pasan por el centro de Sevilla.

Ann Landers, la columnista de fama internacional cuyos escritos aparecen regularmente en los periódicos y revistas del mundo hispánico, sugiere° una serie de reglas° que se deben observar en la vida real para llevarse bien con la gente.

she suggests / rules

1. No diga todo lo que piensa. Cultive una voz baja° y persuasiva. A veces importa más cómo se dicen las cosas que lo que se dice.

soft

2. Haga pocas promesas, pero cúmplalas fielmente,° no importa lo que pase.

cúmplalas fielmente *fullfill them faithfully*

3. Nunca deje pasar la oportunidad de decirle una palabra amable° o alentadora° a alguien. Celebre° una buena labor, no importa quién la haya hecho. Si es necesario criticar, hágalo constructivamente, no con desprecio.°

kind / encouraging / do praise

disdain

4. Interésese por otros, por su trabajo, familia, metas,° etc. Diviér-   goals
tase con los que están contentos, y llore con los que sufren. Haga
que todas las personas con las que Ud. se encuentre piensen que
Ud. las considera importantes, por humildes que sean.

5. Sea optimista. No moleste° ni deprima° a aquéllos que le ro-   do not bother / do not depress
dean,° contándoles° sus desilusiones y dificultades pequeñas. Re-   they surround / telling them
cuerde que todo el mundo tiene problemas.

6. Sea de mente° abierta. Converse, pero no discuta.° Lo que dis-   mind / argue
tingue a una mente superior es la habilidad para disentir° sin ser   to dissent
desagradable.

7. Deje que° sus virtudes hablen por sí mismas.° No hable de los   **Deje que** Let / **por sí mismas**
defectos de otros. No aliente° el chisme,° que es una pérdida° de   for themselves
su valioso tiempo y puede resultar muy destructivo.   do not feed, nourish /
gossip / loss

8. Respete los sentimientos de otros. Las burlas° y los comentarios   mockeries
mordaces,° a costa de° los demás, no valen la pena, y pueden   sarcastic / **a costa de**   at the
hacerle daño° cuando Ud. menos lo espere.   expense of
hacerle daño   to hurt you

9. No preste atención° ninguna a los comentarios malintenciona-   **preste atención**   do pay
dos° que se hagan sobre Ud. Cabe° la posibilidad de que la persona   attention
que le dice chisme no diga las cosas exactamente como las oyó.   derogatory / There is

10. No se preocupe demasiado de que otros reconozcan su valor.°   worth
Haga las cosas lo mejor que pueda, y espere. Olvídese de sí mismo
y deje que sean los otros los que se acuerden. El éxito es mucho
más agradable así.

Adaptado de *Buenhogar*

Ejercicios

A. *Preguntas sobre la lectura.*

1. ¿Qué serie de reglas sugiere Ann Landers?
2. ¿Se debe decir todo lo que uno piensa?
3. ¿Se deben hacer promesas?
4. ¿Cómo debe actuar con otras personas?
5. ¿Qué debemos hacer que otras personas piensen?
6. ¿Por qué se debe ser optimista?
7. ¿Qué tipo de mente se debe tener? ¿Por qué?
8. ¿Debemos hablar de nosotros mismos?
9. ¿Qué debemos respetar?
10. ¿A qué no se debe prestar atención?
11. ¿Cómo debemos hacer las cosas?

B. *Preguntas para discutir en clase.*

1. ¿Cree Ud. que se lleva bien con la gente? ¿Por qué?
2. ¿Es Ud. optimista o pesimista? Dé un ejemplo concreto.
3. ¿Le gusta hacer promesas? ¿Por qué?
4. ¿Se interesa Ud. por la familia de sus amigos? ¿En qué sentido?
5. ¿Le gusta discutir sobre política? ¿Sobre aspectos locales o nacionales? Explique.
6. ¿Le gusta oír un buen chisme? ¿De qué depende?
7. ¿Tiene amigos que se burlan de° otras personas? Explique.   **se burlan de**   they make fun of

C. *¿Son verdaderas o falsas las siguientes oraciones?*

1. Ann Landers escribe sobre la política.
2. Es fácil llevarse bien con todo el mundo.
3. Es más fácil ser sincero con los amigos que con otras personas.
4. Lo importante es hablar claro, no cómo se dice.
5. Es mejor no decir nada que tener que decir una palabra amable a alguien.
6. Debemos ser particularmente considerados con los humildes.
7. Las personas de mente abierta discuten comúnmente.
8. El éxito es más agradable cuando somos nosotros los que reconocemos nuestro valor.
9. El chisme sirve para hacer amigos.
10. Cuando se critica, es conveniente hacerlo con cierto desprecio.

D. *Seleccione la palabra de la columna A que sea un antónimo de una palabra de la columna B.*

A	B
1. decir	*a.* peor
2. internacional	*b.* superior
3. fiel	*c.* cerrar
4. llevar	*d.* local
5. inferior	*e.* infiel
6. reír	*f.* traer
7. importante	*g.* callar
8. pesimista	*h.* llorar
9. molestar	*i.* optimista
10. abrir	*j.* humilde
11. mejor	*k.* ayudar

E. *Seleccione la palabra que no pertenezca a la serie.*

1. fama, gloria, poder, humildad, fuerza°   strength
2. gozar°, nacer, morir, vivir, reír   to enjoy
3. decir, llorar, contar, hablar, comentar
4. risa, alegría, miseria, contento, feliz
5. defecto, valor, problema, negativo, desagradable
6. olvidar, recordar, memorizar, asimilar, jugar
7. optimista, positivo, alegre, calculador,° favorable   conniver
8. cabeza, boca, dientes,° nariz,° ojos, inteligencia   teeth / nose

F. *Temas para desarrollar.*

1. Situaciones en que la crítica tiene justificación.
2. Razones para celebrar la buena labor de sus compañeros de
   trabajo.
3. ¿Por qué debe uno llevarse bien con la gente?

Las carreras y la personalidad

VOCABULARIO ACTIVO

SUSTANTIVOS

el acomodador usher
el administrador manager
el campo field; country
las carreras careers
el descanso rest
la felicidad happiness
la letra letter
la mariposa butterfly
la moda fashion
la moneda coin
el oro gold
el pasatiempo pastime

VERBOS

aplicar to apply
conocer to meet
relacionar to relate
sacar to draw

ADJETIVOS

amplio wide
antiguo ancient, old
ciego blind
distinto different
extranjero foreign

EXPRESIONES

por igual equally

Si tiene muchas dudas sobre la carrera que debe elegir, haga la prueba que aparece a continuación. Este sencillo° estudio no tiene la intención de ser un análisis profesional, pero le servirá para darle cierta orientación sobre su futuro. Recuerde que de lo que decida hoy puede depender su felicidad. Descubra cuáles son sus preferencias de acuerdo con° su personalidad. Haga un círculo en una de las letras de cada número, escogiendo la letra que mejor describa lo que a Ud. le gusta hacer.

simple

de acuerdo con   according to

1. Cuando viaja prefiere:
   - *a.* conocer a personas de diferentes nacionalidades
   - *b.* ver paisajes hermosos
   - *c.* ver campos y sembrados°   cultivated fields
   - *d.* visitar los museos de ciencia
   - *e.* ver los puentes° y construcciones   bridges
   - *f.* visitar tiendas y *boutiques*

2. Le gustaría cooperar:
   - *a.* haciendo entrevistas° de opinión pública   interviews
   - *b.* haciendo dibujos° de publicidad   drawings
   - *c.* ayudando a las sociedades protectoras de animales
   - *d.* leyendo a una persona ciega
   - *e.* ayudando a guiar el tráfico en un lugar céntrico
   - *f.* haciendo labores° para regalos de Navidad   work

3. En una feria de campo,° le gustaría: **feria de campo**   country fair
   - *a.* ir a diversiones y espectáculos
   - *b.* ver los trabajos de artesanía
   - *c.* ver el ganado°   cattle
   - *d.* ver las exhibiciones de alimentos enlatados°   canned
   - *e.* ver la maquinaria—arados° y tractores   plowing machinery
   - *f.* mirar las exposiciones de trajes típicos

4. En deportes, le gusta:
   - *a.* el fútbol
   - *b.* las excursiones a la playa° o a las montañas   beach
   - *c.* la equitación°   horseback riding
   - *d.* ejercicios gimnásticos
   - *e.* ciclismo,° carrera de autos°   cycling / **carrera de autos**   car racing
   - *f.* ejercicios rítmicos para mejorar la silueta

5. Le gustaría coleccionar:
   a. firmas° de gente famosa   signatures
   b. reproducciones de cuadros famosos
   c. flores y plantas
   d. mariposas° e insectos disecados   butterflies
   e. monedas, sellos°   stamps
   f. fotos de artistas y modelos

6. Le gustaría visitar exposiciones de:
   a. objetos históricos
   b. objetos de arte
   c. productos alimenticios
   d. equipo de laboratorio
   e. medios de transporte
   f. modas°   fashions

7. Como entretenimiento prefiere:
   a. escribir cuentos o poesías
   b. actuar en obras de teatro
   c. entrenar° animales   to train
   d. hacer experimentos químicos
   e. arreglar° relojes y otros mecanismos antiguos   to fix
   f. peinar° o maquillar° a otros   to comb / to apply cosmetics to

8. Como trabajo temporal, le gustaría ser:
   a. recepcionista en un hotel
   b. acomodador° en un teatro   usher
   c. auxiliar° en un jardín o invernadero°   helper / greenhouse
   d. ayudante° en un hospital   aid
   e. auxiliar en una oficina de ingenieros
   f. ayudante en una barbería° o salón de belleza   barbershop

9. En las vacaciones, le gustaría:
   a. tomar un curso de meditación transcendental
   b. tomar un curso de apreciación musical
   c. tomar un curso de jardinería
   d. tomar un curso de biología
   e. tomar un curso de metalúrgica
   f. tomar un curso de modelaje

10. Si Ud. y sus amigos organizan una fiesta, le gustaría:
   a. hacer las invitaciones
   b. contratar la orquesta y elegir el tipo de música que se tocará
   c. hacer el adorno floral
   d. seleccionar el menú y la bebida
   e. buscar el local° para la fiesta   place; site
   f. dirigir la decoración

RESULTADOS

a. Si la mayoría de sus respuestas corresponden a la letra *a,* Ud. es una persona que se interesa por las relaciones sociales. Ud. tiene aptitudes para estudiar sociología, trabajo social, derecho,° publicidad, periodismo,° e inclusive el comercio en su aspecto de relaciones públicas.

law
journalism

b. Si la mayoría de sus respuestas corresponden a la letra *b,* sus preferencias están en el campo del arte.

c. Si la mayoría de sus respuestas corresponden a la letra *c,* su interés está en las ciencias naturales y en los trabajos profesionales que de ellas se derivan: agricultura, ecología, cría de animales,° viveros,° etc.

cría de animales animal husbandry / tree nurseries

d. Si la mayor parte de sus respuestas pertenecen° a la letra *d,* su vocación es la medicina y todas las ciencias que con ella se relacionan: química, biología, farmacia, etc., o a trabajos de laboratorio.

they belong

e. Si la mayoría de sus respuestas corresponden a la letra *e,* se interesa por la ingeniería, las construcciones, etc., y, por lo tanto,° le atraen la física, las matemáticas, los trabajos de mecánica, etc.

por lo tanto therefore

f. Si la mayor parte de sus respuestas corresponden a la letra *f,* Ud. muestra aptitudes para todo lo relacionado con la moda y la belleza. Tiene un amplio campo en diseño y confección de modas.°

diseño . . . modas fashion design and manufacturing

Si sus respuestas están divididas por igual entre dos letras distintas, su interés se encuentra también dividido y en este caso, puede relacionar una profesión con otra. Supongamos° que tiene el mismo número de *b* que de *e,* puede llevar su vocación artística a la arquitectura, a la decoración, al diseño de autos, etc. Un mismo número de *a* que de *d* es signo de que siente igual interés por el ser humano aislado° que considerado en sus relaciones con los demás. Es posible que la sicología o la siquiatría sean sus metas. La *c* o la *d,* combinadas, muestran tanto interés por las ciencias médicas y químicas como por las naturales, lo que se puede aplicar a la veterinaria, dietética de animales, fabricación de abonos,° inseminación, etc., Ud. mismo, observando sus preferencias, puede sacar sus propias conclusiones.

let us suppose

isolated

fertilizers

Ejercicios

A. *Preguntas sobre la lectura.*

1. ¿Es esta prueba un análisis profesional?
2. ¿Qué se puede encontrar en estas respuestas?
3. ¿De qué puede depender su futura felicidad?
4. ¿Qué letra debe Ud. marcar en cada grupo?
5. Si Ud. marca la mayoría de las letras *a,* ¿qué campo debe estudiar?
6. ¿Cuál es su preferencia si marca las letras *b*?
7. Si le interesa la medicina, ¿qué letra debe haber marcado?
8. ¿Qué indica su preferencia a la letra *f*?
9. ¿Qué letra tiene que ver con la mecánica?
10. ¿Qué se hace si el interés está dividido?

B. *Preguntas para discutir en clase.*

1. ¿Qué carrera le gustaría a Ud. estudiar?
2. ¿Qué deportes prefiere Ud.? Explique.
3. ¿Le gusta a Ud. ir a exposiciones? ¿A qué clase?
4. ¿Qué hace Ud. durante sus vacaciones?
5. ¿Cuál es su pasatiempo favorito?
6. ¿Tiene Ud. alguna colección? Descríbala.

C. *Escoja la palabra que mejor complete el sentido de la oración según el artículo.*

1. Me gusta _____ a gente de diferente nacionalidad.
   a. ver   *b.* admirar   *c.* conocer
2. El estudiante tiene que leerle a un amigo _____.
   a. ciego   *b.* inteligente   *c.* extranjero
3. En las ferias de campo se pueden ver trajes _____.
   a. elegantes   *b.* típicos   *c.* grandes
4. Las colecciones de _____ de oro son muy valiosas.
   a. mariposas   *b.* monedas   *c.* fotos
5. La persona que sienta a la gente en un teatro es el _____.
   a. acomodador   *b.* administrador   *c.* dueño
6. Si Ud. va a tener una fiesta, Ud. envía _____ a sus amigos.
   a. recuerdos   *b.* saludos   *c.* invitaciones

D. *Seleccione la palabra de la columna A que sea un antónimo de una palabra de la columna B.*

A	B
1. campo	*a.* dejar
2. trabajo	*b.* moderno
3. leer	*c.* ciudad
4. pregunta	*d.* estéril
5. interior	*e.* privado
6. tomar	*f.* descanso
7. público	*g.* respuesta
8. fértil	*h.* exterior
9. antiguo	*i.* escribir

CAPÍTULO 2

La comida

¿Podemos vivir sin alimentarnos?[1] ¡Ciertamente que no! Diariamente nos sentamos a la mesa para satisfacer esta necesidad elemental. Sin embargo, hay culturas donde el buen comer se ha convertido en arte. En España, al igual que[2] en otras naciones hispanoamericanas, la buena mesa[3] es uno de los grandes placeres[4] que existen, y en general, el hispano le dedica gran cantidad de tiempo a la gastronomía que juega un papel[5] importantísimo en su vida.

[1] **alimentarnos** to feed ourselves
[2] **al igual que** just as [3] **buena mesa** i.e., good eating
[4] **grandes placeres** great pleasures [5] **un papel** a part, role

Los españoles y la comida

VOCABULARIO ACTIVO

SUSTANTIVOS

el almuerzo   lunch
la comida   food; eating
la cena   supper
el desayuno   breakfast
el entremés   side dish
el esfuerzo   effort
el horario   timetable
el mediodía   midday, noon
la merienda   afternoon snack
el postre   dessert

ADJETIVOS

junto   together

EXPRESIONES

a eso de   at about

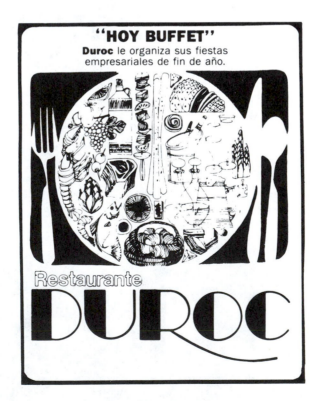

"HOY BUFFET"
Duroc le organiza sus fiestas
empresariales de fin de año.

Restaurante
DUROC

Una familia madrileña comiendo.

No en todos los países del mundo se come° a las mismas° horas. En España el almuerzo y la cena se comen mucho más tarde que en los Estados Unidos. Los españoles consideran el almuerzo la comida más importante del día y hacen un esfuerzo° para reunir a la familia y almorzar todos juntos. Un horario° de comidas típico es así:° A eso de° las siete y media de la mañana se empieza el día con un desayuno simple, usualmente compuesto de café con leche o chocolate caliente, acompañado con pan y mantequilla. Al mediodía se va al bar a probar° una rica variedad de entremeses° y todo esto es la preparación para el almuerzo que tiene lugar entre las dos o las tres de la tarde. Esta comida consiste en varios platos: sopa, pescado, carne, y se termina con el postre.° Así se contiene el apetito hasta las seis o las siete de la noche, hora de la merienda,° que precede la última comida del día: la cena, que se sirve a eso de las diez.

se come does one eat / **las mismas** the same

effort
timetable
like this / **A eso de** At about

to try / side dishes, hors d'œuvres

dessert
afternoon snack

Ejercicios

A. *Preguntas sobre la lectura.*

1. ¿En qué comida tratan de estar juntos los españoles?
2. ¿En qué consiste el desayuno en España?
3. ¿Cuáles son las tres comidas de los españoles y a qué horas las hacen?
4. ¿Qué se come en un almuerzo típico?

B. *Escoja la palabra que mejor complete la oración de acuerdo con la lectura.*

1. Los entremeses son _____.
    a. raciones pequeñas de comida
    b. platos grandes
    c. cereales
2. La comida termina con _____.
    a. la sopa   b. el postre y el café   c. el pan
3. La hora de la merienda es _____.
    a. a las diez   b. al mediodía   c. a las seis o las siete
4. El almuerzo se come en España _____ que en los Estados Unidos.
    a. antes   b. después   c. a la misma hora

Receta para una paella

VOCABULARIO ACTIVO

SUSTANTIVOS

el ají   bell pepper
la almeja   clam
el caldo   broth
el camarón   shrimp
el cangrejo   crab
la carne   meat (of bird or land animal)
la cebolla   onion
el cerdo   pork
la cola   tail
la cucharada   tablespoon
la cucharita   teaspoon
el guisante   sweet pea
la langosta   lobster
la lata   can
la libra   pound
la masa   meat (of fish or seafood)
la pechuga   breast
el pedazo   piece
el pescado   fish
el pimentón   paprika
la pimienta   pepper
el pollo   chicken
la pulgada   inch
la taza   cup
el trozo   chunk

VERBOS

adornar   to garnish
añadir   to add
deshuesar   to remove the bone
dorar   to sauté
hervir   to boil
revolver   to mix
tapar   to cover

ADJETIVOS

limpio   clean
picado   chopped up
tierno   tender

EXPRESIONES

aceite de oliva   olive oil
el diente de ajo   garlic clove
el fuego lento   low heat
la hoja de laurel   bay leaf
el pimiento morrón   pimiento
el puré de tomate   tomato sauce
el vino blanco   white wine

Típica paella valenciana.

Uno de los platos hispanos más conocidos fuera de España es la paella.[1] Aunque hay muchos tipos de paella (de pollo, de mariscos,° etc.), la receta a continuación es una de las más sabrosas.°

seafood

tasty

Ingredientes

1 taza de aceite de oliva
2 ajíes grandes picados
2 cebollas grandes picadas
5 dientes de ajo picados en
   pedazos muy pequeños
2 hojas de laurel
5 pechugas de pollo deshuesadas
   y en trozos
1/2 lb. de masa de cangrejo
3 colas de langosta picadas o 1 lb.
   de camarones limpios
1 lb. de pescado en trozos
3/4 lb. de cerdo en trozos
1/2 lb. de jamón en trozos de
   una pulgada°

1 lb. de almejas
1 lata (10 oz.) puré de tomate
1 lata (4 oz.) de pimientos morrones
2 1/2 cucharadas de sal
2 cucharaditas de pimentón
3/4 cucharadita de pimienta
1 cucharada de vinagre
4 tazas de vino blanco
4 tazas de caldo de pescado o pollo
2 lbs. de arroz

inch

Procedimiento

1. En una olla° grande se doran las cebollas, los ajíes y el ajo en el aceite a fuego lento por cinco minutos.
2. Se añaden el pollo, el cerdo y el jamón y se cocinan por cinco minutos revolviendo a cada rato.°

pot

a . . . rato once
   in a while

---

[1]**paella** popular rice dish from Valencia, Spain, made with different meats and seafood

3. Se añaden las colas de langosta o los camarones y se cocina todo tres minutos más.
4. Se añaden el puré de tomate, las almejas, los pimientos morrones, la sal, la pimienta, el pimentón, el vinagre y se revuelve todo bien.
5. Se añaden el caldo, el vino y el arroz.
6. Se pone a hervir todo a fuego mediano y cuando empiece a hervir se tapa la olla y se cocina a fuego lento durante 30 o 35 minutos hasta que el líquido se evapore y el arroz esté tierno.
7. Se revuelve un poco la paella y se sirve adornada con guisantes. Debe comerse inmediatamente.

(Esta receta es para diez personas)

Ejercicios

A. *Preguntas sobre la receta.*

1. ¿Qué clase de aceite se usa en la paella?
2. ¿Qué parte del pollo se usa en esta receta?
3. ¿Qué se puede sustituir por la langosta?
4. ¿Qué tipo de vino se usa?
5. ¿Qué se puede usar en vez de° caldo de pescado?   **en vez de** instead of
6. ¿Cuántas libras de arroz lleva la receta?
7. ¿Cómo deben estar las colas de langosta?
8. ¿Cómo debe ser cortado el jamón?
9. ¿Cómo deben ser cortados el pescado y el cerdo?
10. ¿Qué se cocina primero en la olla y por cuánto tiempo?
11. ¿Qué carnes se cocinan después?
12. ¿Antes de qué se añaden las colas de langosta o los camarones?
13. Después que todos los ingredientes se han puesto en la olla y la olla hierve a fuego moderado, ¿cuánto tiempo se cocina a fuego lento para que la paella esté lista?
14. ¿Con qué se adorna la paella?
15. ¿Para cuántas personas es esta receta?

B. *¿Son verdaderas o falsas las siguientes oraciones?*

1. Hay una sola forma de hacer paella.
2. En trozos quiere decir° en pedazos.   **quiere decir** it means
3. El ajo de esta paella debe estar picado en pedazos grandes.
4. Después de terminada la paella, se debe comer inmediatamente.

LA GULA

SUSTANTIVOS

la ensalada   salad
el glotón   glutton
la gula   gluttony
el queso   cheese

VERBOS

alardear   to brag
asombrar   to amaze
culpar   to blame
demostrar   to show
picar   to snack
sostener   to sustain

ADJETIVOS

sencillo   simple

EXPRESIONES

buen apetito   may you eat well
buen provecho   may (*the food*) agree
with you
platos fuertes   main dishes

Escaparate° de una tienda de comestibles° en Barcelona.

show window / **tienda de
comestibles**   grocery store

La siguiente° selección demuestra por qué los españoles tienen fama de glotones.°

El español desayuna ligero°, toma el aperitivo,° almuerza fuerte, merienda, y cena con un mínimo de dos platos fuertes. Las cositas° que "pica"° en el bar antes de ir a su casa son suficientes para el almuerzo de las personas más ricas del mundo, los norteamericanos. Estoy seguro que esta observación provoca asombro° en España. El español se considera pobre y cree que en cualquier país con más recursos° la comida tiene que ser más abundante y rica. Por otra parte,° el español que alardea° de tantas cosas, es muy modesto cuando se refiere a lo que come. Muchas veces tengo el siguiente diálogo con un amigo:

— No como apenas° nada . . .
— Pero si veo lo que pides . . . Sopa . . .
— Unos sorbos° . . .
— Pescado . . .
— Dos porciones pequeñas, muy pequeñas . . .
— Carne . . .
— Un pedazo mínimo . . .
— Ensalada . . .
— Eso no cuenta . . .
— Queso . . .
— ¡Algo tengo que comer de postre . . . !

Cuando al volver de otros países voy a comer con amigos, siempre los asombro.° "¿Estás enfermo?" es lo que me preguntan cuando pido un filete,° ensalada y fruta . . . "¿Qué te pasa? ¿Por qué no comes más?"

Ejemplo de lo mucho que comen los españoles es la dificultad que tienen para digerir° la comida. En todos los restaurantes y bares tienen como cosa normal y gratis el "Alka-Seltzer" a la disposición de los clientes. Esto no pasa en ningún otro país del mundo. Cuando el español se siente mal después de comer mucho, nunca culpa° a la cantidad de lo que comió, sino que la indigestión es por la mala calidad de la comida.

Se puede observar que en la mayor parte de los países europeos se le desea° al que va a comer "Buen apetito." En España se dice "Buen provecho,"° en la seguridad° de que el apetito no le va a faltar nunca a un español, mientras que sí es perfectamente posible que el apetito lo lleve a lo que no conviene a su salud.

Por Fernando Díaz-Plaja
(Adaptado de *El español
y los siete pecados capitales*)

Glosses (right margin):

following
gluttons

light / appetizer
little things
he nibbles

amazement

means
por otra parte on the other hand / he brags

hardly

sips

los asombro I amaze them
beef tenderloin

to digest

he blames

se le desea one wishes
Buen provecho May the food agree with you / certainty

Ejercicos

A. *Preguntas sobre la lectura.*

1. ¿Cómo desayuna el español?
2. ¿Cómo cena?
3. Según el narrador, ¿quiénes son las personas más ricas del mundo?
4. ¿Cuándo es modesto el español?
5. ¿Qué piensan los amigos del narrador cuando él no come mucho?
6. ¿Qué tienen de gratis en España en todos los lugares de comer?
7. ¿Por qué tienen indigestión los españoles?
8. ¿Qué se le dice en muchas partes de Europa al que va a comer?
9. ¿Qué se le desea en España al que va a comer?

B. *Preguntas para discutir en clase.*

1. ¿Le gusta a Ud. desayunar fuerte o ligero? ¿Por qué?
2. ¿Cree Ud. que es bueno picar mucho entre las comidas? Dé su punto de vista.
3. ¿Qué piensa Ud. de una persona que alardea mucho?
4. ¿Prefiere comer en un restaurante o en su casa? ¿Por qué?
5. ¿Piensa Ud. que el postre es una parte necesaria de la comida? Explique.
6. ¿Qué hace Ud. cuando tiene una indigestión? Mencione varias opciones.
7. En comparación con España, ¿cómo se come en los Estados Unidos?

C. *Sinónimos. De la lista a continuación, sustituya un verbo similar al verbo en bastardilla° en cada oración. Haga todos los cambios grama-* ticales necesarios.

italic type, italics

mantener	comer	ordenar	ver
salir	creerse	ocurrir	regresar

1. Las cositas que *pica* en el bar son suficientes.
2. El español *se considera* pobre.
3. Muchas veces *sostengo* un diálogo con los estudiantes.
4. Cuando al *volver* de otros países *voy* a comer con mis amigos, siempre les asombro.
5. Me preguntan por qué como tan poco cuando *pido* un filete.
6. ¿Qué te *pasa*?
7. Se puede *observar* en la mayor parte de los países.

D. *Seleccione la palabra de la columna A que más se asocie a la de la columna B.*

A	B
1. español	*a.* mirar
2. ligero	*b.* copioso
3. bar	*c.* fracción
4. observar	*d.* sencillo
5. abundante	*e.* carne
6. sostener	*f.* taberna
7. diálogo	*g.* hispánico
8. filete	*h.* tomate
9. ensalada	*i.* mantener
10. porción	*j.* conversación

E. *Temas para desarrollar.*

1. Prefiero comer más durante el almuerzo porque . . .
2. El desayuno en los Estados Unidos es más fuerte que en España porque . . .

Cómo no romper su dieta . . .
¡ni en un restaurante de lujo!

VOCABULARIO ACTIVO

SUSTANTIVOS

la atmósfera atmosphere
el bocado bite, mouthful
el comensal dinner
el desarrollo development
el hambre hunger
la servilleta napkin

VERBOS

antojarse to develop a sudden craving
enfriarse to get cold

quedarse to remain
soler to have the custom of
suceder to happen

ADJETIVOS

divertido amusing

EXPRESIONES

de lujo luxurious
jugo gástrico gastric juice
pasar el rato to spend the time
tener hambre vieja to be famished
sexo opuesto opposite sex

GRILL **LA BALSA**

Todos los domingos en el
Crillón usted y su familia
disfrutarán de un almuerzo
distinto con nuestro
BUFFET CRIOLLO

Recorra el Perú con lo
más rico y variado de su
comida y sírvase a su
gusto por un sólo precio.
Todo con un grato
acompañamiento musical

Reservaciones al Teléfono 283290

CRILLON

El restaurante "Casa Botín", uno de los más famosos de Madrid, queda cerca de la Plaza Mayor.

Las mejores cosas que nos suceden° en la vida suelen° llegar en los momentos más inoportunos. Como por ejemplo, que antes de llegar al final de nuestra primera semana de dieta estricta para rebajar° unos kilos de sobra,° cuando ya hemos realizado el esfuerzo titánico de vencer° el hambre de los primeros días mediante una voluntad espartana° . . . ¡rin, rin!, el teléfono suena° y recibimos una invitación para cenar. ¡Imposible decir que no!

Nos recogen° a las ocho y nos llevan a un restaurante de lujo, donde nos reciben en la puerta los aromas más cruelmente exquisitos; y nuestro estómago empieza a producir galones de jugo gástrico aun antes de sentarnos a la mesa, excitando cada vez más nuestro apetito (por no decir hambre vieja).° Nos entregan° un menú y cuando lo abrimos, se nos antoja° desde la primera sopa hasta el último postre de la lista. ¿Se ha fijado° usted qué apetitosos son los nombres que les ponen a las comidas más corrientes° en los restaurantes de lujo? Es cruel, es sádico, es . . . ¡alevoso!°

Las normas que le recomiendo aplicar cuando usted se encuentre en una situación similar son las siguientes:

Hable mucho durante la comida. Recuerde anécdotas divertidas° o interesantes de su vida (bien laaaargas°) y cuénteselas° a su compañero (o comensales,° si está en un grupo).

No coma (¡naturalmente!) mientras esté hablando.

No coma tampoco mientras esté escuchando lo que hablan los demás. Descanse° sus cubiertos° en el plato y ponga atención.

Coma lo que coma,° hágalo en bocaditos° muy pequeños. Piense que en cualquier momento le pueden hacer una pregunta y usted debe estar preparada y libre para responder prontamente.

---

they happen / they have the custom of

to reduce / **de sobra** excessive
to overcome
voluntad espartana Spartan discipline / it rings

they pick up

hambre vieja old hunger; *i.e.,* famished / they give
se nos antoja we develop a sudden craving
noticed / common
treacherous

amusing / **bien laaaargas** very long / (you) tell them
table companions

do rest / silverware
Coma . . . coma Whatever you may eat / small bites

Cada tercer bocadito de comida, coloque° los cubiertos en el plato, séquese° los labios° ligeramente con la servilleta,° mójese° los labios con un sorbito° de vino, vuelva a secarse los labios con la servilleta, vuelva a extender artísticamente la servilleta sobre la falda,° vuelva a tomar sus cubiertos . . . (¡vea cuánto tiempo va pasando así, sin comer!). Para entonces, ya a alguien se le habrá ocurrido decir algo y usted tendrá que contestar y . . . ¡tampoco podrá seguir comiendo!

Antes de llevarse cada bocado a la boca, ¡escójalo!° Si es un plato caliente, lo de arriba° se habrá enfriado:° apártelo° delicadamente, elija° su pequeña ración de más abajo, tome aquella porción que se vea más apetitosa o más bonita. Esta selección la entretiene y la ayuda a pasar el rato° sin comer muy rápido.

En cuanto° su compañero (o alguno de los comensales) haya terminado su plato, cruce° inmediatamente usted también sus cubiertos y no coma más.

Si se queda° con hambre, distráigase° mirando a los hombres que estén sentados en las mesas próximas. Quizás tenga suerte y haya alguno "apetitoso." Para apartar el pensamiento° de un estómago hambriento, no hay nada mejor que un hombre atractivo. Contemplar un hombre fabuloso me produce inmediatamente una reacción física: se me aprieta° el estómago, se me seca la boca, y me tiemblan° las manos. Con estos inconvenientes, ¡no puedo ni sostener el tenedor,° ni tragar,° ni muchos menos sentir hambre!

Adaptado de *Cosmopolitan*

do place
do dry / lips / napkin / do wet
sip

skirt

do choose it
lo de arriba   *what's on top / turned cold / do push it away*
do select

pasar el rato   *to spend the time*
En cuanto   *As soon as*
you cross

Si se queda   *If you remain / do amuse yourself*

apartar el pensamiento   *to remove one's mind*

se me aprieta   *it tightens / they tremble*

fork / to swallow

Ejercicios

A. *Preguntas sobre la lectura.*

1. ¿Cuándo nos suceden las mejores cosas en la vida?
2. ¿A qué clase de restaurante les llevan?
3. ¿Qué jugos produce el estómago?
4. ¿Qué se les antoja cuando abren el menú?
5. ¿Qué le debe contar a los comensales?
6. ¿Por qué debe comer bocados pequeños?
7. ¿Qué debe hacer con la servilleta?
8. ¿Qué porción debe seleccionar si su comida se ha enfriado?
9. ¿Cómo puede distraerse si se queda con hambre?
10. ¿Qué le ocurre a la narradora cuando ve a un hombre fabuloso?

B. *Preguntas para discutir en clase.*

1. ¿Qué quiere decir espartano?
2. ¿Qué entiende usted por hambre vieja?
3. ¿Se debe hablar con comida en la boca? ¿Por qué?
4. ¿Toma usted vino en las comidas? Si no, ¿qué le gusta beber?
5. ¿Qué hace usted cuando la comida se le enfría?
6. ¿Le gusta a usted mirar a personas del sexo opuesto? ¿Por qué?

C. *Composición controlada.*

Aplicando el vocabulario aprendido en la lectura, escriba sobre el siguiente tema: "Me gusta comer en un restaurante de lujo."

PLAN DE TRABAJO

Presentación: Defina el caso, "Los restaurantes de lujo son . . ." "Además de la comida, la atmósfera . . ."

Desarrollo: Hable sobre, "En realidad se come muy bien . . ." "Hay muchos platos de otros países . . ." "Es difícil controlar el apetito con tantos . . ."

Conclusión: Denos su opinión personal de acuerdo con el desarrollo de su tema.

¿ Come usted en exceso?

VOCABULARIO ACTIVO

SUSTANTIVOS

los alimentos food
la despensa pantry
la sed thirst

VERBOS

disponer (de) to have available
ingerir to consume, ingest
obsequiarse to treat oneself
picar to nibble, snack on
probar to taste; to try
servirse to serve oneself

ADJETIVOS

prohibido forbidden
vacío empty

EXPRESIONES

a veces at times
estar a dieta to be on a diet
hábitos alimenticios eating habits
sentirse lleno to feel full
sentirse satisfecho to be pleased

A veces no sabemos por qué continuamos comiendo a pesar de° sentirnos satisfechos. Los motivos pueden ser muchos, desde° los malos hábitos hasta° los usuales conflictos sicológicos. ¿Es usted una de tantas° personas que no tienen control sobre lo que come?

   Una manera rápida de saber más sobre usted mismo y sus hábitos alimenticios° es contestando las preguntas de este cuestionario. Conteste cada pregunta con una (V) si es verdadera o una (F) si es falsa.

a . . . de in spite of
from
to
so many

hábitos alimenticios eating habits

V F

1. Como cuando estoy aburrido.

2. Usualmente ingiero° los alimentos sin prestar mucha atención a lo que estoy comiendo.

   I ingest

3. No me gusta comer despacio cuando tengo hambre.

4. Tengo la costumbre de comer cuando estoy enojado,° deprimido° o disgustado° por algo.

   angry
   depressed / upset

5. Me gusta picar° entre comidas.

   to nibble

6. Me es difícil comer menos de tres veces al día.

7. Usualmente como mientras estoy haciendo otras cosas al mismo tiempo: trabajando en la casa, leyendo, viendo la televisión, o pagando las cuentas.

8. Siempre estoy pensando en comer algo.

9. A veces sigo comiendo, aún cuando me siento satisfecho, y no termino de comer hasta sentirme bien lleno.

10. Cuando concluyo una labor desagradable, o que requiere esfuerzo especial de mi parte, me obsequio con° algo de comer.

    me . . . con I treat myself to

11. El comer es lo único agradable que hago por mí durante el día.

12. El estar a dieta significa no comer de los alimentos prohibidos.

13. Dispongo de° poco tiempo para sentarme a disfrutar de un plato de sopa, o una taza de té o café.

    Dispongo de I have available

14. A veces ingiero alimentos aunque no tenga hambre.

15. Para mí, el comer es una cosa automática, nada especial.

16. Usualmente me sirvo dos veces durante la cena, y siempre dejo el plato vacío.°

    empty

17. Siempre que estoy en la cocina busco en el refrigerador algo que comer.

18. Me gusta probar° de todos los platos cuando cocino.

    to taste

19. Me gusta hacer ejercicios, pero no tengo tiempo.

RESPUESTAS

¿Tiene usted muchas respuestas positivas? Entonces, ¡tiene que hacer algo rápidamente! Si por el contrario sólo respondió verdadera a unas pocas, ¡no tiene por qué preocuparse! Veamos:° De 1 a 3 preguntas verdaderas (V), usted es casi perfecto. De 4 a 6 (V), usted es *normal.* De 7 a 11 (V), usted tiene algunos problemas con la comida, especialmente en lo que se refiere a autocontrol. ¡Disciplínese! De 11 a 20 (V), los alimentos definitivamente lo dominan.

Let's see

Ejercicios

A. *Preguntas sobre la lectura.*

1. ¿Qué nos pasa a veces con respecto a la comida?
2. ¿Por qué motivo continuamos comiendo?
3. ¿Cómo tenemos que contestar las preguntas?
4. ¿Qué ocurre si tenemos muchas respuestas positivas?
5. ¿Qué pasa si tenemos pocas respuestas positivas?
6. ¿Cuándo tenemos problema con el autocontrol?
7. ¿Cuándo nos dominan los alimentos?

B. *Preguntas para discutir en clase.*

1. ¿Come Ud. mucho o poco? Explique.
2. ¿Cuántas veces al día come Ud.? Descríbalas.
3. ¿Puede Ud. comer despacio cuando tiene hambre? ¿Cómo lo hace?
4. ¿Piensa Ud. mucho en la comida? ¿Por qué?
5. ¿Se obsequia Ud. con algo divino de comer en ocasiones especiales? Explique.
6. ¿Qué prefiere ser Ud. gordo° o flaco?° ¿Por qué?

fat / thin

C. *Escoja la palabra que mejor complete la oración de acuerdo con la lectura.*

1. Muchas veces ingiero alimentos aunque no tengo _____ .
   a. sed   *b.* hambre   *c.* ganas
2. A mi novia y a mí nos gusta _____ entre comidas.
   a. picar   *b.* hablar   *b.* correr
3. Si comes demasiado, es porque te sirves _____ en la cena.
   a. regular   *b.* mucho   *c.* poco
4. Siempre que estoy en la cocina, busco en el _____ algo que comer
   a. refrigerador   *b.* despensa   *c.* baño
5. Si uno come mucho, usualmente deja el plato _____ .
   a. vacío   *b.* lleno   *c.* roto

D. *Temas para desarrollar.*

    1. Una comida ideal

    2. Mis hábitos de comer

    3. Lo que como cuando estoy a dieta

CAPÍTULO 3

La salud

La buena salud[1] es esencial para disfrutar[2] de la vida plenamente.[3] Una persona que no sea saludable no puede funcionar bien. Para los hispanos es tan importante el sentirse bien que el brindis[4] más común es "¡Salud!"

La gente que no esté en buena condición física y mental no podrá ser feliz por muchas posesiones materiales que llegue a adquirir. Si se tiene salud habrá más probabilidades de gozar de[5] una vida larga y mejor.

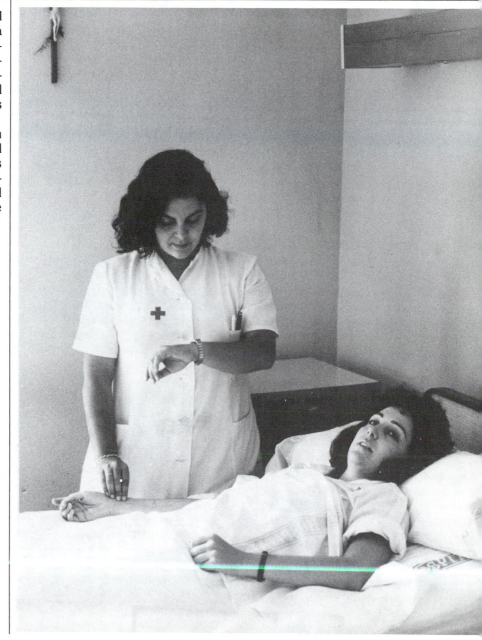

[1]**La buena salud** Good health [2]**disfrutar** to enjoy [3]**plenamente** fully [4]**el brindis** toast [5]**gozar de** to enjoy

Para bajar de peso:
Dieta y ejercicios

VOCABULARIO ACTIVO

SUSTANTIVOS

la alegría happiness
el alimento food
la apariencia appearance
el bienestar welfare
la cuadra block
el destino destination
el estímulo incitement
el músculo muscle
la nutrióloga nutritionist
la sangre blood

VERBOS

aumentar to increase
ejercitarse to exercise

estacionarse to park
relajarse to relax

ADJETIVOS

balanceado balanced
comprobado proven
depresivo depressed
diario daily
lozano vigorous
saludable healthy

EXPRESIONES

al compás de to the beat of
andar en bicicleta to ride a bike
hacer ejercicios to exercise
llevar una dieta to be on a diet

Pareja de trotadores° en Veracruz, México.

No es suficiente comer alimentos saludables o llevar una dieta balanceada si nos pasamos el resto del día inactivos. Muchas personas creen que con el trabajo en la oficina o en el hogar° ya han cumplido con los ejercicios necesarios para mantenerse en buenas condiciones. La excusa usual para no hacer ejercicios es la falta° de tiempo. Pero, ¿cómo es que encontramos tiempo para cepillarnos los dientes?° Tenemos que decidir cuáles son las cosas que en realidad tienen valor° para nosotros.

    El segundo ingrediente importante para un estilo de vida saludable es el ejercicio continuo en el que se usan los músculos° largos del cuerpo como los brazos, las piernas y el tórax. Ejercicios como correr, andar en bicicleta, o caminar por lo menos 45 minutos diarios son suficientes para hacerlo una persona nueva. Caminar es muy fácil de hacer. Algunas personas estacionan sus autos a varias cuadras° del trabajo para ejercitarse; otras toman el autobús y prefieren bajarse° a una distancia prudente de su destino. Al contrario de lo que piensan muchos, el ejercicio genera energías. Los músculos se sienten más elásticos después de cada sesión y está comprobado° que el nivel de energía aumenta considerablemente. ¿Increíble? Pruébelo. Todo es cuestión de hábito. Al principio,

joggers

home

lack

cepillarnos los dientes brush our teeth
tienen valor are worth it

muscles

blocks
to get off

está comprobado it has been proven

como todas las cosas, tal vez sea difícil, pero no pasará mucho tiempo antes de que vea los resultados: mejor circulación, más oxígeno en la sangre,° una apariencia más lozana,° un estado de bienestar general.   blood / vigorous

Para aquellas personas que no prefieren salir de sus casas a hacer ejercicios, la sala° es un lugar excelente, especialmente cuando se hace al compás° de la música. Use distintos ritmos musicales, rápidos y movidos, lentos y suaves, pero que lo inspiren a mover todos los músculos del cuerpo. Muchas personas reportan una sensación de alegría, estímulo y bienestar después de media hora de ejercicios acompañados de música. Otro resultado es una reducción en las tensiones y los estados depresivos. La nutrióloga Jane Brody afirma: "El ejercicio es la forma más económica, mejor y más fácil de relajarse que se ha descubierto. Sus efectos son más positivos que los de cualquier tranquilizante. He comprobado° que trabajo más eficientemente y duermo mejor si hago ejercicios; incluso, aún durmiendo menos me siento más descansada° al levantarme."   living room **al compás** to the beat verified rested

Ejercicios

A. *Preguntas sobre la lectura.*

1. ¿Qué no es suficiente hacer si no hacemos ejercicios?
2. ¿Cuál es la excusa usual para no hacer ejercicios?
3. ¿Qué tipos de ejercicios nos pueden hacer una persona nueva?
4. ¿De qué dos formas podemos hacer ejercicios cuando vamos al trabajo?
5. ¿Cómo se sienten los músculos después de hacer ejercicios?
6. ¿Cuáles serán los resultados de hacer ejercicios?
7. ¿En qué parte de la casa podemos hacer ejercicios?
8. ¿Qué nos pasa cuando hacemos ejercicios acompañados de música?
9. ¿Cuál es otro resultado?
10. ¿Qué dice la nutrióloga Jane Brody?

B. *Preguntas para discutir en clase.*

1. ¿Hace Ud. ejercicios? ¿Cuándo y de qué tipo?
2. ¿Camina Ud. mucho o poco? ¿Por qué?
3. ¿Ha hecho Ud. ejercicios al compás de la música? ¿Por qué?
4. Además de haciendo ejercicios, ¿de qué manera trata Ud. de relajarse? Explique.

C. *Escoja la palabra de la lista que mejor complete el sentido de las oraciones.*

dormimos	**gorda°**	**alegría**		fat
tensión	**oxígeno**	**siempre**		

1. Cuando hago ejercicios, mi sangre recibe más _____ .
2. Hay personas que sienten _____ después de media hora de ejercicios.
3. Está comprobado que si hacemos ejercicios _____ mejor.
4. _____ tengo tiempo para cepillarme los dientes.
5. Los ejercicios ayudan a reducir la _____ .   **está a dieta** she is on a diet
6. Berta está a dieta° porque está muy _____

D. *Traduzca al español las siguientes oraciones.*

1. Their favorite exercise is to ride a bicycle.
2. She spends most of the day inactive.
3. Walking is easier than running.
4. We sleep very well if we do exercises.
5. The muscles in my legs are more elastic after I exercise.

E. *Temas para desarrollar.*

1. Mi ejercicio favorito es . . .
2. Me gusta hacer ejercicios solo porque . . .
3. Hago ejercicios en . . .

Consejos para luchar contra la gripe

VOCABULARIO ACTIVO

SUSTANTIVOS

la calefacción heat
la enfermedad illness
la expectoración coughing up
la gripe flu
el medio means
el metro subway
el microbio germ
la quinina quinine
la salubridad health
la vacuna vaccination
la ventaja advantage

VERBOS

compartir to share
humedecer to humidify
rebasarse to overcome

ADJETIVOS

indefenso unprotected
posgripal post-flu
pulmonar pulmonary

EXPRESIONES

con dolencias estomacales with stomach problems
dentro de within
en cama in bed
por un mínimo for a minimum

La gripe° es una de las enfermedades° más comunes. Si Ud. sigue *flu/sickness*
los consejos a continuación, le será más difícil coger° una gripe, y *to catch*
si la coge, tendrá menos problemas.

1. Quedarse en casa por un mínimo de cinco días. Esto es indispensable si se quieren evitar las complicaciones pulmonares° y la *pulmonary*
fatiga posgripal.

2. No compartir° la cama con personas que tengan gripe. *to share*

3. Prescribir a la familia un régimen a base de quinina° y de *quinine*
vitamina C, excepto a los enfermos del estómago.

4. Si tienen calefacción° central, usar humidificadores dentro de *heating*
la casa.

5. Beber mucho té o jugo de naranja.

6. No cortar° mucho la fiebre, pues es un medio de defensa del *to shorten*
organismo. Cuando es excesiva se puede combatir con tres o cuatro
aspirinas diarias. (Las personas con dolencias estomacales° no de- **dolencias estomacales** stomach
ben tomar aspirinas.)   trouble

7. No cortar la tos,° porque permite la expectoración.° *cough / coughing up*

8. Evitar el entrar en lugares públicos, por ejemplo, grandes al-
macenes,° metros, cines. *department stores*

9. Si uno se encuentra cara a cara con una persona que tose,° *he coughs*
cerrar los ojos, que son la entrada más indefensa° de todos los *unprotected*
microbios.° *germs*

10. Evitar la ingestión excesiva de antibióticos.

Si la gripe no trae complicaciones, es una enfermedad barata° que *cheap, inexpensive*
se rebasa° fácilmente. Se puede combatir con aspirinas o pequeñas **se rebasa** it is overcome
dosis de antibióticos. También hay vacunas° que se pueden obtener *vaccinations*
en los centros de salubridad.° *health*

Adaptado de *Blanco y Negro*

Ejercicios

A. *Preguntas sobre la lectura.*

1. ¿Cuántos días debe quedarse en la casa si se tiene la gripe?
2. ¿Se debe dormir con personas que tengan gripe?
3. ¿Qué vitamina se recomienda tomar?
4. ¿Qué se le debe hacer a la atmósfera de la casa?
5. ¿Qué se debe beber?
6. ¿Por qué no se debe cortar mucho la fiebre?
7. ¿En qué sentido es buena la tos?

8. ¿En qué lugares se debe evitar entrar?
9. ¿Cuál es la parte más indefensa de la cabeza a los microbios?
10. ¿Dónde se puede obtener la vacuna contra la gripe?

B. *Preguntas para discutir en clase.*

1. ¿Cuándo fue la última vez que tuvo gripe?
2. ¿Toma usted vitaminas diariamente? ¿Qué clase?
3. ¿Tiene su casa calefacción central? ¿Qué ventajas tiene esta calefacción?
4. Si una persona le tose en la cara, ¿qué hace usted?
5. ¿Va usted a lugares donde hay mucha gente? Dé ejemplos.

C. *Seleccione la palabra que mejor complete la oración de acuerdo con la lectura.*

1. Si está enfermo _____ quedarse en casa.
   a. dormir   *b.* debe   *c.* tome
2. La gripe puede traer complicaciones _____ .
   a. físicas   *b.* pulmonares   *c.* simples
3. La _____ es buena para combatir la gripe.
   a. quinina   *b.* vitamina B   *c.* morfina
4. Cuando se tiene gripe, la atmósfera de la casa debe estar _____.
   a. fría   *b.* caliente   *c.* húmeda
5. Si la fiebre es excesiva, se puede combatir con _____ .
   a. comidas   *b.* bebidas   *c.* aspirinas
6. La tos permite la _____ .
   a. fiebre   *b.* expectoración   *c.* satisfacción
7. Si no quiere coger gripe, evite ir al _____ .
   a. cine   *b.* lago   *c.* campo
8. Si alguien le tose en la cara, debe _____ los ojos.
   a. mirar   *b.* cerrar   *c.* abrir
9. Si la gripe no tiene _____ , se rebasa fácilmente.
   a. fiebre   *b.* dosis   *c.* complicaciones

D. *¿Son verdaderas o falsas las siguientes oraciones?*

1. Si tiene gripe, salga a la calle.
2. Acuéstese con otra persona cuando tenga la gripe.
3. Las bebidas alcohólicas son buenas para la gripe.
4. La fiebre es buena para combatir la gripe.
5. Cuando se tiene gripe es malo beber mucha agua.
6. Usualmente la gripe es una enfermedad que cuesta mucho.
7. La calefacción central humedece la casa.
8. Todo el mundo puede tomar aspirinas.
9. Las vacunas no protegen contra la gripe.

E. *Composición controlada.*

Aplicando el vocabulario aprendido en la lectura, escriba sobre el siguiente tema: "La gripe se puede rebasar fácilmente si . . ."

PLAN DE TRABAJO

Presentación: Explique cómo se puede combatir la gripe.

Desarrollo: Hable sobre las complicaciones que la gripe puede traer.

Conclusión: Describa su experiencia personal sobre un caso de gripe que ha padecido.

Las precauciones que deben tomar los turistas

VOCABULARIO ACTIVO

SUSTANTIVOS

el aguacate avocado
la botella bottle
el crucero cruise
la disentería dysentery
la parasitología parasitology
la piel skin
el recipiente container

VERBOS

acceder to agree
aprovechar to take advantage of
contraer to contract, catch
cuidarse to be careful
desconfiar to distrust
enfermarse to become sick
prevenirse to prepare oneself
renunciar to resign
sobrepasar to exceed

ADJECTIVOS

banal trivial
capsulado capped
clandestino secret, clandestine
crudo raw
dudoso doubtful
grueso fat, thick
hervido boiled
indeseable undesirable
lejano distant
oxidado rusted
potable drinkable
tenaz tenacious
veraniego summer

EXPRESIONES

al aire libre outdoors
en el extranjero abroad
la mayor parte the majority

Todo el mundo viaja. Cada año son más numerosas las personas que aprovechan sus vacaciones veraniegas° para visitar países exóticos, y para hacer cruceros° que les permitan conocer lugares lejanos.°

    Las enfermedades que se pueden adquirir en esos deliciosos viajes de placer han impuesto una nueva especialidad en la medicina: la parasitología. Los recuerdos indeseables° de nuestras excursiones sobrepasan° por mucho a la banal° indisposición gastrointestinal que todo el mundo conoce por "la turista" o en inglés: *Moctezuma's revenge*. Es preciso° decir a los viajeros las precauciones que deben tomar durante sus viajes.

    La parasitosis más común y la más tenaz° que se contrae° en los viajes es la disentería. Es internacional y la causa principal casi siempre es la imprudencia. Por ejemplo, cuando se tiene sed y se toma alguna bebida hecha con agua de dudosa° potabilidad° en un

summer
cruises
far away

undesirable
they exceed / trivial

Es preciso It is necessary

tenacious / **se contrae** one contracts, catches

doubtful / drinkability

La Salud También Viaja

Noticia de interés
para personas
que piensan viajar
fuera de España.

Más de diez millones de españoles salen de viaje todos los años fuera de nuestras fronteras.

Cada vez que planeamos un viaje, dedicamos un esfuerzo especial en su preparación: hoteles, traslados, ropa, material fotográfico, artículos de aseo, un buen libro para leer...

Sin embargo, invertimos muy poco tiempo en nosotros mismos. La salud es lo más valioso de nuestra persona.

Hay, por lo tanto, que adoptar algunas medidas y precauciones, para que viajar se convierta en algo muy saludable.

recipiente° que puede no estar muy limpio. Se debe beber sólo agua   container
hervida° o té, con preferencia en vaso° o taza que haya sido igual-   boiled / glass
mente hervido. En muchos países se pueden comprar botellas cap-
suladas° que garantizan la potabilidad del agua, pero se debe des-   capped
confiar° de las botellas "recapsuladas," que se conocen en que la   distrust
cápsula está oxidada y vieja. Lávense las manos antes de comer.
Coman las frutas que tienen la piel° gruesa° como el plátano, el   skin / thick
mango, el aguacate,° y renuncien a las legumbres crudas.°   avocado / raw

En algunos países es prudente lavarse los dientes con agua
mineral e incluso tener cuidado de no abrir la boca mientras se está
bajo la ducha.° Cuídense de° los alimentos cocinados° en lugares   shower / **Cuídense de**   Do be
populares al aire libre. Al renunciar a ellos tal vez pierdan un poco   careful with / cooked
de exotismo, pero evitarán enfermarse.

Todo lo dicho no debe quitarles los deseos de viajar. Sólo deben
prevenirse contra el excesivo descuido° o la imprudencia. Además,   carelessness
si toman las precauciones que hemos indicado, tendrán todas las
probabilidades de regresar de su viaje sin traer eso que algunas
personas llaman púdicamente° "pasajeros clandestinos."   modestly

Adaptado de Blanco y Negro

Ejercicios

A. *Preguntas sobre la lectura.*

1. ¿Quiénes viajan?
2. ¿Cuándo viaja la mayor parte de la gente?
3. ¿Cuál es la especialidad médica que estudia los parásitos?
4. ¿Por qué nombre se conoce la indisposición gastro-intestinal que se adquiere en los viajes? ¿Por qué ese nombre?
5. ¿Cuál es la parasitosis más común que se adquiere en los viajes?
6. ¿Qué tipo de agua se debe beber en el extranjero?°   abroad
7. ¿De qué clase de botellas se debe desconfiar?
8. ¿Qué tipo de frutas se debe comer?
9. ¿De qué tipo de alimentos debe Ud. cuidarse?
10. ¿Contra qué debe Ud. prevenirse?
11. ¿Qué tipo de "pasajeros" puede Ud. traer del viaje si no toma precauciones?

B. *Preguntas para discutir en clase.*

1. ¿Ha viajado Ud. fuera de los Estados Unidos? ¿Adónde?
2. Si ha viajado, ¿ha contraído "la turista" u otra enfermedad? Explique.
3. ¿En qué época del año prefiere Ud. viajar? ¿Por qué?

4. ¿Qué se tiene que hacer con el agua para hacerla potable?
5. ¿Cuál es la bebida no alcohólica que Ud. prefiere?
6. ¿Le gustan las comidas exóticas? Nombre dos platos que Ud. considere exóticos.

C. *Escoja la palabra de la lista siguiente que mejor complete el sentido de las oraciones según el artículo.*

piel   taza   viajes   tomar   frescas   sed   acceder

1. Hacen _____ a lugares lejanos.
2. Es preciso _____ precauciones en los viajes.
3. Cuando se tiene _____ se toma alguna bebida.
4. El vaso y la _____ deben haber sido hervidos.
5. Ella prefiere las frutas con _____ gruesa.
6. En los viajes es conveniente renunciar a las legumbres _____ .

D. *Seleccione la palabra de la columna A que sea un antónimo de una palabra de la columna B.*

A	B
1. verano	a. común
2. exótico	b. ninguno
3. viejo	c. invierno
4. enfermo	d. ir
5. quitar	e. joven
6. contento	f. dar
7. ganar	g. triste
8. regresar	h. saludable
9. alguno	i. perder

E. *Traduzca al español.*

1. Everybody takes advantage of the summer vacations to travel.
2. One should only drink boiled water in public places.
3. I clean my teeth in the shower.
4. We wash our hands before lunch.
5. Travelers should avoid excessive carelessness.

F. *Temas para desarrollar.*

Aplicando la lectura y el vocabulario aprendido en ella, escriba sobre:

1. Los veranos son una época mala para viajar porque . . .
2. Cuando haga mi próximo viaje, tomaré las siguientes precauciones . . .

CAPÍTULO 4

El amor

El amor es un sentimiento por el que[1] todos pasamos alguna vez en nuestra vida. Aunque hay muchos tipos de amor, como el amor familiar, el amor a la Patria[2] o el amor a Dios, el más conocido es el amor pasional. Esta poderosa[3] emoción existe en todas las lenguas y en todos los países.

[1]**por el que** through which [2]**la Patria** fatherland [3]**poderosa** powerful

VERDADES Y FICCIONES SOBRE EL AMOR

VOCABULARIO ACTIVO

SUSTANTIVOS

la **amistad** friendship
el **celo** jealousy
el **cónyuge** husband or wife
la **cualidad** quality
el **esposo** husband
la **felicidad** happiness
el **hogar** home
la **pareja** couple, pair
la **pobreza** poverty
el **propósito** purpose
la **riqueza** wealth
el **temer** fear

VERBOS

afrontar to face
averiguar to find out
enamorarse de to fall in love with
escoger to select
implicar to implicate; to involve
mantener to maintain

mentir to lie
mirarse to look at each other
ocultar to hide
ocuparse to concern oneself
pescar to fish
tender to tend

ADJETIVOS

complejo complex
estomacal stomach
opuesto opposite
poderoso powerful
peligroso dangerous

EXPRESIONES

a primera vista at first sight
de acuerdo according to
el matrimonio a
   prueba trial marriage
hoy día nowadays
ni siquiera not even
raras veces seldom

¿Qué es el amor? ¿Qué efectos tiene en nosotros? ¿Cómo nace?°   is it born
¿Cómo muere?° Hoy día no sólo los poetas se ocupan del amor;   does it die
también sicólogos, fisiólogos, sexólogos y médicos han empezado
a estudiar la más compleja de las emociones humanas. Sus
descubrimientos° lo ayudarán a comprender mejor esta complicada   discoveries
emoción humana.

Una pareja posa en los Jardines del Descubrimiento, Madrid, España.

1. ¿Existe el amor a primera vista?°

    Sí. En una atmósfera adecuada uno puede enamorarse rápidamente. Los elementos más influyentes son: imaginación, belleza, juventud, ropa, perfume, buena comida, vino, música y luz. Estos elementos funcionan cuando uno *quiere* enamorarse.° El más poderoso es la imaginación. Es posible que este amor no dure° más que una noche, pero que el amor dure o no para siempre, es otra cosa.

    a . . . vista at first sight

    to fall in love

    it lasts

2. ¿Puede transformarse la amistad en amor?

   Casi nunca. Cuando Ud. tiene un verdadero amigo del sexo opuesto, posiblemente no hay posibilidades de que la amistad se transforme en amor. Las mujeres, en general, saben cuáles son las cualidades que desean encontrar en un amigo, pero casi siempre se enamoran de alguien que es diferente. Los hombres, en cambio, tienden a° seleccionar al mismo tipo de mujer para amiga o esposa.

   tienden a they tend to

3. ¿Mirarse a los ojos es señal° de amor?

   Sí. Cuanto más° enamoradas están dos personas, más se miran a los ojos. A veces esta señal sirve para indicar la diferencia entre amor y deseo.

   sign
   Cuanto más The more that

4. ¿Los hombres se enamoran de mujeres parecidas° a sus madres; las mujeres de hombres parecidos a sus padres?

   A veces es cierto. La gente joven e inmadura muchas veces escoge a su pareja tomando como modelo a sus padres, tal vez por el deseo subconsciente de no abandonar el hogar.° Muchos seleccionan cónyuges° totalmente diferentes a sus padres para establecer su propia° independencia.

   that look like

   home
   husband and wife
   own

5. ¿Causa dolor° el amor?

   Sí. El amor produce dolores físicos cuando uno experimenta° el temor subconsciente de perder la felicidad. Ese temor produce tensión muscular y tensión nerviosa.

   pain
   uno experimenta one experiences

6. ¿La honestidad hace durar el amor?

   Sí. Es peligroso° mentir,° aunque se haga con el propósito de mantener la ilusión. En el amor es muy difícil mantener una vida secreta. Ambas partes deben expresar libremente sus verdaderos sentimientos.

   dangerous / to lie

7. ¿Es la mujer la que° pesca° al hombre?

   No. Aunque la mujer tiende a interesarse por un solo hombre, los hombres se muestran tan ansiosos° como las mujeres por atrapar° a su pareja.

   la que the one that / she
   fishes, catches
   anxious
   to catch

8. ¿Las personas inteligentes tienen mayor capacidad de amar?

   No. La inteligencia nada tiene que ver° con las emociones; ni siquiera° está relacionada con la capacidad para afrontar° problemas emocionales o sexuales. La capacidad de amar es independiente a la pobreza o riqueza del intelecto.

   nada . . . ver has nothing to do
   ni siquiera not even / to face

9. ¿Un "matrimonio a prueba"° servirá para averiguar° si hay amor o no?

   Falso. No se necesita vivir con una persona para saber si hay amor o no. Además, averiguar si es posible una vida común

   matrimonio a prueba trial marriage / to find out

lleva tiempo. Estas pruebas no dan ninguna idea de lo que es un matrimonio real, ya que ninguna de las partes toma en serio las 'responsabilidades que un matrimonio auténtico implica.

Como Ud. puede ver, el amor es algo más complicado de lo que generalmente se piensa. A pesar de todos los problemas y complicaciones que este sentimiento trae consigo, a casi todos nos llegará algún día.

Adaptado de *Contenido*

Ejercicios

A. *Preguntas sobre la lectura.*

1. ¿Quiénes se ocupan del amor hoy día?
2. ¿Cómo puede uno enamorarse a primera vista?
3. ¿Cuál es el elemento más importante para el amor?
4. ¿Se puede transformar la amistad en amor?
5. ¿Qué tipo de mujer tienden a seleccionar los hombres como esposas?
6. ¿Se miran a los ojos las personas enamoradas?
7. ¿Quiénes escogen pareja de acuerdo al modelo de sus padres?
8. ¿Qué tensiones produce el amor?
9. ¿Por qué es peligroso mentir en el amor?
10. ¿Aman más las personas inteligentes?
11. ¿Se necesita vivir con una persona para saber si se está enamorado o no?

B. *Preguntas para discutir en clase.*

1. ¿Cree Ud. en el amor a primera vista? Explique.
2. ¿Se ha enamorado Ud. de su mejor amiga(o)? ¿Cómo cambiaría esto su amistad?
3. ¿Qué cualidades busca Ud. en su mujer u hombre ideal?
4. ¿Cuándo se enamoró Ud. por primera vez?
5. Ud. y su pareja,° ¿prefieren ir a bailar solos o con otras parejas? ¿Por qué?   partner
6. ¿Cree Ud. que el hombre debe pescar a la mujer o viceversa? Dé razones.
7. En problemas de amor, ¿piensa Ud. que a veces es necesario mentir? Dé un ejemplo.
8. ¿Le gustaría a Ud. encontrar a una persona como su madre o su padre? ¿Por qué?

C. *Seleccione la palabra de la columna A que sea un antónimo de una palabra de·la columna B.*

A	B
1. nacer	*a.* enemigo
2. saber	*b.* ocultar
3. más	*c.* simple
4. descubrir	*d.* morir
5. encontrar	*e.* oscuridad
6. complicado	*f.* nunca
7. luz	*g.* perder
8. siempre	*h.* menos
9. amigo	*i.* ignorar

D. *Escoja la palabra que mejor complete la oración de acuerdo con la lectura.*

1. Hoy día no sólo los _____ se ocupan del amor.
   a. músicos   *b.* poetas   *c.* bailadores
2. En una _____ adecuada uno puede enamorarse a primera vista.
   a. casa   *b.* calle   *c.* atmósfera
3. Para el amor, el elemento más poderoso es la _____.
   a. verdad   *b.* imaginación   *c.* creación
4. La amistad _____ se transforma en amor.
   a. siempre   *b.* raras veces   *c.* nunca
5. Usualmente, las mujeres saben las _____ que desean en el hombre.
   a. cualidades   *b.* costumbres   *c.* medidas
6. El amor puede causar _____ físicos.
   a. celos   *b.* ratos   *c.* dolores

E. *Llene los espacios en blanco con las formas apropiadas de las palabras en paréntesis. Haga todos los cambios gramaticales necesarios.*

1. (emoción) Es la más compleja de las _____ humanas.
2. (funcionar) Estos elementos siempre _____ cuando uno quiere enamorarse.
3. (ser) El más poderoso _____ la imaginación.
4. (cualidad) El hombre tiene muchas _____ buenas.
5. (tender) Ellos nunca _____ a seleccionar al mismo tipo de mujer.
6. (estomacal) El amor produce dolores _____.
7. (pescar) El hombre cree que _____ a la mujer, pero a veces no es verdad.

8. (ningún) Estas pruebas no dan _____ idea.
9. (responsabilidad) Las parejas muchas veces no toman en serio las _____.

F. *Composición controlada*.

Aplicando el vocabulario aprendido en la lectura, escriba sobre el siguiente tema: "El amor existe."

PLAN DE TRABAJO

Presentación: Defina el amor, "El amor es un sentimiento . . ."

Desarrollo: Hable sobre, "El ambiente ayuda a que la persona se enamore porque . . ."

Conclusión: Su opinión personal sobre el tema, de acuerdo con las ideas que ha desarrollado.

—Creo que me necesita cada día más.

¿Qué tipo de amor es el suyo?

VOCABULARIO ACTIVO

SUSTANTIVOS

el cariño affection
la demencia madness
la desesperación despair
la etapa stage
el estilo style
la fase phase
el gesto gesture
la locura insanity
el lujo luxury
el miedo fear
el placer pleasure
el soltero bachelor

VERBOS

adquirir to acquire
atemorizar to frighten
estimular to incite
fracasar to fail
ostentar to make a show
padecer to suffer
pertenecer to belong

privarse to deprive oneself
realizar to achieve
renunciar to resign
revelar to reveal
soler to be used to

ADJETIVOS

abnegado self-denying
cierto certain
descrito described
fijo fixed
herido wounded
pasional passionate
propio own
recóndito hidden
relegado banished

EXPRESIONES

a la carrera in a hurry
en beneficio in benefit
lo curioso the curious thing
tratar de to try to

Siempre que una persona se enamora° seriamente, la primera pregunta que todo el mundo hace es: ¿Qué cualidades ha encontrado ella en él? ¿Qué ve él en ella? Es evidente que algo más que la simple atracción física o la afinidad de carácter provoca que nos enamoremos de una persona determinada.° Ese algo más es parte fundamental de lo que los siquiatras llaman "el ciclo amoroso." Los profesionales que se dedican a estudiar y a analizar las emociones humanas creen que los seres humanos obedecemos a necesidades o estilos muy peculiares para justificar nuestra preferencia por una persona específica. Y esos estilos revelan nuestros problemas síquicos más recónditos.°

se enamora falls in love

specific

hidden

Dos jóvenes enamorados° se miran mientras hablan.   in love

Estas motivaciones ocultas son tan interesantes que toda persona debiera° conocerlas para saber si pertenece° a uno de estos grupos o si está liberada de sombrías° justificaciones para amar y ser amada. Según° los expertos, hay personas que deciden contraer matrimonio por razones específicas, y las han clasificado en grupos. ¿Pertenece Ud.° a algunos de estos grupos? Para que salga de dudas,° los vamos a explicar todos.

El amor obsesivo. No es otro que la idea fija° que adquiere una persona hacia otra. Hay personas que tienen la necesidad de amar a un individuo determinado. Si no son correspondidas,° no les importa.° Saben esperar, y lo curioso es que casi siempre logran° su objetivo.

El amor motivado por la vanidad y el materialismo. Hay muchas personas que deciden casarse por la ambición de tener una sólida posición económica para vivir bien y estimular su ego. La vanidad, en este caso, es el deseo de ostentar.° El deseo de verse rodeado por lujo° y confort va unido a la ansiedad por el dinero. Los siquiatras han comprobado° que los matrimonios efectuados° bajo esta premisa fracasan, ya que la ambición por el dinero no tiene límites y siempre habrá "un mejor prospecto."

ought to / belongs
somber
According to

Pertenece Ud.   Do you belong
Para . . . dudas   So that you will have no doubts
fixed

Si . . . correspondidas   If their love is not returned
no les importa   it does not matter to them / they achieve

to make a show of
luxury
proven / which have taken place

El amor nostálgico. La persona que sufre por no ser amada, o por la pérdida° del hombre o mujer que ama, suele° fijar su atención en aquellos individuos que le recuerdan una o varias situaciones del otro. Establecen así una relación que usualmente es transitoria. Un gesto,° o la semejanza física,° las hace buscar algo que no podrán encontrar.

El amor abnegado o sacrificado. En esta clase de matrimonio la mujer o el hombre voluntariamente se priva de° cosas en beneficio del ser° que ha seleccionado. Las necesidades propias pasan a un segundo plano; y ellos, sin saberlo, renuncian de manera altruista a la felicidad y al placer.

    La renuncia a determinadas° cosas es compensada con la acción de decirlo públicamente. Es una manera de sentirse bien, a través del reconocimiento de otras personas.

El miedo a la soledad° y al hastío° puede convertirse en "amor." Estos son motivos muy frecuentes para que la mujer o el hombre contemple la idea del matrimonio, sobre todo, si llega a una edad crítica sin pretendientes° dispuestos a oír la Epístola de San Pablo.[1] En las mujeres jóvenes la idea de quedarse solteras crea ciertos conflictos que terminan en decisiones rápidas, generalmente precipitadas; los hombres, aunque a una edad mayor, tienen conflictos similares. Las uniones efectuadas bajo este tipo de necesidad personal son frecuentes y duran toda la vida, aunque las personas que dan este paso generalmente demuestran un carácter agrio.° Si tienen hijos se dedican a ellos, pero no tanto al cónyuge.°

El despecho° a veces se confunde con amor. Es el disgusto escondido° que se origina por un desengaño.° La desesperación por olvidar puede llevar a algunas personas a realizar algo contra su propia felicidad. Estas personas que se sienten heridas en su amor propio,° tratan de aparentar indiferencia en la presencia de otros individuos. Pero, tratan de conquistar a la carrera° al primer hombre o mujer que surge° en sus vidas, y se casan sólo para demostrar que ellos pueden generar interés en el sexo opuesto. Es muy difícil que estas personas sean felices.

El amor pasional. Esta actitud es normal en aquellas personas que se sienten muy enamoradas. La fase negativa de la pasión emerge cuando ésta se transforma en obsesión. Los cónyuges que la padecen,° por lo general terminan atemorizando° a su pareja. Con ayuda profesional el problema puede resolverse. Existen casos extremos en que la única solución a los celos y presiones originadas por este sentimiento de amor deformado es la separación.

---

[1]**Epístola de San Pablo** St. Paul's Epistle. This selection from the Gospel is read during the traditional marriage ceremony.

loss / he or she usually

gesture / **semejanza física** physical resemblance

se . . . de he or she denies himself or herself / being

certain

solitude / boredom

suitors

bitter
couple; spouse

spite / hidden
disillusionment

amor propio self-respect

a la carrera in a hurry
comes along

la padecen suffer from it / frightening

El amor idealista. Es el sueño de toda persona en cierta etapa° de su vida. Sólo existe en la imaginación, y muy pocas veces cristaliza en realidad. Cuando una persona se enamora, encuentra muchos de los ideales buscados, pero no todos. Y a menudo trata de cambiar a su pareja° con la esperanza de materializar su ilusión. Por supuesto,° casi nunca tiene éxito. La persona que persiste en transformar a su pareja para encajarla° en el molde de sus sueños, demuestra inmadurez. Y aunque muchas veces se casan, la persona cambiada no logra ser realmente feliz . . . ¡ni su pareja tampoco!°

stage

partner
Por supuesto　Of course
to fit him/her

ni su pareja tampoco　neither is their partner

Adaptado de *Vanidades*
7–83

Ejercicios

A. *Preguntas sobre la lectura.*

1. ¿Qué dicen los profesionales que se dedican a estudiar las emociones humanas?
2. ¿Qué revelan estos estilos?
3. ¿Qué es el amor obsesivo?
4. ¿Por qué la ambición económica no nos dará la felicidad en el matrimonio?
5. ¿Qué es el amor nostálgico?
6. ¿De qué se priva la persona en el amor abnegado?
7. ¿En qué sentido influye en las mujeres o los hombres jóvenes la posibilidad de quedarse solteros?
8. ¿A quién tratan de conquistar las personas que se sienten heridas en su amor propio?
9. ¿Cuándo emerge la fase negativa del amor pasional?
10. ¿Qué demuestra la persona que persiste en transformar a su pareja?

B. *Preguntas para discutir en clase.*

1. De todos los diferentes amores descritos en la lectura, ¿cuál piensa Ud. que es más positivo? ¿Por qué?
2. ¿Cuál es el más negativo? ¿Por qué?
3. ¿Tiene Ud. a alguien en su familia (madre, tía, hermano) que pertenece al grupo de amor abnegado? Explique.
4. ¿Cómo cree Ud. que debe ser el amor entre una pareja?
5. ¿Piensa Ud. que es posible ser feliz y tener una mezcla de estos amores? Explique.

C. *Seleccione la palabra de la columna A que sea un sinónimo de una palabra de la columna B.*

A	B
1. miedo	*a.* a menudo
2. problema	*b.* demencia
3. evaporarse	*c.* personalidad
4. triunfo	*d.* terror
5. locura	*e.* desaparecer
6. frecuentemente	*f.* amor
7. transitorio	*g.* raro
8. carácter	*h.* conflicto
9. peculiar	*i.* pasajero
10. cariño	*j.* conquista

D. *Escoja la palabra que mejor complete la oración de acuerdo con la lectura.*

1. Hay personas que tienen la necesidad de amar a un individuo
   _____.
     a. cualquiera   *b.* determinado   *c.* feo
2. En el amor sacrificado las necesidades propias son _____.
     a. importantes   *b.* relegadas   *c.* pasajeras°   passing
3. En casos extremos, la única solución a los celos es _____
     a. la separación   *b.* un beso   *c.* la indiferencia
4. El sueño de toda persona en cierta etapa de su vida es el
   amor _____ .
     a. nostálgico   *b.* idealista   *c.* obsesivo
5. La desesperación por olvidar puede llevar a la persona a
   realizar algo contra su propia _____ .
     a. felicidad   *b.* salud   *c.* hija
6. La Epístola de San Pablo se refiere a _____.
     a. la boda   *b.* los santos   *c.* la religión

E. *Temas para desarrollar.*

1. El mejor tipo de amor
2. Una situación en la que el amor fracasa

¿Cuánto sabe usted sobre el amor?

VOCABULARIO ACTIVO

SUSTANTIVOS

el bienestar welfare
el odio hate
la pelea fight

VERBOS

atraer to attract
aumentar to increase
parecerse to look like
soportar to endure
surgir to appear

ADJETIVOS

amoroso loving
atraído attracted
igual equal
molesto bothersome
repelido repelled

EXPRESIONES

a la vez at the same time
a menudo often
estar dispuesto a to be ready to
lo mismo the same

14 DE FEBRERO
DIA DE LOS ENAMORADOS
TE LO RECUERDA:
COLEGIO DE PUBLICISTAS DE CHILE A.G.

Casi todo el mundo conoce el amor en alguna época° de su vida. Sin   time; epoch
embargo, la persona enamorada no se convierte automáticamente
en un "experto en amor." Si Ud. desea saber sus conocimientos° en   knowledge
este campo,° conteste las siguientes preguntas. Esta prueba° pre-   field / test
parada por la doctora Joyce Brothers, le puede dar una idea
superficial sobre el amor en general. Esta señora es especialista en
medicina y psicología, y ha escrito muchos artículos y libros sobre
la medicina y la relación de ésta con las emociones humanas.

Marque la columna correspondiente, dependiendo si Ud. cree
que el concepto es verdadero (V) o falso (F).

PREGUNTAS

V   F

1. El verdadero amor sólo se encuentra una vez en la vida.

2. Cuando uno está verdaderamente enamorado, no tiene deseos de hacer nada más.

3. Los hombres y las mujeres buscan lo mismo en el amor.

4. Los matrimonios arreglados° por los padres casi nunca funcionan.   fixed

5. El bienestar económico no influye en el amor.

6. El amor y el odio no están relacionados.

7. Cualquiera se puede enamorar.

8. El mejor tiempo para hacer dieta es cuando uno está enamorado.

9. Los hombres tienen mayor capacidad para el amor que las mujeres.

10. El amor ayuda a la gente a vivir más tiempo.

11. La falta de amor puede causar problemas físicos y emocionales.

12. El triunfo del amor está directamente relacionado con la cultura y la inteligencia.

13. El odio es el sentimiento opuesto al amor.

14. Las mujeres y los hombres muy bellos tienen a menudo problemas con el amor.

15. La gente se siente atraída° hacia su tipo físico opuesto.   attracted

16. Los hombres pueden resolver mejor los problemas amorosos que las mujeres.

17. Sólo se puede amar a una persona a la vez.

18. Después de años de casados, la pareja empieza a parecerse°   to look alike
    física y mentalmente.

19. La persona que espera encuentra siempre a su tipo ideal.

20. Casi todo el mundo encuentra a su pareja durante los años de
    estudiante.

RESPUESTAS

1. Falso. Una persona puede enamorarse muchas veces de diferentes personas durante su vida.

2. Falso. El amor es creativo, y puede darle más energías a una
   persona. Estimula la imaginación y da más deseos de triunfar.

3. Verdadero. Ambos desean ser admirados y deseados.

4. Falso. Estos matrimonios tienden a ser estables. En este tipo de
   matrimonio se espera menos de la otra persona, creando así la
   oportunidad para que el amor se desarrolle.°   **se desarrolle**   it develops

5. Falso. Cuando hay problemas económicos existen muchos
   conflictos.

6. Falso. El amor y el odio están muy relacionados.

7. Falso. Hay gente que nunca se enamora, unas veces por egoís-
   mo, y otras por problemas emocionales.

8. Falso. En las relaciones amorosas surgen° la tensión y la an-   they appear
   siedad,° cosas que aumentan el apetito.   anxiety

9. Falso. Las mujeres tienen más capacidad para amar que los
   hombres.

10. Verdadero. Las personas que viven casadas más tiempo, mue-
    ren más tarde que las divorciadas o solteras.

11. Verdadero. La falta de amor durante la infancia impide el de-
    sarrollo físico y mental.

12. Verdadero. Los individuos de inteligencia más alta y cultura
    más elevada son más estables.

13. Falso. El sentimiento opuesto al amor no es el odio, sino la
    indiferencia.

14. Verdadero. Las mujeres y los hombres muy bellos esperan
    demasiado del amor, y exigen° más de lo que están dispuestos°   they demand / ready
    a dar.

15. Falso. La gente con el mismo tipo físico tiende a atraerse más. En cuanto a° la personalidad, ocurre lo contrario.

En cuanto a With regard to

16. Falso. Las mujeres esperan menos del amor que los hombres, por eso están mejor preparadas para soportar° una desilusión.

to endure

17. Falso. La`gente puede amar de diferentes maneras al mismo tiempo.

18. Verdadero. Los matrimonios de muchos años tienden a desarrollar los mismos hábitos de vida. Esto explica por qué se parecen más que cuando se casaron, y adoptan actitudes similares.

19. Falso. Muy pocas personas encuentran a su tipo ideal.

20. Falso. La mayoría se conoce a través de° amigos o en citas° con personas con las que sale por primera vez.

a través de through / dates

Adaptado de *Buenhogar*

Ejercicios

A. *Escoja las palabras de la columna A que correspondan mejor con las definiciones de la columna B.*

A	B
1. arreglar	*a.* igual o similar, dos
2. odio	*b.* traer hacia sí alguna cosa
3. atraer	*c.* razón o argumento para demostrar la verdad o falsedad de alguna cosa
4. pareja	
5. morir	*d.* sufrir, tolerar
6. exigir	*e.* componer, ordenar, concretar
7. soportar	*f.* antipatía y aversión hacia alguna cosa o persona
8. hábito	
9. ciego	*g.* persona que no puede ver
10. prueba	*h.* demandar imperiosamente
	i. acabar o terminar la vida
	j. costumbre adquirida por la repetición de actos de la misma especie

B. *Escoja la palabra que mejor complete la oración de acuerdo con la lectura.*

1. El _____ verdadero sólo se encuentra una vez.
   a. complejo   *b.* amor   *c.* pasión
2. Las mujeres tienen mayor _____ para el amor que los hombres.
   a. influencia   *b.* orgullo   *c.* capacidad
3. El triunfo del amor está relacionado con la _____.
   a. engaño   *b.* virtud   *c.* inteligencia
4. La gente se siente _____ hacia su mismo tipo físico.
   a. atraída   *b.* repelida   *c.* indiferente
5. Es _____ encontrar a su tipo ideal.
   a. fácil   *b.* casi imposible   *c.* relativamente común
6. Después de muchos años de _____, la pareja empieza a parecerse.
   a. solteros   *b.* casados   *c.* tener peleas
7. La falta de _____ puede traer problemas físicos y emocionales.
   a. simpatía   *b.* amor   *c.* bebida
8. El sentimiento opuesto al amor es _____.
   a. el odio   *b.* la indiferencia   *c.* la inteligencia
9. Las mujeres bellas esperan _____ del amor.
   a. poco   *b.* demasiado   *c.* fama
10. Las mujeres están mejor preparadas para soportar una _____.
    a. veganza   *b.* pelea   *c.* desilusión

CAPÍTULO 5

El matrimonio

E l matrimonio es uno de los vínculos[1] más importantes de nuestra vida. De su éxito[2] depende gran parte de nuestro futuro y bienestar.[3]

Sin embargo, mientras más liberada es la sociedad, mayor es el número de matrimonios que fracasan.[4] ¿Será porque a la hora de elegir[5] cónyuge[6] per-

demos la cabeza o porque esperamos demasiado del matrimonio?

[1]los vínculos bonds
[2]su éxito its success
[3]bienestar well-being

[4]fracasan they fail
[5]elegir to select   [6]cónyuge husband, wife

¿Quién debe mandar, el marido o la mujer?

SUSTANTIVOS

la complacencia satisfaction
la dictadura dictatorship
el éxito success
la lucha fight
el matrimonio marriage
el varón male

VERBOS

amargar to embitter
atenerse to abide by
compartirse to share
considerarse to consider oneself
enfrentar to face
mandar to rule
mantener to support
rechazar to reject

ADJETIVOS

convencido convinced
mutua mutual

EXPRESIONES

a lo largo de throughout
al extremo to the extreme
cada cual each one
en el fondo at heart
una serie de trucos a series of tricks

BODAS DE ORO

JORGE, JULIO, ISABEL, FELIZA, SANTIAGO y JAVIER BOTTERI GIANNONI

Invitan a la Misa que ofrecerán con motivo de las Bodas de Oro de sus queridos padres:

SANTIAGO y FELIZA

Que se llevará a cabo el día sábado 4 de febrero de 1989 en la Capilla Jesús Hostia del Colegio La Reparación de Miraflores (calle Bellavista 1 cdra.) a horas 7.00 p.m. No circularán otras invitaciones.

—¿*Una segunda luna de miel?* —*Sí . . . todos tenemos derecho a una segunda oportunidad.*

Muchos de los problemas con los que se enfrenta el matrimonio son causados por las llamadas luchas° por el poder.° Estas luchas amargan° la vida de la pareja, y hasta en la vida íntima de los cónyuges se pueden ver reflejos de estos conflictos.

fights / power
they embitter

    Antiguamente el hombre era el rey del hogar, pero hoy día las mujeres exigen° que el poder sea dividido a partes iguales. Algunas de estas mujeres emancipadas llegan al extremo de controlar el matrimonio, especialmente, las llamadas feministas. Un aspecto negativo de este movimiento ha sido el rechazar° las pasiones sexuales. El movimiento considera que estas pasiones son "maniobras° de dominación machista."° Pero con esta actitud, la mujer ni logra° emanciparse ni es capaz de disfrutar del sexo. No se debe confundir la dignidad y la libertad con el rechazo total del sexo. La mujer no debe de llegar al extremo del sacrificio absurdo, como tampoco el hombre debe pretender mandar° por el hecho° de ser varón. En el fondo,° el hombre no se ha convencido de su superioridad, y ha tenido que inventar a lo largo de° la historia una serie de trucos° para mantener su tiranía.

they demand

to reject

maneuvers / chauvinistic
she succeeds in

to rule / fact
En el fondo At heart
a lo largo de throughout
tricks

A la pregunta de quién debe mandar en el matrimonio, hay que responder que debe mandar cada cual° en aquellos aspectos en donde tenga más talento y experiencia.

cada cual each one

En todas las cuestiones matrimoniales, el "poder" debe compartirse,° y las decisiones tomadas lógicamente, sin considerar el sexo de quien las emite. El éxito del matrimonio está en el deseo recíproco de complacencia° mutua.

to share

satisfaction

Ejercicios

A. *Preguntas sobre la lectura.*

1. ¿Por qué hay problemas en el matrimonio?
2. ¿Qué ha rechazado el movimiento feminista?
3. ¿De qué no está el varón convencido?
4. ¿Qué ha tenido que inventar el hombre para mantener su dictadura?
5. ¿Quién debe realmente mandar en el matrimonio?
6. ¿En qué está el éxito del matrimonio?

B. *Preguntas para discutir en clase.*

1. ¿Quién manda en su familia, su madre o su padre? Explique.
2. ¿Se considera Ud. machista o feminista? ¿Por qué?
3. ¿Preferiría Ud. un matrimonio con luchas o uno dominado por uno de los cónyuges?

C. *Seleccione la palabra de la columna A que sea un antónimo de una palabra de la columna B.*

	A		B
1.	soltero	a.	separar
2.	mujer	b.	amistad
3.	lucha	c.	dictadura
4.	vida	d.	hombre
5.	libertad	e.	muerte
6.	mandar	f.	pedir
7.	largo	g.	corto
8.	unir	h.	casado

D. *Escoja la palabra que mejor complete la oración de acuerdo con la lectura.*

1. Hay muchos _____ en el matrimonio.
   a. emociones b. problemas c. ideales
2. Las luchas _____ la vida de la pareja.
   a. unen   b. fortalece   c. amargan

3. El varón no debe _____ mandar.
   a. buscar   *b.* pretender   *c.* sentir
4. El _____ debe ser dividido.
   a. razón   *b.* talento   *c.* poder
5. Las decisiones deben atenerse a la _____.
   a. fuerza   *b.* razón   *c.* edad

E. *Composición controlada.*

Aplicando el vocabulario aprendido en la lectura, escriba sobre el siguiente tema: "¿Quién debe mandar en el matrimonio?"

PLAN DE TRABAJO

Presentación: Defina el problema, "Las luchas amargan la vida matrimonial . . ."

Desarrollo: Hable sobre, "En el fondo, el hombre no se siente superior . . ."

Conclusión: Escriba sobre sus reflexiones personales sobre la materia que se ha presentado en esta lectura, de acuerdo con las ideas que ha desarrollado.

Técnica para averiguar si ya uno no está enamorado de su pareja

VOCABULARIO ACTIVO

SUSTANTIVOS

el consorte   mate
la técnica   technique

VERBOS

acordarse   to remember
contagiar   to infect
cumplirse   to fulfill
fortalecer   to strengthen
lastimarse   to get hurt
renovar   to renew

ADJETIVOS

celoso   jealous
despacio   slow

EXPRESIONES

la media naranja   the better half
por completo   completely

El 21 de marzo comienza la primavera, estación° del año en que la naturaleza se renueva.° Los árboles adquieren nuevo follaje,° las plantas se llenan de flores, los campos se enverdecen,° y la gente cambia de ropa.

season

se renueva it renews itself / foliage
se enverdecen they turn green

Al llegar esta bella estación del año, muchas personas se contagian del° ambiente y se preguntan si no ha llegado también el momento de cambiar de pareja. Pero para cambiar de pareja es necesario haber dejado de quererla. Si no, comienzan las nostalgias y después de unas pequeñas aventuras se desea volver al modelo antiguo, cuando quizás éste ya tiene un nuevo dueño° o dueña.

se contagian del they become affected by the

owner

Para evitar° tan triste situación, es necesario estar seguro de que uno ya no está enamorado de su consorte.° Las preguntas siguientes aclararán° cuál es su caso.

to avoid
mate; companion
they will clarify

1. Cuando su pareja le dice que hace mucho tiempo que no van a bailar, ¿se apresura Ud. a° reservar una mesa en algún centro de baile, o se limita Ud. a contestarle que es verdad?

se . . . a do you hurry

2. Cuando su media naranja° le pregunta si Ud. está enamorado o enamorada aún, ¿contesta Ud. claramente o evita responder a la pregunta?

media naranja better half

3. Cuando su consorte le dice que ha conocido a una persona muy atractiva y rica, ¿se pone Ud. con celos o se limita a emitir un pequeño suspiro?°

sigh

4. Cuando su pareja viene a besarle, ¿le pone Ud. atención al beso, o continúa pensando en lo que usted hacía?

5. Cuando su otra mitad° se lastima° en un accidente, ¿corre Ud. a ayudarle, o le dice que tenga más cuidado la próxima vez?

half / **se lastima** he/she gets hurt

6. Cuando cumplen años de casados, ¿se acuerda Ud. de la fecha, o se le olvida por completo?

Si Ud. ha contestado afirmativamente a la segunda parte de las preguntas, esto quiere decir que Ud. está en condiciones de archivar° a su pareja y de buscar un nuevo modelo con el comienzo de la primavera.

to file, put away

Adaptado de *Contenido*

Ejercicios

A. *Preguntas sobre la lectura.*

   1. ¿Cuándo comienza la primavera?
   2. ¿Qué hace la gente en la primavera?
   3. ¿Qué es necesario hacer para cambiar de cónyuge?
   4. ¿Qué puede pasar si Ud. abandona a su consorte?

B. *Preguntas para discutir en clase.*

   1. ¿Qué clase de música le gusta a Ud. para bailar?
   2. ¿Se considera Ud. celoso(a)?° ¿Por qué?   *jealous*
   3. ¿Se acuerda Ud. de las fechas importantes para su novio(a)? ¿Cuáles son?
   4. ¿Busca Ud. una nueva pareja cada primavera? ¿Con qué propósito?

C. *Seleccione Ud. la palabra de la columna A que más se asocie a la de la columna B.*

A	B
1. primavera	*a.* año
2. meses	*b.* pareja
3. dueño	*c.* obtener
4. árboles	*d.* estación
5. cónyuge	*e.* boca
6. naranja	*f.* dinero
7. adquirir	*g.* antes
8. besar	*h.* colocar
9. rica	*i.* plantas
10. después	*j.* amo
11. poner	*k.* fruta

D. *¿Son verdaderas o falsas las oraciones siguientes?*

1. La primavera comienza en abril.
2. En esta estación los árboles adquieren distintos colores.
3. Las personas no se enamoran en esta época.
4. La naranja es una fruta cítrica.
5. El aniversario de bodas es cuando se cumplen años de casado.
6. La persona enamorada trata de acordarse de las fechas importantes para su ''media naranja.''

E. *Seleccione la palabra que no pertenezca a la serie.*

1. primavera, estación, año, lugar, día
2. hojas, árboles, pájaros,° campo, plantas   birds
3. pareja, grupo, multitud, gente, anual
4. besar, amor, boda, dueño, cónyuge
5. accidente, rápido, lastimarse, cuidado, alegre

F. *Temas para desarrollar.*

1. Por qué prefiero la primavera a las otras estaciones
2. Uno debe estar enamorado antes de casarse
3. Situaciones en que los celos tienen justificación

Cómo superar los conflictos matrimoniales

SUSTANTIVOS

la cólera   anger
el comportamiento   behavior
la compostura   composure
los derechos   rights
el disgusto   quarrel
la iniciativa   lead
el malentendido   misunderstanding
el orgullo   pride

VERBOS

alejarse   to leave, go away
chocar   to collide
esforzar   to strengthen
incomodarse   to put oneself out
negar   to deny
presionar   to put pressure
reafirmarse   to reaffirm oneself

resolver   to solve
retener   to retain
salvar   to save
significar   to mean
superar   to overcome

ADJETIVOS

afectuoso   affectionate
cariñoso   loving
pertinente   important; pertaining to
renuente   unwilling

EXPRESIONES

arrojar la toalla   to give up, to throw in the towel
tener razón   to be right
volverse a casar   to remarry

Dos personas que conviven° durante muchos años tienen, en algún momento, períodos de turbulencia. Toda relación lleva implícita cierta dosis de conflicto. Pero cuando resulta difícil controlar la agresividad, la cólera° comienza a formarse, y el matrimonio puede verse en serias dificultades.

     Basándome en mi larga experiencia como sicoterapeuta y consejero matrimonial, he elaborado una lista de sugerencias° destinadas a encauzar° los conflictos antes de que se vuelvan destructivos.

     1. *Admita que la cólera es una emoción normal.* Si aceptan que una pareja que se ama puede experimentar envidia, malestar,° incluso cólera, ninguno de los dos tendrá pánico cuando eso les suceda° a ustedes. Comprenderán que el hecho de que su pareja no parezca siempre cariñosa° no significa que haya dejado de amarle.

live with each other

anger

suggestions
to channel

discomfort

happens

loving

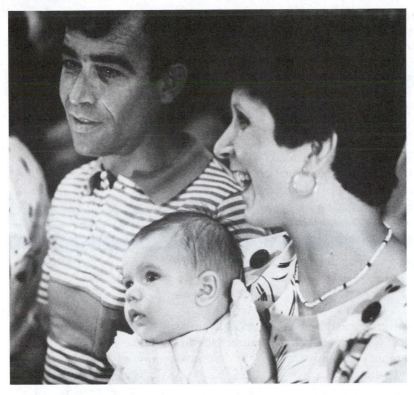

Un matrimonio con su hija asiste a un bautizo° en la Catedral de Barcelona.   baptism

Esa actitud puede deberse a° un disgusto° con el jefe en el trabajo o, simplemente, a que su pareja se siente decaída.° Puede que su cónyuge no tenga deseos de expresar su afecto,° pero esa incapacidad temporal no es culpa de usted.° Entonces hay dos preguntas que son pertinentes:

—Cariño,° ¿he hecho algo que te ha molestado?— Si la respuesta es negativa, la segunda pregunta es: —Entonces, ¿puedo hacer algo por ti?— Si no puede, deje solo a su cónyuge. Al conceder a su pareja el derecho a retraerse° ocasionalmente, le está haciendo un regalo maravilloso.

2. *¡Cuidado al proteger sus derechos!* Es lógico desear que ciertas necesidades sean satisfechas en el matrimonio, y no es egoísta abordar° al cónyuge con un deseo insatisfecho. Pero hay personas que están demasiado preocupadas por obtener lo que creen que les corresponde.

Todos conocemos a personas que se pasan la vida defendiendo sus acciones. Pero la gente segura de sí misma no ve en cada malentendido° una oportunidad para reafirmarse. Saben transigir° sin perder la compostura.

puede deberse a   can be the result of / quarrel
depressed
affection
no . . . usted   is not your fault
Love, darling

to withdraw

to approach

misunderstanding / to compromise

3. *Resista el impulso de rendirse.*° Muchas parejas que llegan a mi clínica se muestran dispuestas a arrojar la toalla.° Pero casi siempre he descubierto que el mejor matrimonio para ellos es el que tienen, y que puede salvarse si desean realmente que funcione.

    La salida° más fácil es buscar una nueva pareja. Al principio, un compañero nuevo puede dar la impresión de ser todo lo que el anterior no era. Un hombre dirá acerca de su nueva novia: "Puedo contarle cosas que jamás conté a mi mujer."° ¿Por qué? Porque aún no se han acumulado heridas,° no se ha aprendido a evitar ciertos tópicos. La relación es todavía una hoja en blanco.° Pero esta franqueza no indica que la novia tenga algo de lo que la esposa carecía.°

    Muy frecuentemente, el cambio de pareja no elimina el problema básico. Los consejeros han oído decir a cientos de personas que se han vuelto a casar: "Si entonces hubiera sabido lo que sé hoy, me habría esforzado° mucho más por salvar mi primer matrimonio."

    4. *Sea el primero en cambiar.* Muchas parejas se atascan° con comportamientos° repetitivos. Un terapeuta puede presionar° para desatascarlos,° pero eso puede no ser necesario si uno de los dos—usted—decide cambiar.

    No es fácil. En todos nosotros existe una renuencia al cambio que es, en el fondo, orgullo.° Cambiar es admitir que estábamos equivocados.° Pero si usted toma la iniciativa y empieza de nuevo, puede lograr salir del atolladero.°

    5. *Cultive la humildad.* "El amor no es terco° ni orgulloso," dice la Biblia. Querer tener siempre razón° puede deberse a temer perder el control de la situación, pero si usted nunca puede aceptar que se ha equivocado, tampoco será capaz° de retener el amor.

    Los enamorados deben aprender a decir "lo siento," porque dos personas que viven juntas° se ven en situaciones en las que, inevitablemente,° llegan a chocar.° Si no desea lastimar° al otro, discúlpese.°

    6. *Añada un poco de tolerancia.* En un monasterio leí la siguiente leyenda:° "El amor es de los que pueden convivir con la naturaleza humana." Los que disfrutan° de su relación son, por lo general, los que no se incomodan° por las manías° de las personas que aman.

    Algunos de los matrimonios más felices que conozco están formados por dos personas totalmente distintas, a menudo con personalidades opuestas, pero que son tolerantes y se acomodan—o pasan por alto°—a lo irritante. El sicólogo Carl Rogers hace la siguiente analogía: "Cuando en una playa contemplo una puesta de sol,° no digo: 'Un poco más de naranja a la derecha, por favor,' o '¿Pueden poner algo más morado° al fondo?' No, disfruto de las diferentes puestas de sol tal y como son.° Haríamos bien en tratar de la misma manera a nuestros seres queridos."°

Adaptado de *Selecciones del Reader's Digest*

Glosas (columna lateral):

to give up

dispuestas . . . toalla ready to give up

La salida The way out

wife

wounds

hoja en blanco blank page

lacked

me habría esforzado I would have made an effort

se atascan they get bogged down

behavior / put pressure on to extricate them

pride

wrong

mudhole, rut

obstinate

Querer . . . razón To always want to be right

capable

together

unavoidably / clash / hurt apologize

inscription

Los que disfrutan The ones that enjoy

no se incomodan do not become annoyed / mannerisms

pasan por alto they overlook

puesta de sol sunset

purple

tal . . . son just as they are

seres queridos loved ones

Ejercicios

A. *Preguntas sobre la lectura.*

1. ¿Qué tienen las personas que conviven durante mucho tiempo?
2. ¿Qué lleva implícita toda relación?
3. ¿Cuándo puede tener problemas el matrimonio?
4. ¿Qué no significa que su pareja haya dejado de amarle?
5. ¿A qué puede deberse la actitud negativa de su pareja?
6. ¿Cuáles dos preguntas debe hacerle usted a su pareja para tratar de resolver el problema?
7. ¿Qué regalo maravilloso puede darle a su cónyuge?
8. ¿Por qué cosa están demasiado preocupadas ciertas personas?
9. ¿Qué no ve la gente que está segura de sí misma?
10. ¿Qué sabe hacer la gente que está segura de sí misma?
11. ¿Qué ha descubierto el autor?
12. ¿Qué impresión puede dar un compañero nuevo?
13. ¿Por qué puede contarle cosas que nunca contó al compañero anterior?°   previous
14. ¿Qué han aprendido personas que se han vuelto a casar?
15. ¿Qué hacen muchas parejas para atascarse?
16. ¿Por qué razón somos renuentes al° cambio?   **renuentes al**   resistant to
17. ¿Por qué queremos tener siempre razón?
18. ¿Qué deben aprender a decir los enamorados?
19. ¿Quiénes disfrutan más de una relación?

B. *Preguntas para discutir en clase.*

1. ¿Tiene algún amigo o amiga que tenga conflictos con su pareja? Describa un conflicto.
2. ¿Qué tipo de envidia cree Ud. que es posible en una relación?
3. ¿Es Ud. afectuoso(a)?° ¿Qué hace Ud. para ser así?   affectionate
4. ¿Puede ser una cosa buena tener orgullo? Explique.
5. ¿Es Ud. tolerante? ¿En qué sentido?
6. ¿Conoce Ud. a algún matrimonio en que las dos personas son totalmente diferentes? Descríbalas.
7. ¿Tiene Ud. a veces deseos de alejarse de todos? ¿Bajo qué circunstancias?
8. ¿Qué manías podrían molestarle en la persona que Ud. ama?

C. *Llene los espacios en blanco con las formas apropiadas de las palabras en paréntesis. Haga todos los cambios gramaticales necesarios.*

1. (resistir) Ustedes siempre _____ el impulso de rendirse.
2. (novio) Mis _____ nunca me comprenden.
3. (dispuesto) Las parejas nunca deben estar _____ a arrojar la toalla.
4. (chocar) Ella y su novio _____ a menudo.
5. (decaído) Los chicos se sentían muy _____ esta mañana.
6. (defender) El esposo se pasa la vida _____ sus acciones.
7. (haber) Si hubiéramos sabido entonces lo que sabemos hoy, nos _____ esforzado más por salvar nuestra relación.
8. (poder) ¿ _____ María y yo hacer algo por ti?

D. *Escoja la palabra que mejor complete la oración de acuerdo con la lectura.*

1. Sea Ud. el primero en _____.
    a. hablar   *b.* rendirse   *c.* cambiar
2. Hay personas que se pasan la vida _____ sus acciones.
    a. defendiendo   *b.* hablando de   *c.* negando
3. Ud. puede contarle cosas a su nuevo novio que no podía decirle al anterior porque todavía no ha acumulado _____.
    a. problemas   *b.* peleas   *c.* heridas
4. "El amor no es terco ni _____."
    a. estúpido   *b.* orgulloso   *c.* generoso
5. La _____ es una emoción normal.
    a. cólera   *b.* odio   *c.* envidia
6. Muchos matrimonios felices están formados por personas totalmente _____.
    a. iguales   *b.* ridículas   *c.* distintas
7. Mi novia tiene algunas _____ que me molestan un poco.
    a. manías   *b.* palabras   *c.* defectos.

CAPÍTULO 6

El alcohol y el tabaco

El problema de estas dos drogas legales es algo que convive con nosotros diariamente. Nuestra sociedad está basada en un sistema de comunicación dirigido a las masas. En los periódicos, las revistas, los anuncios[1] en la televisión y la radio, la influencia que se tiene sobre nosotros es devastadora. Tal parece que para divertirnos o ser "sexy" necesitamos tomar bebidas alcohólicas o fumar cigarrillos.

En los Estados Unidos la campaña[2] contra el fumar sigue muy activa. Casi en todos los lugares públicos hay letreros que prohiben fumar. ¿Y quién no tiene un amigo militante que exige que no se fume en su presencia? Sí, no hay duda que los fumadores están a la defensiva. ¿Es Ud. uno de ellos?

[1]**los anuncios** commercials

[2]**la campaña** campaign

¿ES USTED ALCOHÓLICO OCULTO?

VOCABULARIO ACTIVO

SUSTANTIVOS

el desajuste dissension
el físico physicist
el rostro face
el síntoma symptom
el teólogo theologian
la vergüenza shame
la voluntad will

VERBOS

amargar to embitter
congestionarse to become congested
descubrir to discover
emborracharse to get drunk
merecer to deserve
reunirse to unite

ADJETIVOS

desequilibrado unbalanced
digno worthy
oculto hidden

EXPRESIONES

hacia toward
llevar a la gente a beber to make people drink
por medio de through

Típica bodega-bar de Málaga donde los amigos se reúnen antes del almuerzo a tomar unos tragos y comer unas tapas.°   snacks

A menudo es posible descubrir a la persona que va hacia el alcoho-lismo por medio de° los cambios físicos que ocurren en ella: el rostro° se congestiona y se inflama;° tiene malestares° estomacales continuos; a veces pierde el cabello y le tiemblan las manos.

por medio de   through
face / **se inflama**   it becomes swollen / discomfort

    Los médicos consideran que el alcoholismo es una enfermedad compleja, síntoma de un desajuste en la vida emocional. El alcohó-lico es una persona desequilibrada,° sensible,° inmadura, que se imagina ser mejor de lo que realmente es y que merece° algo mejor de lo que tiene.

unbalanced / sensitive
he deserves

    Los motivos que llevan a la gente a beber son innumerables, pero todos se reunen en una sola palabra: frustración. Y una vez que una persona ha adquirido el hábito del alcoholismo, sufrirá una verdadera compulsión a beber; ni los mayores desastres, ni el temor a la muerte o a la locura° podrán contenerla.

insanity

    El cuestionario que sigue le ayudará a saber si usted tiene pro-blema con las bebidas alcohólicas.

1. ¿Puede usted dejar de beber° por una semana o más si quiere?
   Sí ＿＿ No ＿＿

dejar de beber   to stop drinking

2. ¿Lo molestan° los consejos° de las personas que le piden que deje de beber?   Sí ＿＿ No ＿＿

they bother / advice

3. ¿Ha tratado alguna vez de controlarse cambiando de una clase de bebida a otra?   Sí ＿＿ No ＿＿

4. Durante el último año, ha bebido alguna vez por la mañana? Sí ___ No ___

5. ¿Envidia° a las personas que pueden beber sin tener problemas?   Sí ___ No ___   *Do you envy*

6. Durante el último año, ¿ha empeorado° progresivamente su problema con la bebida?   Sí ___ No ___   *worsened*

7. ¿Le ha traído a Ud. la bebida problemas con sus amigos y familiares?°   Sí ___ No ___   *relatives*

8. En las reuniones sociales donde la bebida está limitada, ¿intenta° conseguir algunos tragos extra?   Sí ___ No ___   *do you try*

9. Durante los últimos meses, ¿ha faltado° a clases o a su trabajo a causa de° la bebida?   Sí ___ No ___   *missed* / **a causa de** *due to*

10. ¿Ha tenido usted en alguna ocasión lagunas° mentales a causa de la bebida?   Sí ___ No ___   *blanks*

Si ha respondido afirmativamente a cuatro o más de estas preguntas, debe usted pensar que tiene problemas de alcoholismo y es urgente cambiar sus hábitos de beber.

Adaptado de *Contenido*

Ejercicios

A. *Preguntas sobre la lectura.*

1. ¿Cómo se puede descubrir a un alcohólico?
2. ¿Qué piensan los médicos del alcoholismo?
3. ¿Qué tipo de persona es el alcohólico?
4. ¿Cómo se imagina ser el alcohólico?
5. ¿Cuál es el motivo principal que lleva a la gente a beber?

B. *Llene los espacios en blanco con las formas apropiadas de las palabras en paréntesis. Haga todos los cambios gramaticales necesarios.*

1. (físico) Los cambios _____ descubren al alcohólico.
2. (emocional) Los problemas _____ pueden llevar al alcoholismo.
3. (inmaduro) Los alcohólicos son personas _____ .
4. (emborracharse) Cuando bebemos mucho, _____ .
5. (verdadero) Esas mujeres son unas _____ alcohólicas.
6. (tomar) Mi amigo ha estado _____ mucho.
7. (beber) Nosotros nunca _____ por la mañana.
8. (controlarse) Debemos saber _____ cuando bebemos.

C. *Escoja la palabra que mejor complete la oración de acuerdo con la lectura.*

1. A _____ es posible descubrir a un alcohólico.
   a. siempre   *b.* menudo   *c.* nunca
2. El rostro se _____ con la bebida.
   a. congestiona   *b.* amarga   *c.* desfigura
3. Los _____ consideran que el alcoholismo es una enfermedad compleja.
   a. físicos   *b.* teólogos   *c.* médicos
4. El alcohólico es una persona _____ .
   a. fantástica   *b.* feliz   *c.* desequilibrada
5. El principal motivo que lleva a la gente a beber es la
   _____ .
   a. locura   *b.* frustración   *c.* hábito
6. Los alcohólicos no tienen _____ .
   a. vergüenza   *b.* equilibrio   *c.* voluntad
7. El alcohólico se ve _____ de lo que es.
   a. mejor   *b.* peor   *c.* simpatiquísimo
8. En las _____ sociales se debe beber con moderación.
   a. clases   *b.* reuniones   *c.* hoteles

D. *Composición controlada.*

Aplicando el vocabulario aprendido en la lectura, escriba sobre
el siguiente tema: "El alcohólico necesita ayuda."

PLAN DE TRABAJO

Presentación: Hable sobre:
  a. "El alcoholismo causa muchos problemas
       en . . ."
  b. "Algunos de los problemas más serios . . ."

Desarrollo: Comente sobre:
  a. "La sociedad condena a los alcohólicos . . ."
  b. "Los alcohólicos son personas desajusta-
       das . . ."
  c. "Los alcohólicos son dignos° de lástima . . ."   worthy

Conclusión: Escriba sus opiniones sobre:
  a. Qué se debe hacer con los alcohólicos.
  b. Cuáles soluciones se podrían tomar.
  c. La importancia del problema.
  d. Cómo afecta a la familia del alcohólico.

SI QUIERE, PUEDE DEJAR DE FUMAR

VOCABULARIO ACTIVO

SUSTANTIVOS

el alquitrán　tar
la cajetilla　package
el cenicero　ashtray
la cerilla　match
las colillas　cigarette butts
el consejo　advice
el enfoque　approach
la goma de mascar　chewing gum
el palillo　toothpick
las tijeras　scissors
el vidrio　glass

VERBOS

agudizar　to sharpen
ahorrar　to save
anotar　to write notes
apostar　to bet
deprimir　to depress
encender　to turn on
evitar　to avoid
fijar　to set

fumar　to smoke
librar　to free
respirar　to breathe
vaciar　to empty

ADJETIVOS

consabido　aforementioned
descorazonador　disheartening
despejado　clear
eficaz　effective
nocivo　noxious

EXPRESIONES

a causa de　because of
a medida que　as
al principio　at first
dar un paseo　to take a walk
de una en una　one by one
dejar de fumar　to quit smoking
la fuerza de voluntad　will power

El tabaco, enemigo público

El número de personas que quieren dejar el vicio de fumar es cada vez mayor. Usted también puede lograrlo si sigue los consejos que exponemos a continuación:

1. *Fije° la fecha en que va a dejar de fumar.* Tratar de abandonar el vicio fumando cada vez menos cigarrillos a lo largo de° varios meses no suele dar resultado. El proceso de desintoxicación de la nicotina puede ser muy prolongado y molesto.° Por otro lado, comprar marcas° con bajo contenido de nicotina y alquitrán° tampoco es eficaz.° Muchas personas que se decidieron por esta solución terminaron consumiendo más cigarrillos e inhalando el humo° más profundamente.

> Set
> **a . . . de**   in a period of
>
> bothersome
> brands / tar
> effective
> smoke

Es mejor un enfoque° drástico. Trate de fumar menos durante varias semanas, fije luego una fecha para dejar el tabaco del todo,° aproximadamente en un período no superior a treinta días, y no permita que nada le haga cambiar de idea. Para animarse a° hacerlo, prepare una lista de todas las razones por las que quiere dejar el hábito. He aquí algunos ejemplos:

> approach
> **del todo**   completely
>
> **animarse a**   to encourage
> yourself

— Está realmente harto° de esta tos° de fumador que no logra quitarse de encima.°

> fed up / cough, smoker's hack
> **quitarse de encima**   to get rid

— Las arrugas° faciales se presentan generalmente antes, y más pronunciadas, en los fumadores que en los que no tienen el vicio del tabaco.

> wrinkles

— El tabaco no sólo deteriora el sentido del gusto, sino el del olfato.°

> sense of smell

— El vicio de fumar provoca cáncer, enfisema pulmonar y enfermedades cardíacas.

2. *Prepárese para dejar de fumar.* Cuente cuántos cigarrillos consume por la mañana, por la tarde y por la noche. Calcule el total diario. A medida que vaya disminuyendo, le complacerá comprobar[1] cómo los números van bajando.

Otra técnica consiste en llevar un diario en el que anote° por qué ha fumado cada pitillo.° Divida una hoja de papel en las siguientes cinco columnas: Hora, Necesidad, Lugar o Actividad, Con Quién y Disposición de Ánimo° o Motivo.° En la columna titulada "Necesidad," señale cuántos cigarrillos sintió que deseaba fumar (**5**), cuántos hubiera podido pasarse sin fumar (**1**) y aquéllos que fumó sin un especial deseo (**2** a **4**). Analice posibles pautas° y repeticiones: quizá descubra que, por ejemplo, sólo fuma cuando está con ciertas personas, o después de las comidas, o cuando se siente nervioso.

> you write down
> cigarette
>
> **Disposición de Ánimo**   State of
> Mind / Reason
>
> norms

---

[1]**A . . . comprobar**   As you smoke less, it will please you to verify

Intente° seguir algunos de estos consejos;° le ayudarán a fumar menos:

    — Espere° quince minutos antes de encender° su primer cigarrillo el primer día; retrase° ese momento otros quince minutos más al día siguiente, y así sucesivamente.

    — No empiece a fumar en el mismo momento en que se le antoje° hacerlo. Busque distracciones: inicie una conversación, beba un vaso de agua, cierre los ojos e imagínese que está en uno de sus lugares preferidos.

    — Fije unas "horas de no fumar" y aumente su número poco a poco.

    — Después de comer, levántese rápidamente de la mesa y váyase a dar un paseo o a lavarse los dientes.

    — Trate de sostener el pitillo con la mano con la que no suele hacerlo.

    — Compre las cajetillas° de una en una, y asegúrese° de terminar la primera antes de adquirir la siguiente.°

    — Fume cada cigarrillo solamente hasta la mitad.

    — Procure no vaciar² los ceniceros:° es descorazonador° tener las colillas° delante. Guarde° las de toda la semana en un frasco de vidrio.°

    — Haga difícil la tarea° de coger cigarrillos. Envuelva° el paquete en un papel complicado de abrir o guárdelo en un armario° cerrado con llave.

    — Apueste° con alguien que va a dejar de fumar un día determinado.

    — Anote sus progresos todos los días: ver es creer.

3. *Ahora, deje° el vicio.* El truco° consiste en concentrarse en lo que se hace (no en pensar en lo que no se hace) y en premiarse° con cada logro.° Hágase un obsequio° o celebre el acontecimiento° en forma especial.

    — Si la idea de dejar de fumar para siempre le deprime, propóngase no fumar únicamente aquel día, y así todos los días.

    — Trate de estar siempre ocupado. Dé largos paseos a pie° o en bicicleta.

    — Si relaciona° ciertos alimentos o bebidas con el cigarrillo, trate de evitarlos. Después de algún tiempo sin fumar, podrá volver a consumirlos sin problema.

    — Si le cuesta° estar sin nada en las manos, juegue con unas tijeras° o con un lápiz. Si siente que necesita tener algo en la boca, lleve siempre a mano° un palillo,° goma de mascar o pastillas de menta.°

Glosses (right margin):

- Intente° — Try to
- consejos° — advice, suggestions
- Espere° — Wait
- encender° — light up
- retrase° — delay
- se le antoje — you get the craving
- cajetillas° — cigarette packages
- asegúrese° — you make sure
- siguiente° — next one
- ceniceros° — ashtrays
- descorazonador° — disheartening
- colillas° — cigarette butts
- Guarde° — Keep
- frasco de vidrio — glass jar
- tarea° — task
- Envuelva° — Wrap
- armario° — cabinet
- Apueste° — Bet
- deje° — quit
- truco° — trick
- premiarse° — reward yourself
- logro° — attainment
- obsequio° — gift
- acontecimiento° — event
- a pie — on foot
- relaciona° — you associate
- le cuesta — it is difficult for you
- tijeras° — scissors
- a mano — on hand
- palillo° — toothpick
- pastillas de menta° — mints, candy

---

¹**A . . . comprobar**   As you smoke less, it will please you to verify
²**Procure no vaciar**   Try not to empty

Advertencia: El Cirujano General Ha Determinado
Que Fumar Cigarrillos Es Peligroso Para Su Salud.

— Tache° en un calendario los primeros noventa días sin fumar, Cross out
y anote también el dinero que se está ahorrando.° saving

— Si advierte que su fuerza de voluntad se va debílitando,[1]
respire° profundamente varias veces, encienda° una cerilla° y breathe / light up / wax match
apáguela° poco a poco. Luégo aplástela° en un cenicero, como put it out / crush it
haría si fuera un pitillo.

— Destierre° la idea de que un sólo cigarrillo no le hará ningún Banish
daño.° Así empezó la mayoría de la gente que cayó de nuevo° harm / **cayó de nuevo** fell
en el vicio. Pero si usted cede° a la tentación y se lo fuma, no again
desespere. Deje de nuevo de fumar inmediatamente. give in

Por lo general, el cuerpo empieza a recuperarse del efecto nocivo
del tabaco a las doce horas de haber fumado el último cigarrillo. Los
niveles de monóxido de carbono y de nicotina disminuyen rápidamente, y el corazón y los pulmones comienzan a reparar los daños
que les causó el humo del tabaco.

Al principio, sin embargo, es posible que se sienta peor de lo
que esperaba. Muchas personas que acaban de dejar el tabaco hablan de problemas intestinales y dolor de encías.° Puede, también, gums
que se sienta nervioso o de mal humor. Pero esos síntomas de
abstinencia son sólo temporales y no suelen durar° mucho. to last

Pronto observará cambios positivos. Comenzará a advertir que
sus sentidos del gusto° y del olfato se agudizan,° y que disminuyen taste / **se agudizan** become
las consabidas° toses de fumador. El sistema digestivo empezará a sharper
funcionar normalmente de nuevo. Notará la mente más despejada,[2] aforementioned
se sentirá más fuerte y respirará con mayor facilidad. Y se habrá
librado del olor, la incomodidad, el gasto[3] y la dependencia que
genera. Además (y esto quizá sea lo más importante) sentirá el
placer de haber logrado un mayor control sobre su propia vida.

Adaptado de Selecciones del Reader's Digest

---

[1] **Si . . . debilitando**   If you notice that your will is getting weaker.
[2] **Notará . . . despejada**   You will notice that your mind is clearer
[3] **Y . . . gasto**   And you will have gotten rid of the odor, the discomfort, the expense

Ejercicios

A. *Preguntas sobre la lectura.*

1. ¿Cuál es el primer consejo para dejar de fumar?
2. ¿Cómo puede ser el proceso de desintoxicación?
3. ¿Qué les pasa a las personas que compran marcas con bajo contenido de nicotina y alquitrán?
4. ¿Qué es mejor para dejar de fumar?
5. ¿Cuál es el segundo consejo?
6. ¿Qué debemos anotar en el diario?
7. ¿Qué quizás podremos descubrir?
8. ¿Cuánto tiempo debemos esperar antes de encender el primer cigarrillo?
9. ¿Qué debemos hacer después de comer?
10. ¿Cómo debemos comprar las cajetillas?
11. ¿Por qué no debemos vaciar los ceniceros?
12. ¿Qué podemos hacer para hacer difícil la tarea de coger cigarrillos?
13. ¿Cuál es el tercer consejo?
14. ¿Qué debemos hacer si la idea de dejar de fumar nos deprime?
15. ¿Cuándo debemos cortar ciertos alimentos?
16. ¿Qué podemos hacer si tenemos que tener algo en las manos?
17. ¿Qué podemos hacer si necesitamos tener algo en la boca?
18. ¿Cuándo debemos respirar profundamente?
19. ¿Qué idea debemos desterrar?
20. ¿En cuánto tiempo comienza a recuperarse el cuerpo del efecto nocivo del tabaco?
21. ¿Qué puede pasar al principio de dejar de fumar?
22. ¿Cuáles son los síntomas de abstinencia?
23. ¿Cuáles son los cambios positivos que observaremos?
24. ¿De qué nos habremos librado?
25. ¿Qué placer importante sentiremos?

B. *Preguntas para discutir en clase.*

1. ¿Qué hace Ud. cuando otras personas fuman?
2. ¿Conoce Ud. a alguien que tenga alguna afección pulmonar a causa de fumar? Descríbala.
3. ¿Le importaría que su novio(a) fumara?
4. Todo el mundo sabe que el fumar produce mal aliento.°   **mal aliento** bad breath
   ¿Qué se puede hacer para neutralizar el mal aliento?
5. ¿Cree Ud. que es buena idea que el gobierno prohíba fumar en lugares públicos? Explique.
6. ¿Por qué piensa Ud. que fuman algunos amigos suyos?

C. *Escoja la palabra que mejor complete la oración de acuerdo con la lectura.*

1. El tabaco deteriora el sentido del _____ .
   a. gusto   *b.* tacto   *c.* oído
2. Para dejar de fumar, es bueno estar siempre _____ .
   a. ocupado   *b.* desocupado   *c.* alegre
3. Para dejar el vicio, si necesitamos tener algo en la boca, debemos llevar siempre a mano un _____ .
   a. cepillo de dientes   *b.* cigarrillo   *c.* palillo
4. Un solo cigarrillo no me hará _____ .
   a. pobre   *b.* daño   *c.* simpático
5. Para dejar de fumar, es bueno dar largos paseos _____ .
   a. en avión   *b.* a pie   *c.* en automóvil
6. El cuerpo comienza a recuperarse de los afectos del tabaco en _____ .
   a. dos semanas   *b.* noventa días   *c.* doce horas

D. *¿Son verdaderas o falsas las siguientes oraciones?*

1. Es bueno vaciar los ceniceros cuando deseamos dejar de fumar.
2. Debemos evitar comer alimentos que relacionamos con el cigarrillo.
3. Cada día son menos las personas que fuman.
4. Es mejor fumar cigarrillos con bajo contenido de nicotina y alquitrán.
5. Las personas que no fuman tienen más arrugas faciales que las que fuman.
6. Uno de los síntomas del fumador es la tos.
7. El pitillo y el cigarrillo son sinónimos.
8. Si queremos dejar de fumar, es bueno levantarnos de la mesa inmediatamente después de comer.
9. Apostar con alguien que vamos a dejar de fumar no ayuda a fumar menos.
10. Si estamos deprimidos porque estamos tratando de dejar de fumar, debemos pensar en no fumar durante un mes.
11. Si dejamos de fumar, ahorraremos dinero.

E. *Temas para desarrollar.*

Aplicando el vocabulario aprendido en la lectura, escriba un párrafo sobre:

1. Por qué no me gusta fumar
2. Lo que hago cuando estoy rodeado de° personas que fuman   **rodeado de**   surrounded by
3. Mis experiencias personales con el cigarrillo

CAPÍTULO 7

Los *deportes*

Ya en época de los griegos y los romanos, el juego y las proezas[1] físicas tenían un lugar importante en la sociedad. Los griegos se reunían en Olimpia y allí celebraban sus competencias llamadas juegos olímpicos. Esta larga tradición se ha continuado hasta el presente, y con el advenimiento de la televisión y los satélites de telecomunicación, el mundo entero tiene la oportunidad de observar las Olimpiadas. Así cada cuatro años disfrutamos del emocionante espectáculo de ver competir a los mejores atletas del mundo.

Hoy día, ser el mejor en ciertos deportes como el tenis y el béisbol no sólo da fama internacional, sino que hace a estos deportistas millonarios en pocos años.

[1]**las proezas** prowess

Orígenes del tenis

VOCABULARIO ACTIVO

SUSTANTIVOS

la cancha tennis court
la fuga escape
la guarnición garrison
la marca brand
el muro wall
el partido game
la queja complaint
el regalo present
la reina queen
el resurgimiento reappearance
el rey king

VERBOS

conservarse to keep
gozar to enjoy
iniciarse to start
vencer to defeat

ADJETIVOS

atrapado trapped
griego Greek
movido active

EXPRESIONES

al aire libre outdoors
bajo techo indoors
dar muerte to kill

La argentina Gabriela Sabatini, una de las mejores tenistas del mundo, se prepara para devolver una pelota.

Entre los deportes actuales, el tenis es uno de los que tiene mayor popularidad hoy día. En estos momentos goza de un espléndido resurgimiento° que se inició hace pocos años.

    Sin embargo, la historia del tenis no es reciente. Según los historiadores, el tenis se originó en la antigua Persia, hacia el año 500 antes de Cristo. Luego fue adoptado por los griegos y por los romanos, y hace unos 600 años, hacia fines de la Edad Media,° quedó modificado en la forma que esencialmente se conserva hoy.

    En 1397, el tenis ya era muy popular en París, al extremo de que existían quejas° de que los trabajadores y obreros abandonaban sus deberes° para dedicarle tiempo a este deporte. Por esa misma razón, los holandeses lo prohibieron en 1401 y 1413.

    Casi un siglo antes, en 1316, el rey francés Luis X murió de una fiebre que le sobrevino° después de un movido° partido de tenis. Se comentó que el esfuerzo físico que el rey hacía en la práctica de este deporte fue una de las causas de su muerte.

    En 1437, el rey Jacobo I de Escocia,° fue atrapado° por los asesinos que le dieron muerte° cuando, al tratar de escaparse, encontró su fuga° bloqueada por un muro° que él mismo había hecho construir para evitar que las pelotas de tenis se fueran a gran distancia de la cancha.°

    En aquellos años las pelotas se rellenaban de cabello humano° y llegaban a ser regalos muy apreciados. El rey Carlos de Francia envió un barril de ellas, como regalo, al rey Enrique V de Inglaterra.

Glosses (right margin):

reappearance

Edad Media Middle Ages

complaints
duties

it came unexpected / active

Scotland / overtaken
le dieron muerte they killed him
escape / wall

tennis court
se . . . humano they were filled with human hair

La popularidad del tenis, sin embargo, no llegó a tierras de América con los colonizadores. Fue mucho después, en 1873, que el tenis, nuevamente modificado por el galés° Walter Wingfield, se hizo popular en las Islas Bermudas, donde lo introdujeron los oficiales de la guarnición° británica.

Welsh

garrison

Fue allí que una joven millonaria norteamericana, Mary Outerbridge, se familiarizó con el tenis, y se entusiasmó tanto que al volver a Nueva York un año después lo puso de moda entre sus amistades. En sólo siete años ya se habían formado 33 clubes de tenis en los Estados Unidos, y en 1881 se fundó la Asociación de Tenis de los Estados Unidos.

Hoy la pasión por el tenis es universal y, aunque tradicionalmente sus figuras culminantes han sido australianos y norteamericanos, los pueblos hispanos están aportando nombres estelares° a la historia del tenis en estos últimos años: la argentina, Gabriela Sabatini, nacida en 1970, está considerada la tercera tenista del mundo. En 1987 ganó los torneos de Brighton en Inglaterra y Pan Pacific en el Japón. Otro argentino, Martín Jaite, es el número 14. Jaite ganó en 1987 los torneos de Barcelona, España, y Palermo, Italia, en semanas consecutivas. España también tiene tenistas excelentes como los hermanos Emilio, Javier y Arantxia Sánchez de Madrid. En 1987 Emilio ganó torneos en Suiza, Francia y Austria, y con otro español, Sergio Casal, fue finalista en dobles en el prestigioso torneo de Wimbledon en Inglaterra. Por su parte, Arantxia Sánchez ganó en 1989 el torneo de tenis de Francia y llegó a las semifinales de Wimbledon.

stellar

Adaptado de *Buenhogar*

Ejercicios

A. *Preguntas sobre la lectura.*

1. ¿Cuándo se inició el resurgimiento del tenis?
2. ¿Dónde se originó el tenis?
3. ¿Qué civilizaciones clásicas adoptaron el tenis?
4. ¿Cuándo se modificó el tenis por primera vez?
5. ¿En qué país fue muy popular el tenis en el siglo XIV?
6. ¿Quién murió en 1316?
7. ¿Cómo murió el rey Jacobo I de Escocia?
8. ¿Qué le regalaron a Enrique V de Inglaterra?
9. ¿Quién introdujo el tenis en los Estados Unidos?
10. ¿Qué tenista está considerada la tercera tenista del mundo?
11. ¿Qué ganó Martín Jaite en 1987?
12. ¿En qué países ganaron torneos Emilio y Arantxia Sánchez en 1989?

B. *Preguntas para discutir en clase.*

1. ¿Juega Ud. al tenis? ¿Dónde y cuándo?
2. ¿Cuál es la cancha de tenis que está más cerca de su casa?
3. ¿Prefiere una cancha al aire libre° o una bajo techo?° ¿Por qué?

   al aire libre outdoors / **bajo techo** indoors
4. ¿Cuál es su marca favorita de pelotas de tenis? Explique.
5. ¿Prefiere Ud. jugar solo o en dobles? Dé razones.
6. ¿En qué época del año le gusta más jugar al tenis? ¿Por qué?

C. *Seleccione la palabra que no pertenezca a la serie.*

1. deporte, juego, balón, libro, pelota
2. pasado, presente, futuro, tiempo, hacer
3. hispanos, griegos, países, romanos, franceses
4. lustro,° día, año, década, siglo

   five years
5. rey, reina, soldado, conde, marqués

D. *Seleccione la palabra de la columna A que sea un antónimo de una palabra de la columna B.*

A	B
1. mayor	*a.* moderno
2. día	*b.* vivir
3. iniciar	*c.* noche
4. seguir	*d.* espiritual
5. antiguo	*e.* Suramérica
6. morir	*f.* menor
7. físico	*g.* perder
8. Norteamérica	*h.* terminar
9. vencer	*i.* parar

E. *Traduzca al español las siguientes oraciones.*

1. The history of tennis is not recent.
2. It was modified toward the end of the Middle Ages.
3. In those years, the balls were filled with human hair.
4. Tennis came to the United States at the end of the nineteenth century.
5. Sergio Casal is a tennis star from Spain.

Los Sanfermines

VOCABULARIO ACTIVO

SUSTANTIVOS

el afán eagerness
alegría happiness
la becerra calf
el buey ox
el cuerno horn
el encierro running of the bulls
la época time
el lado side
la manada herd, pack
el miedo fear
el principio beginning
el recorrido distance travelled
el toreo bullfighting

VERBOS

durar to last
llevarse to take
unirse to join

ADJETIVOS

congregado assembled, gathered together
temerario reckless
tristeza sadness

EXPRESIONES

a eso de at about
a lo largo de along
caer al suelo to fall on the floor
fuegos artificiales fireworks
plaza de toros bullfighting ring
valer la pena to be worthwhile

Pamplonicas° corriendo con los toros en un encierro.

people from Pamplona

El festival de San Fermín se celebra todos los años en la ciudad de Pamplona. Las festividades comienzan el 7 de julio y durante una semana la ciudad vive la atmósfera de alegría y locura° que Ernest Hemingway describió tan bien en su novela *The Sun Also Rises*.

madness

Turistas de todo el mundo acuden° a Pamplona para participar en las fiestas y ver los encierros° y corridas de toros° que tienen lugar todos los días.

they come

running of the bulls / **corridas de toros** bullfights

La noche del 6 de julio los toros que participarán en las corridas se llevan° a un corral que está al final° de la calle de Santo Domingo. A eso de las seis de la mañana las bandas musicales comienzan a tocar música de la región de Navarra, indicando de esta manera que se acerca° la hora del encierro diario.°

se llevan they are taken / end

se acerca is getting close / daily

A las seis y media de la mañana ya hay miles de personas congregadas a lo largo de° las barricadas que se han levantado° en las calles donde correrán los toros.

a lo largo de along / **se han levantado** have been put up

A las siete en punto° un cohete° llamado "el chupinazo" explota en el aire anunciando que las puertas del corral se han abierto. Un segundo cohete indica que seis toros y seis bueyes° han salido del corral y han comenzado la carrera de un kilómetro de distancia que los llevará en dos minutos a la plaza de toros.

en punto on the dot / rocket

oxen

Cientos de hombres y algunas mujeres entonces salen a correr° delante de los toros, pero como los toros son más rápidos, pronto son alcanzados° por los toros y cuando esto pasa, pueden ocurrir accidentes peligrosos,° ya que los corredores, en su afán de evitar

salen a correr they start to run

overtaken

dangerous

al toro, chocan entre sí[1] y a veces sufren lesiones° cuando caen al suelo.° En raras ocasiones los toros embisten° a los corredores, especialmente si algún toro se separa° de la manada.° Si el toro se queda solo, se vuelve agresivo y las personas que lo rodean pueden recibir una cornada° que los llevará al hospital. Cuando esto sucede y milagrosamente sale con vida° alguno de los jóvenes, los espectadores en la barricada gritan,° "Bajó San Fermín a salvarle."[2]

Cuando llegan los toros a la plaza de toros, ésta se encuentra llena de personas y no pocas saltan° a la arena para correr unos segundos frente a los toros en un temerario° juego de valor.°

Un tercer cohete anuncia que los toros ya han sido encerrados° en el corral de la plaza y que el encierro ha terminado sin complicaciones mayores. Entonces se suelta° en la plaza una becerra° con las puntas de los cuernos envueltas[3] y los jóvenes regresan a la arena para divertirse sin peligro con el animal, que aunque feroz,° no puede hacer daño° porque tiene los afilados° cuernos cubiertos.

A las cuatro y media de la tarde se forman los desfiles° que van por las calles de la ciudad cantando canciones de San Fermín y preparando al público para los fuegos artificiales° de la noche y la corrida de toros que culminará el día. Después de estas actividades todo el mundo camina por las calles y visita los bares para probar° las deliciosas tapas que los bulliciosos° turistas prefieren mientras continúan las fiestas callejeras° hasta la llegada de un nuevo día y un nuevo encierro.

Sí, no hay duda que vale la pena° ir a Pamplona en julio y vivir una vez la emoción de un pintoresco encierro, espectáculo único del mundo hispánico.

injuries
pavement / they charge
se separa is separated / pack

butt with the horns
sale con vida he comes out alive
shout

they jump
reckless / bravery
locked

se suelta is turned loose / calf

ferocious
hacer daño to harm / sharp
parades

fuegos artificiales fireworks

to try
merry, noisy
fiestas callejeras street partying

vale la pena it's worthwhile

Ejercicios

A. *Preguntas sobre la lectura.*

1. ¿Dónde se celebra el festival de San Fermín?
2. ¿Cuándo comienzan las festividades y cuánto duran?
3. ¿Quién y en qué novela describió muy bien estas fiestas?
4. ¿Dónde está el corral donde se llevan los toros al principio de las fiestas?
5. ¿Cuándo y a qué hora comienzan a tocar las bandas de música?
6. ¿Dónde se congregan las personas para ver el encierro?
7. ¿Cuándo se abren las puertas del corral?

---

[1]**en . . . sí** in their eagerness to avoid the bull, they collide with each other
[2]**Bajó . . . salvarle.** Saint Firminus came down (from heaven) in order to save him.
[3]**con . . . envueltas** with the tips of the horns wrapped

8. ¿Cuántos animales correrán del corral a la plaza de toros?
9. ¿Qué distancia hay del corral a la plaza de toros y cuánto tiempo los llevará hacer el recorrido?
10. ¿Quiénes alcanzan a quiénes en la corrida?
11. ¿Qué pasa cuando los corredores tratan de evitar los toros?
12. ¿Qué ocurre si algún toro se separa de la manada?
13. Si el toro se queda solo, ¿dónde pueden terminar° las personas que lo rodean?   end up
14. Si alguno de los jóvenes sale con vida después de ser atacado por el toro, ¿qué dicen los espectadores?
15. ¿Qué hacen unas cuantas° personas cuando llegan los toros a la plaza?   **unas cuantas** a few
16. ¿Qué cohete anuncia que los toros han sido encerrados?
17. ¿Qué animal se suelta en la plaza entonces?
18. ¿Cómo tiene los cuernos el animal?
19. ¿Cuándo se forman los desfiles?
20. ¿Qué hacen las personas después de ver los fuegos artificiales y la corrida de toros?
21. ¿Hasta cuándo continúan las fiestas callejeras?
22. ¿Qué vale la pena hacer?

B. *Preguntas para discutir en clase.*

1. ¿Qué piensa Ud. de las corridas de toros?
2. ¿Qué deportes que se juegan en los Estados Unidos se pueden comparar al toreo° en crueldad?   bullfighting
3. ¿Le interesaría ir a Pamplona? ¿Por qué?
4. ¿Le gustaría correr delante de un toro? ¿Por qué?
5. ¿Cree que le gustaría participar en una fiesta callejera como las que tienen lugar en Pamplona? ¿Por qué?

C. *Escoja la palabra que mejor complete la oración de acuerdo con la lectura.*

1. Durante los Sanfermines la atmósfera que existe en Pamplona es de _____ .
   a. tristeza   *b.* miedo°   *c.* alegría   fear
2. En esta época° del año, Pamplona se llena de _____ .   time
   a. bandidos   *b.* turistas   *c.* locos
3. Las barricadas se levantan para proteger a _____ de los toros.
   a. todos   *b.* los niños   *c.* las chicas bellas
4. Durante los Sanfermines se usan cohetes para anunciar distintos momentos del _____ .
   a. encierro   *b.* corrida de toros   *c.* desfile
5. El corral está al _____ de la calle de Santo Domingo.
   a. principio°   *b.* final   *c.* lado   beginning

6. El peligro ocurre cuando un toro _____ de la manada.
   a. se une   *b.* se separa   *c.* cae al suelo
7. Una vez que los toros están encerrados en el corral de la plaza, se suelta _____ .
   a. un turista   *b.* una becerra   *c.* un toro
8. En los bares los turistas comen _____ .
   a. pollo   *b.* pescado   *c.* tapas

D. *¿Son verdaderas o falsas las siguientes oraciones?*

   1. Los Sanfermines comienzan el ocho de julio.
   2. Las fiestas duran una semana.
   3. Los encierros y las corridas de toros ocurren todos los días.
   4. Las bandas tocan música de la región de Andalucía.
   5. El primer cohete explota a las seis y media de la mañana.
   6. Más mujeres que hombres corren delante de los toros.
   7. Las personas corren más rápido que los toros.
   8. Si un toro se separa de la manada, se vuelve pacífico.
   9. Cuando llegan los toros a la plaza de toros, es muy peligroso saltar a la arena.
   10. La becerra no hace daño porque tiene los cuernos cubiertos.
   11. Los turistas se divierten mucho en Pamplona.

Los Canseco: Gemelos del béisbol

VOCABULARIO ACTIVO

SUSTANTIVOS

el bateador hitter
la carrera run
el deportista sportsman
el elogio praise
el gemelo twin
el halago flattery
el jonrón homerun
el lanzador pitcher
la liga league
la natación swimming
el novato novice; rookie
el peligro danger
la pelota ball; baseball game
el pelotero baseball player
la prensa press
el promedio average

VERBOS

añadir to add
crecer to grow up
esperarse to be expected
fallecer to die
impulsar to bat in; to push, move
maltratar to mistreat; to abuse
quitarse to take off
volverse to turn

ADJETIVOS

poderoso powerful

EXPRESIONES

darse cuenta de to realize
jardinero del campo izquierdo left fielder

José y Osvaldo son gemelos con un mismo destino, las Grandes Ligas° del béisbol. Nacidos en La Habana el 2 de julio de 1964, llegaron a Miami cuando tenían nueve meses y crecieron° en esa ciudad.

Desde pequeños el béisbol fue el deporte predilecto° de los dos hermanos. Recuerdan que el primer equipo° de la Liga Khoury para el cual jugaron era el de los *Boston Red Sox.* Tenían entonces 10 años y tenían tal pasión por la pelota° que usaban en todas las prácticas los uniformes que sólo se usaban para los juegos. ¡Era imposible quitárselos!° Al graduarse de Coral Park High School rápidamente se unieron a° los equipos de pelota de las ligas menores.

Grandes Ligas Major Leagues
they grew up

favorite, preferred
team

i.e., baseball

to take them off
se unieron a they joined

José Canseco acabando de batear un jonrón.

Hoy en día José es el jardinero del campo izquierdo° del equipo de los Atléticos de Oakland. En 1986, su primer año en las Grandes Ligas, conquistó la atención del mundo del béisbol cuando ganó el trofeo del Novato° del Año de la Liga Americana. En 1986 tuvo 117 carreras impulsadas° y conectó 33 jonrones.° En 1987 tuvo 113 carreras con 31 jonrones, manteniendo un promedio de bateo° de .257. En 1988, José Canseco fue el primer jugador de las grandes ligas que bateó 40 jonrones y robó 40 bases en un mismo año. Este año fue seleccionado unánimemente como el jugador más valioso de la Liga Americana. En pocos años se ha hecho famoso por la distancia de sus batazos.° Es el bateador° más famoso del equipo de los Atléticos de Oakland.

Su hermano Osvaldo fue lanzador° en el sistema de ligas menores con los Yankees de Nueva York. Ahora es jardinero del campo° derecho con los Madison Muskies de la *Midwest League*, Clasificación A, y está en su tercera temporada° con esta organización de los Atléticos. Osvaldo cambió de lanzador a jardinero porque siempre había querido batear y no se sentía feliz como lanzador

jardinero . . . izquierdo left fielder

Novice (i.e., Rookie)
carreras impulsadas runs batted in (RBIs) / homeruns
promedio de bateo batting average

hits / hitter

pitcher

field

season

solamente. El año pasado conectó 11 jonrones, impulsó 54 carreras y su promedio de bateo fue .265, aunque apenas° pudo jugar debido° a una fractura en una mano. Se espera° que pronto ocupará una posición en el equipo de los Oakland junto a su hermano.

    Dice Osvaldo, "Sería perfecto para mí porque pudiera jugar con mi hermano en el mismo equipo, José en el campo izquierdo y yo en el campo derecho. Sería tremendo problema para el equipo contrario.° José me da fuerza y esperanza porque me considera su igual, y sé que si José pudo llegar a donde está hoy, yo también puedo hacerlo."

    El padre de los gemelos, José Sr., añade° que la prensa° juega un papel muy importante en la aceptación de los peloteros° y gracias a Dios sus hijos han sido respaldados° y siempre han sido objeto de múltiples elogios° y halagos° por la prensa americana.

    La familia Canseco está compuesta de cuatro personas: el padre, los gemelos José y Osvaldo, y una hermana, Teresa. La madre, Bárbara, falleció° en 1984. La casa siempre está llena de familiares° y amigos. Es una familia honesta, cariñosa° y amistosa. Son personas con las cuales uno se siente bien, ya que lo hacen sentir a uno como en su propia casa. Osvaldo y José no son nada pretenciosos,[1] y a pesar de° su fama llevan una vida simple. Tienen, sin embargo,° un fuerte lazo° que los une: el amor hacia su familia.

    Los gemelos Canseco disfrutan de la vida día a día. Son felices consigo mismos° y están orgullosos de lo que han logrado sin dejar de conocer° que les queda mucho por delante[2] para completar el sueño de ambos.°

hardly	
due / **Se espera** It is expected	
equipo contrario opposing team	
he adds / press	
baseball players	
supported	
praises / flatteries	
she died / relatives	
loving	
a pesar de in spite of	
sin embargo however / tie	
consigo mismos with themselves	
sin . . . conocer but realizing	
both of them	

Adaptado de Selecta

Ejercicios

A. *Preguntas sobre la lectura.*

    1. ¿Cuál es el destino de los gemelos Canseco?
    2. ¿Cuándo y dónde nacieron José y Osvaldo?
    3. ¿Cómo se llamó el primer equipo en que jugaron?
    4. ¿Por qué sabemos que tenían pasión por la pelota?
    5. ¿Dónde juega José ahora?
    6. ¿Qué trofeo ganó José su primer año en las Grandes Ligas?
    7. ¿Cuántas carreras impulsó José en la temporada de 1987?
    8. ¿Qué triunfo ha tenido José en 1988?
    9. ¿Qué posición ocupó primero Osvaldo en las ligas menores?

---

[1]**no . . . pretenciosos**   they are not pretentious at all
[2]**les . . . delante**   they have a long road ahead of them

10. ¿A qué posición ha cambiado Osvaldo y por qué?
11. ¿Qué problema tuvo Osvaldo el año pasado?
12. Si los gemelos pudieran jugar juntos, ¿qué posiciones jugarían?
13. ¿Cómo ha tratado la prensa a los gemelos Canseco?
14. ¿Cuántas personas forman la familia Canseco y quiénes son?
15. ¿Cómo es la familia Canseco?
16. ¿Por qué se siente bien uno cuando va a casa de los Canseco?
17. ¿De qué están orgullosos los gemelos Canseco?
18. ¿De qué se dan cuenta° los gemelos?   se . . . cuenta   they realize

B. *Preguntas para discutir en clase.*

1. ¿Le gustaría a Ud. ser famoso en algún deporte? ¿En cuál?
2. ¿Qué piensa Ud. que es necesario para ser bueno en algún deporte?
3. ¿Qué peligros° puede traer la fama?   dangers
4. ¿Piensa Ud. que es malo querer ser famoso?
5. ¿Qué le parece interesante de la vida de los hermanos Canseco?
6. ¿Cree Ud. que los gemelos Canseco tienen una actitud positiva? ¿Por qué?

C. *¿Son verdaderas o falsas las siguientes oraciones?*

1. Los gemelos nacieron el mismo día.
2. José y Osvaldo se criaron en el estado de la Florida.
3. Cuando los gemelos eran pequeños, su deporte favorito era la natación.
4. José impulsó más carreras en 1986 que en 1987.
5. José es el bateador más poderoso del equipo de los Boston Red Sox.
6. Osvaldo todavía juega en las ligas menores.
7. La prensa americana ha maltratado° a los gemelos.   mistreated
8. La madre de los gemelos se llama Teresa.
9. José se ha vuelto° un poco pretencioso.   turned
10. Podemos decir que los hermanos Canseco ya han completado su sueño.

D. *Temas para desarrollar.*

1. Me gustaría ser un gran deportista pero . . .
2. Todo el mundo desea ser famoso porque . . .

CAPÍTULO 8

Estrellas hispanas

Llegar a ser una estrella no es nada fácil. Se necesita, además de tener un talento muy especial, gran perseverancia para poder superar[1] los contratiempos[2] que seguramente ocurrirán en el camino hacia la fama.

Los tres hispanos que aparecen en este capítulo son indudablemente estrellas en sus respectivas profesiones. Todos, sin embargo, tuvieron que vencer grandes obstáculos para triunfar.

[1]**superar**   to overcome

[2]**los contratiempos**   mishaps

Así triunfó Julio Iglesias

VOCABULARIO ACTIVO

SUSTANTIVOS

la alcoba   bedroom
la caminata   long walk
el cantante   singer
la confianza   confidence
el costado   side
el dormitorio   bedroom
el éxito   success
el frenesí   frenzy
el modo   manner, way
el papel   part
el pasatiempo   pastime
el paseo   walk
la risa   laughter
la seguridad   security
la tristeza   sadness

VERBOS

aconsejar   to advise
convertirse   to turn into
durar   to last
entregarse   to devote oneself (to)
fracasar   to fail
grabar   to record

lograr   to achieve
pasar   to go through
regalar   to give away (*as a present*)
revelar   to reveal, disclose
sentir   to feel
sonreír   to smile
tocar   to play (*a musical instrument*)

ADJETIVOS

barato   cheap
desafinado   out of tune
haragán   lazy
incansable   tireless
lento   slow
mundial   universal
preferido   favorite

EXPRESIONES

aguda punzada   sharp pain
camino al éxito   road to success
el dedo gordo   the big toe
ponerse en pie   to stand up
ruptura conyugal   marital breakup
tener derecho   to have the right

TUS CANCIONES

Título: "CANTARE, CANTARAS"
Autores, letra y música: Albert Hammond,
Juan Carlos Calderón, Anahi.
Intérpretes: JULIO IGLESIAS, EMMANUEL,
PLACIDO DOMINGO, ROCIO JURADO, ROBER-
TO CARLOS y otros.

*Julio Iglesias cantando
una canción romántica.*

*El español Julio Iglesias es hoy en día el cantante° más conocido del mundo.
La selección que sigue° nos relata la historia de su vida.*

singer
follows

En cuanto aparece en el escenario,° Julio Iglesias conquista al público. Cuando sonríe las jóvenes gritan° de emoción. Si se lleva
la mano al corazón, como queriendo decir: "Te adoro," las madres
y las abuelas suspiran° llenas de añoranza.° Pero cuando señala°
con el dedo el comienzo de una canción, se hace rápidamente el
silencio.

stage
shout
sigh / yearning / he signals

La soñadora música de uno de sus últimos éxitos, *Abrázame*,
aumenta entonces el hechizo.° Hay sensualidad en los instrumentos
de cuerda° y profundo sentimiento en su voz de tenor cuando canta
con exquisita emoción: "Abrázame, como si fuera ahora la primera
vez," y, de pronto, el enorme auditorio se convierte en el lugar
íntimo de una cita de amor.

spell
de cuerda string

Dice el popularísimo tenor de ópera Plácido Domingo: "Julio
ha logrado° el objetivo de todo cantante, sea de música clásica o
moderna, llegar al corazón." ¡Y de que manera! Las baladas ro-
mánticas de este apasionado intérprete de 40 años despiertan auténtico frenesí° en todo el mundo. Nadie canta con más estilo el
amor perdido.°

achieved

frenzy, madness
lost

En Europa, Julio Iglesias ha encabezado° las listas de éxitos discográficos° durante los últimos diez años. Es el gran favorito de los canadienses francófonos, en los Estados Unidos ya es bien famoso, y en Sudamérica es prácticamente una figura mítica. De su fama mundial, dice el cantante: "No he hecho más que empezar."

Julio Iglesias tiene derecho a vanagloriarse° de ese modo,° pues, de no haber tenido confianza° en sí mismo, valor y voluntad férrea,° sería hoy un inválido dèsconocido. Porque, paradójicamente, lo que le puso en el camino del éxito fue un accidente de automóvil. En septiembre de 1963, poco antes de cumplir° veinte años, Julio, acompañado de tres amigos, conducía su coche por una carretera de las afueras° en dirección a su casa de Madrid. Era más de medianoche cuando, en un alarde° de temeridad juvenil, entró en una curva cerrada° a cien kilómetros por hora. El automóvil patinó° en la grava° del borde del camino y cayó° en un campo.° Increíblemente, todos salieron ilesos° del accidente. Al menos,° eso pareció al principio.

Julio estudiaba entonces en la Facultad de Derecho° de la Universidad Complutense de Madrid. Su pasión era el fútbol, era portero° en el equipo juvenil° del Real Madrid, y tenía la esperanza de llegar algún día a jugar balompié° profesional.

Pero poco tiempo después del accidente, Julio comenzó a sentir los primeros dolores: unas agudas punzadas° en el pecho° y los costados° que lo dejaban sin respiración. Preocupado, su padre, ginecólogo de profesión, lo llevó a que lo examinaran diversos especialistas, pero los exámenes no revelaron nada. Luego, una noche de noviembre, un violento estornudo° le produjo un dolor tan intenso, que Julio se desmayó.° El dolor se hizo° casi continuo. El joven que antes pesaba 78 kilos,° ahora sólo tenía 48 kilos de peso y se vio obligado a guardar cama.° En enero de 1964 various neurocirujanos de Madrid llegaron a un diagnóstico: se trataba de un problema de columna vertebral.°

Las pruebas espinales revelaron la existencia de un tumor que, según la opinión de los médicos, era probablemente consecuencia de la violenta conmoción sufrida en el accidente de automóvil. El tumor, no canceroso y que atenazaba° la séptima vértebra dorsal, fue extirpado en una operación de varias horas. Julio fue dado de alta° estando aún paralizado de la cintura° para abajo. Los médicos más optimistas dijeron que recuperaría cierta movilidad en unos cuantos años, pero que siempre estaría inválido.

Nadie había contado con la férrea° determinación del joven. Julio empezó a practicar ejercicios destinados a enviar mensajes cerebrales a los dedos de los pies,° con el propósito de moverlos uno a uno. "¡Muévete, maldito° dedo!" musitaría° día y noche. Pero los dedos no se movían. "Me sentía como el radiotelegrafista de un barco° que se hunde,"° recuerda Iglesias.

---

headed
phonographic records

to boast / way
confidence / **voluntad férrea**
  iron-like determination

antes de cumplir before
  becoming

outskirts
boast
curva cerrada sharp curve /
  slipped
gravel / it fell / field
unharmed / **Al menos** At least

Facultad de Derecho Law
  School

goal keeper / youth
soccer

agudas punzadas sharp
  pains / chest
sides

sneeze
he passed out / **se hizo** it
  became
kilo = kilogram: equivalent to
  2.2 pounds
guardar cama to stay in bed
columna vertebral spinal
  column

had a pincer-like hold on

fue dado de alta was
  discharged / waist

strong

dedos de los pies toes

blasted / he would mumble

ship / **se hunde** is sinking

Unos dos meses después de la operación, los padres y el hermano de Julio lo oyeron gritar: "¡Venid todos y mirad esto!," dijo en tono triunfal. El dedo gordo del pie se dobló hacia abajo ligeramente una y otra vez.[1] Desde aquel momento Julio estuvo convencido que se recuperaría por completo.

Sin embargo, el progreso era lento° y los ejercicios lo dejaban agotado.° El fisioterapeuta que lo trataba, conocedor de los momentos de depresión de Julio, le regaló° una guitarra barata y desafinada° que el joven paciente empezó a tocar. Todos los días se ponía la guitarra en el pecho y al rasguear° las cuerdas de la guitarra olvidaba su ansiedad.

Cuatro meses después de la operación Julio se puso en pie° por primera vez. Jadeando° de fatiga pudo dar su primer paso. Desde entonces cada día trataba de dar un paso más. Para fortalecer° el resto del cuerpo se arrastraba° sin descanso a lo largo del pasillo por espacio de cuatro o cinco horas.[2] En Peñíscola, lugar de veraneo° de su familia, Julio consiguió andar lentamente con la ayuda de muletas.° Y, cada mañana se pasaba tres o cuatro horas nadando en el Mediterráneo. Hacia el otoño, había cambiado las muletas por un bastón.° Meses más tarde, abandonó también el bastón, y llegó a dar caminatas° diarias de hasta diez kilómetros.

En la primavera de 1968 se licenció en Derecho,° con la intención de seguir la carrera diplomática. La música era aún sólo un pasatiempo, pero había escrito una canción: *La vida sigue igual*, inspirada por su larga y solitaria convalecencia:

> *Pocos amigos que son de verdad*
> *Cuántos te alaban° si triunfando estás*
> *Y si fracasas,° bien comprenderás*
> *Los buenos quedan, los demás, se van*

El julio de aquel año accedió° a cantarla en el Festival de la Canción de Benidorm. Y triunfó. La canción fue inmediatamente un éxito nacional y dio título a una película° basada en su lucha contra la parálisis. Julio interpretó el papel° de protagonista y se convirtió de repente° en estrella de cine.

El principal atractivo de Julio Iglesias reside en que sus melodías son casi siempre evocaciones del amor perdido. "Todo el mundo quiere al que pierde," le gusta decir. El productor de televisión francés, Maritie Carpentier, que ha creado programas especiales sobre la figura del cantante, afirma: "Julio da la imagen de un romántico *Latin Lover* que no consigue a° la chica. Eso hace que las mujeres suspiren por° consolarle."

	slow
	lo dejaban agotado left him exhausted
	le regaló presented him with
	out of tune
	al rasquear upon stroking
	se puso en pie he stood up
	Panting
	to strengthen
	se arrastraba he would crawl
	summer vacation
	crutches
	cane
	long walks
	se . . . Derecho he graduated from Law School
	te alaban they praise you
	si fracasas if you fail
	he agreed
	movie
	part
	de repente suddenly
	no . . . a doesn't get
	suspiren por long to

---

[1]**El . . . vez:** The big toe moved slightly downward time and time again.
[2]**a . . . horas:** through the corridor during a four or five hour period.

Sin embargo, ese atractivo no puede llenar por sí solo un estadio de fútbol. "En mi público hay hombres y mujeres, chicos y chicas jóvenes," señala° Julio. "Mis canciones despiertan en todos recuerdos de amores pasados."

points out

Julio no dice en qué medida° se refleja su propia vida en la letra° de sus canciones. Pero admite que hay una inmensa verdad en la canción *Me olvidé de vivir*, lanzada en 1978, poco después de que obtuviera la nulidad de su matrimonio con Isabel Preisler, hermosa dama filipina con la que estuvo casado ocho años y que es la madre de sus tres hijos.

measure / lyrics

En su autobiografía, *Entre el cielo y el infierno*, Julio describe su ruptura conyugal° como algo tan devastador como una parálisis. Sintiéndose un fracasado en la vida, cayó en una profunda depresión de la que salió con la ayuda de un siquiatra. "Entréguese a su trabajo como nunca lo haya hecho antes," le aconsejó el siquiatra. Julio siguió su consejo y logró superar la crisis.

ruptura conyugal marriage breakup

Julio es un trabajador incansable° que se pasa hasta seis meses grabando° un álbum, primero en español, y luego en francés, italiano, portugués y alemán. Aunque tiene facilidad para los idiomas, las sesiones de estudio son agotadoras.° A la una de la madrugada° concluye sus sesiones diarias, de siete horas de duración, en los estudios de grabación independientes Criteria, de Miami. En pocos minutos llega a su lujosa villa, situada en una isla de la bahía de Miami, donde vive con su madre. Su padre los visita siempre que su trabajo en la maternidad madrileña° donde ejerce° se lo permite. Durante las vacaciones escolares,° la espaciosa casa de cinco dormitorios° se llena de las risas de los tres hijos de Julio: la mayor, Chaveli, y los dos hijos, Julio y Enrique.

tireless
recording
exhausting / early morning
maternidad madrileña Madrid's maternity hospital / he practices school

A Julio no le quedan ya secuelas° de su antigua parálisis. Al recordar aquellos tristes días, encuentra muchos motivos para sentirse agradecido.° "Todo lo que he conseguido° en la música se lo debo a° aquellos días de dolor." Sano,° feliz y famoso, Julio Iglesias es la prueba viviente del lema° que introdujo en su primera canción, *La vida sigue igual:*

consequences

grateful / obtained
se . . . a I owe it to / Healthy
motto

> *Siempre hay*
> *por qué vivir,*
> *por qué luchar.*°

to struggle

Adaptado de *Selecciones del Reader's Digest*

Ejercicios

A. *Preguntas sobre la lectura.*

1. ¿Qué hacen las jóvenes cuando Julio Iglesias sonríe?
2. Cuando canta, ¿en qué se convierte el auditorio?
3. De acuerdo con Plácido Domingo, ¿cuál es el objetivo de todo cantante?
4. ¿Sobre qué tipo de amor canta Julio?
5. ¿Qué dice Iglesias de su fama mundial?
6. ¿Por qué tiene Julio derecho a vanagloriarse?
7. ¿Qué puso a Iglesias camino al éxito?
8. ¿Qué estudiaba Julio cuando ocurrió el accidente?
9. ¿Qué comenzó a sentir poco después?
10. ¿Qué revelaron las pruebas?
11. ¿Qué le hicieron a Iglesias durante la operación?
12. ¿Qué pensaron los doctores después de la operación?
13. ¿Cuánto tiempo después pudo mover el dedo gordo del pie?
14. ¿Qué le regaló el fisioterapeuta?
15. ¿Cuándo se puso en pie por primera vez?
16. ¿Qué tipo de ejercicio hacía en Peñíscola?
17. ¿Cómo se llamaba la canción que escribió y en qué estaba inspirada?
18. ¿En qué se convirtió Julio después de hacer la película?
19. ¿En qué reside el atractivo de Julio?
20. De acuerdo con Maritie Carpentier, ¿qué imágen da Iglesias?
21. ¿Qué piensa Julio de sus canciones?
22. ¿Con quién estuvo casado Iglesias y cuánto tiempo?
23. ¿Qué le pasó a Julio después de su ruptura conyugal?
24. ¿Qué le aconsejó un siquiatra?
25. ¿Cuánto tiempo se pasa Iglesias grabando un álbum?
26. ¿Cuánto tiempo duran las sesiones de grabación?
27. ¿Dónde vive Julio y con quién?
28. ¿Cuántos hijos tiene y cómo se llaman?
29. ¿Cómo se siente Julio cuando recuerda sus días tristes?
30. ¿Por qué piensa Iglesias que fueron beneficiosos los días de dolor que tuvo?

B. *Preguntas para discutir en clase.*

1. ¿Cuál es su cantante preferido? ¿Por qué?
2. ¿Conoce a algún cantante que haya pasado por experiencias similares a Julio Iglesias?

3. ¿Cómo piensa Ud. que es la vida de un cantante? Explique.
4. ¿Qué canciones de Julio Iglesias conoce, cuál es su favorita y por qué?

C. *Seleccione la palabra de la columna A que sea un sinónimo de una palabra de la columna B.*

A	B
1. manera	*a.* fútbol
2. confianza	*b.* obtener
3. conquista	*c.* locura
4. caminata	*d.* seguridad
5. balompié	*e.* lado
6. lento	*f.* triunfo
7. dormitorio	*g.* despacio
8. lograr	*h.* paseo
9. papel	*i.* parte
10. frenesí	*j.* alcoba
11. costado	*k.* modo

D. *Escoja la palabra que mejor complete la oración de acuerdo con la lectura.*

1. Cuando los hijos de Julio lo visitan, la casa se llena de
   _____ .
   a. tristeza   *b.* mujeres   *c.* risa
2. Julio es un trabajador _____ .
   a. incansable   *b.* metódico   *c.* haragán°   lazy
3. Al principio, la música era para Iglesias sólo un _____ .
   a. pretexto   *b.* pasatiempo   *c.* ejercicio
4. Cuando Julio estaba recuperándose, se entretenía tocando una _____ .
   a. guitarra   *b.* trompeta   *c.* piano
5. Cuando estudiaba en la universidad, la pasión de Iglesias era _____ .
   a. las chicas   *b.* el fútbol   *c.* el cine
6. Julio tuvo el accidente automovilístico porque estaba manejando muy _____ .
   a. lento   *b.* bien   *c.* rápido

E. *Temas para desarrollar.*

Basándose en la lectura, escriba un párrafo sobre:

1. Admiro a Julio Iglesias porque . . .
2. La vida de Julio Iglesias debe ser muy interesante porque . . .

GABRIEL GARCÍA MÁRQUEZ:
Su visión de la sociedad

VOCABULARIO ACTIVO

SUSTANTIVOS

el atardecer   late afternoon
la caja   box
la congoja   anguish
el coraje   courage
el cuento   short story
el escritor   writer
la escuela secundaria   high school
el hielo   ice
la niñez   childhood
el recuerdo   remembrance
la soledad   solitude

VERBOS

crecer   to grow up
parecerse   to look like
pensar   to think (about)
sentirse   to feel like
suceder   to happen

ADJETIVOS

largo   long
tortuoso   winding

EXPRESIONES

¿ . . . y cada cuánto tiempo?   and
how often?

El colombiano Gabriel García Márquez recibió el Premio Nóbel de Literatura en 1982. Aunque es más famoso por sus novelas, también ha escrito excelentes cuentos.°   short stories

Desde Aracataca° hasta Estocolmo,° el camino ha sido largo y tortuoso.° Un camino en el que no faltan páginas del hambre,° de la incomprensión, de la desesperanza.° Por todo ello pasó Gabriel García Márquez antes de recibir el Premio Nóbel de Literatura.   town in Colombia / Stockholm   winding / hunger   despair

    Gabriel fue el primero de dieciséis hijos. Por motivos familiares la madre dejó al niño en casa de los abuelos en Aracataca y se fue a vivir junto a su esposo, quien tenía un empleo de telegrafista en la ciudad de Riohacha. Gabriel creció en Aracataca, con el calor° de la abuela Tranquilina, las tías y el Coronel. Admite que su niñez° fue triste. Recuerda especialmente los atardeceres° llenos de sombra° en la casona,° donde se sentía lleno como de una extraña inquietud° y congoja° que no sabía de dónde venía. "Mi abuelo era mi amigo . . . el modelo de lo inmutable, de la seguridad. Con él   warmth   childhood   late afternoons   shadow / big house   restlessness / anguish

Gabriel García Márquez posando para el fotógrafo.

me podía comunicar bien. Éramos compañeros. Me llevaba al circo,° circus
a explorar los alrededores del pueblo, donde estaban las fincas° de farms
los norteamericanos empleados de las bananeras.° Fue el abuelo el banana plantations
que me enseñó por primera vez lo que era el hielo,° cosas mágicas ice
así . . . pero el sentimiento general era uno de desolación," confiesa
hoy García Márquez.

   "Después de la muerte de mi abuelo, a los 8 años, fui a vivir con
mis padres. Me sentí de nuevo como un extraño en la casa que no
conocía, llena de niños más pequeños que yo. Le echaba de menos° **le . . . menos** I missed
al abuelo lleno de historias, a la abuela con su mundo de fantasías.
Aquellos primeros años en Aracataca están grabados permanente-
mente en mí."

   Otra soledad que lo persigue° es la que García Márquez llama follows
"la soledad del escritor," refiriéndose a esa soledad única que ex-

perimenta el escritor sentado solo, en su silla, "frente a una hoja de papel en blanco,° a veces con un estado de ánimo horrible."°

"La inspiración de mis libros es casi siempre visual . . . una imagen que de pronto° llega a mi mente, algún recuerdo, como sucedió° con *Cien años de soledad*, la memoria de mi abuelo cuando me llevó a conocer el circo, y cuando hizo que abrieran una caja de pargos congelados° para que yo conociera el hielo . . . cosas así."

"El único libro que no he vivido es *El otoño del patriarca*." García Márquez ha definido este libro como un poema en prosa sobre la soledad del poder. Durante diez años estuvo leyendo libros y biografías de dictadores latinoamericanos. El punto de partida° fue la imagen visual de un dictador muy viejo que se había quedado solo en su palacio lleno de vacas.° "Después de leer todo lo que pude sobre la vida de los dictadores, traté de olvidarlo todo para poder abrir la mente a la imaginación, de manera que° mi dictador no se pareciera a nadie. Pero resulta que el dictador se convirtió en el personaje más autobiográfico de todos."

Comparándolo con el escritor William Faulkner (el norteamericano Premio Nóbel, 1949), y Balzac, el Comité de la Academia Sueca° calificó° a García Márquez como "un escritor vital, maestro° de lo horrible y lo cómico, cuya° prosa lleva consigo un sentido profundo de lo que es la muerte, la tragedia y el coraje."

Con García Márquez el Nóbel llegó también a manos de un autor popular, cuyos libros se han vendido por millones y han sido traducidos a más de diecisiete idiomas. Si es verdad que desde el punto de vista político la figura de García Márquez es sumamente° controversial (sus coqueteos° con el comunismo contrastan con la vida aburguesada° que lleva), bajo el punto de vista literario su obra se admira universalmente. Sus libros representan el testamento definitivo de un hombre que ha logrado darles prestigio mundial a la cultura y los valores de los pueblos latinoamericanos.

Como escritor, Gabriel García Márquez está consciente que no puede permanecer° indiferente ante el mundo en que vive; "La responsabilidad de un escritor es hacia toda la sociedad, no sólo hacia parte de ella. No se puede olvidar que la soledad de otros es también nuestra soledad."

Adaptado de Hombre de Mundo

Ejercicios

A. *Preguntas sobre la lectura.*

1. ¿Cómo ha sido el camino para García Márquez?
2. ¿Cuántos hermanos tuvo el escritor?
3. ¿Cómo fue la niñez de García Márquez?
4. ¿Cuándo fue a vivir con sus padres?
5. ¿Cómo se sentía en la casa de sus padres?
6. De acuerdo con García Márquez, ¿cómo es la soledad del escritor?
7. ¿Cómo es la inspiración de sus libros?
8. ¿Cuánto tiempo se estuvo preparando para escribir *El otoño del patriarca*?
9. ¿Qué dice el Comité de la Academia Sueca de García Márquez?
10. ¿Por qué es controversial García Márquez?
11. ¿Qué dice García Márquez sobre la responsabilidad del escritor?

B. *Preguntas para discutir en clase.*

1. ¿Cuál es su escritor preferido? ¿Por qué?
2. ¿En qué ocasiones escribe Ud. en la universidad? ¿Le gustaría escribir más o menos? Explique.
3. ¿Escribe Ud. cartas? ¿A quiénes y cada cuánto tiempo?
4. ¿Qué tipo de ficción prefiere Ud., la novela o el cuento? ¿Por qué?
5. ¿Cree Ud. que sería beneficioso para los jóvenes escribir más en la escuela secundaria? ¿En qué clases sería esto posible?

C. *Complete las siguientes oraciones con los verbos más apropiados de la lista. Ponga cada verbo en el tiempo correcto.*

crecer	recordar	vivir	parecerse
llevar	ir	leer	decir

1. García Márquez _____ a vivir con sus padres después de la muerte de su abuelo.
2. Cuando pienso en mi niñez, _____ los atardeceres en la casa de mis padres.
3. García Márquez no quería que su dictador _____ a nadie.
4. El único libro que García Márquez no ha _____ es *El otoño del patriarca*.
5. Yo _____ en un pueblo muy pequeño.
6. Anoche estuve _____ una novela muy interesante.
7. ¿Qué fue lo que te _____ ayer?
8. Aunque García Márquez simpatiza con las ideas marxistas _____ una vida de burgués.

D. *Traduzca al español las siguientes oraciones.*

1. A writer cannot remain indifferent to the world in which he lives.
2. The Nobel Prize has much prestige.
3. My father would take me to the farm.
4. I miss my grandparents.
5. Do you like to eat food that has been frozen?

EDWARD JAMES OLMOS:
Retrato de un hombre honesto

SUSTANTIVOS

la actuación   acting
el bailarín   dancer
el cine   movie
la hombría   manliness
la obra de teatro   play
el orador   speaker
el retrato   portrait

VERBOS

asistir   to attend
dejar   to let, permit
empeñarse   to insist
relacionarse   to become acquainted

seguir   to follow
tratar de   to deal with
tratarse de   to be a question of

ADJETIVOS

alto   tall
oriundo   native

EXPRESIONES

al graduarse   upon graduating
de pronto   suddenly
poco después   a short while later
ponerse de pie   to stand up
sin importar   no matter what

El mexicano-americano Edward James Olmos es uno de los actores que más promete. La siguiente selección nos narra cómo triunfó en su carrera.

Las raíces° del carácter de Edward James Olmos son una mezcla° típicamente norteamericana. Su madre es oriunda° de Los Ángeles, descendiente de inmigrantes mexicanos que llegaron a los Estados Unidos durante la prolongada tiranía del General Porfirio Díaz.

    Su padre nació en la Ciudad de México. Durante la Segunda Guerra Mundial la madre visitaba a su hermana en la capital mexicana cuando conoció a su futuro esposo que en aquella época administraba un negocio° de distribución de productos farmacéuticos. Enamorado locamente,° dejó el negocio en manos de un hermano suyo y en 1945 pasó al otro lado° de la frontera° para casarse con ella.

    El matrimonio se estableció en un barrio multirracial de Los Ángeles, donde convivían° familias de blancos y negros, rusos, asiáticos, mexicanos e indios norteamericanos. Allí nació Olmos el 24 de febrero de 1947, segundo hijo de esta pareja.° Olmos tiene un hermano mayor y una hermana menor.

roots / mixture
native

business
Enamorado locamente   Madly
  in love
side / border

they lived together

couple

Edward James Olmos les habla a unos 150 miembros de las pandillas° rivales de   gangs
Los Ángeles. Olmos les pidió que terminaran los terribles actos de violencia. El
grupo, que representaba a 42 pandillas, comió y después rezó y cantó villancicos.°   Christmas carols

Recuerda ese barrio como una especie de teatro: "En esas calles
ser hombre significaba° fortaleza° física. Tenías que dar prueba de   it meant / strength
hombría° para que te dejaran andar por las calles. Había allí mucha   manliness
actuación teatral."

En 1955 su familia se mudó a una sección más pacífica de Los
Ángeles, pero poco después sus padres se separaron. Olmos su-   he overcame / taking refuge
peró° aquella adversidad refugiándose° en el béisbol. Relata: "La   to insist
separación de mis padres me obligó a empeñarme° en la autocon-   self-preservation
servación.° Jugué al béisbol desde los siete hasta los trece años. No
tenía talento especial para nada, pero me obligué a° seguir una   **me obligué a** I forced myself
rigurosa autodisciplina, y aprendí a° jugar muy bien."   **aprendí a** I learned to

Mientras Olmos jugaba al béisbol, también esuchaba música, y
le pidió a su padre que le enseñara a bailar, ya que su padre era un
gran bailarín.° Cuando Olmos tenía trece años, una noche se estaba   dancer
bañando en casa de su padre y de pronto° tuvo una nueva visión   **de pronto** suddenly
de sí mismo. Se puso en pie en la bañera[1] y anunció: "Papá, quiero
ser cantante y bailarín."

Y así fue. Nunca volvió a jugar al béisbol. Al graduarse de la
escuela secundaria en 1964 ya estaba entregado en cuerpo y alma
al[2] *rock 'n' roll*. Formó una banda llamada *The Pacific Ocean* que tocaba por las noches en un club mientras de día asistía a la universidad. "Así aprendí a cantar y bailar y a relacionarme con el público."

---

[1]**Se . . . bañera**   He stood up in the bathtub
[2]**estaba . . . al**   he had given himself body and soul to

En 1967 se casó con una chica de 17 años y desde entonces° han tenido un matrimonio muy unido.

desde entonces   since then

Olmos empezó su carrera de actor en pequeños teatros situados en las afueras° de Los Ángeles. La obra *Zoot Suit* transformó su vida. Hizo el papel de "pachuco," el mexicano-americano de los barrios bajos de Los Ángeles del Este, producto de una cultura machista, personaje° a la vez violento y vulnerable. La obra resultó un éxito rotundo° en Los Ángeles. A continuación el actor apareció en filmes como *Wolfen, Blade Runner* y *The Ballad of Gregorio Cortez.*

las afueras   the outskirts

character

éxito rotundo   total success

Una mañana de 1984, el productor ejecutivo de *Miami Vice*, Michael Mann, llamó a Olmos para que hiciera el papel del teniente Martín Castillo. Olmos le dijo a Mann que no podría firmar un contrato exclusivo porque necesitaba disponer de libertad para emprender otros proyectos. "No se trata de dinero.[1] Lo importante es mi libertad artística." Y Mann aceptó las condiciones de Olmos.

Esta libertad permitió a Olmos interpretar en la pantalla° el papel° de Jaime Escalante en la película° *Stand and Deliver*, que trata de la historia verdadera de un maestro boliviano° que enseña matemáticas en el tosco° Garfield High School. La tenacidad y capacidad de Escalante ha provocado cambios positivos en la vida de muchos jóvenes mexicano-americanos que han tomado su clase de Cálculo Avanzado. El mensaje del maestro Escalante es brutalmente profundo: Los hispanos que residen en los Estados Unidos tienen la misma capacidad de alcanzar° el mismo nivel° de excelencia en cualquier cometido° que cualquier otro individuo de cualquier otra ascendencia nacional. La actuación de Olmos en el papel de Escalante es simplemente estupenda. Olmos presenta a Escalante como un héroe profundamente humano. Y nos hace apreciar que todos, sin importar raza o nacionalidad, somos iguales en capacidad intelectual.

screen
role / film
from Bolivia
rough

to achieve / level
cualquier cometido   any task

Hoy, Edward Olmos reside en Miami con su familia. Allí dedica gran parte de su tiempo libre ayudando° a trabajadores migratorios mexicanos, hablando contra la drogadicción y como orador° en muchas campañas para mejorar° el bienestar social. Olmos ama su trabajo, a su familia y piensa vivir hasta los 99 años.

helping
speaker
to improve

Ahora que es famoso piensa a menudo° en su padre. "Mi padre me hizo comprender que si puedes ser feliz cada día de tu vida, entonces has logrado algo, seas° rico o pobre, gordo o flaco, alto o pequeño, joven o viejo. No estoy satisfecho, pero he logrado algo, sí, de eso estoy seguro."

a menudo   often

whether you are

Adaptado de *Selecciones del Reader's Digest*

---

[1]**No . . . dinero.**   It's not a question of money.

Ejercicios

A. *Preguntas sobre la lectura.*

1. ¿De dónde es oriunda la madre de Olmos?
2. ¿Cuándo llegó de México la familia de la madre?
3. ¿Cuándo y dónde se conocieron los padres de Olmos?
4. Después de casarse, ¿dónde se establecieron primero?
5. ¿Dónde y cuándo nació Olmos?
6. ¿Cuántos hermanos tiene Olmos?
7. De acuerdo con Olmos, ¿de qué tenías que dar prueba en el barrio?
8. ¿Qué piensa Olmos que había en el barrio?
9. ¿Cuándo se separaron sus padres?
10. ¿Qué le obligó a hacer a Olmos la separación de sus padres?
11. ¿Cuántos años jugó al béisbol?
12. ¿Por qué aprendió a jugar muy bien?
13. ¿Qué le pidió Olmos a su papá?
14. ¿Qué le pasó a Olmos una noche?
15. ¿En qué sentido benefició a Olmos formar la banda?
16. ¿Cuántos años hace que está casado Olmos?
17. ¿Qué es un "pachuco"?
18. ¿Qué papel le ofrecieron a Olmos en *Miami Vice*?
19. ¿Por qué no aceptó Olmos el contrato original?
20. ¿De qué trata la película *Stand and Deliver*?
21. ¿Cuál es el mensaje del maestro Escalante?
22. ¿Qué nos hace apreciar Escalante?
23. ¿Dónde vive ahora Olmos?
24. ¿Qué hace Olmos durante su tiempo libre?
25. ¿Qué dice Olmos que le hizo comprender su padre?

B. *Preguntas para discutir en clase.*

1. ¿Le gustaría ser actor/actriz de cine?° ¿Por qué? movie
2. ¿Ha tratado alguna vez de memorizar unas líneas? ¿Cuándo?
3. ¿Cuál es su actor favorito? ¿Por qué?
4. ¿Cuál es su actriz preferida? ¿Por qué?
5. ¿Cuál es la película que más le ha gustado? ¿Por qué?
6. ¿Cuál es su programa de televisión favorito? ¿Por qué?
7. ¿Qué tipo de películas prefiere? ¿Por qué?
8. ¿Ha actuado Ud. en alguna obra de teatro?° ¿Por qué? **obra de teatro** play

C. *¿Son verdaderas o falsas las oraciones siguientes?*

1. La madre de Olmos nació en México.
2. El padre de Olmos conoció a la madre cuando ésta fue a visitar a su hermana en Ciudad México.
3. El papá de Olmos trabajaba en México en una agencia de viajes.
4. El padre se fue de México a los Estados Unidos porque estaba enamorado de la madre.
5. Olmos es el hijo mayor de la pareja.
6. El barrio de Los Ángeles donde primero vivieron los padres era pacífico.
7. Desde el principio Olmos tenía un gran talento para el béisbol.
8. La madre de Olmos lo enseñó a bailar.
9. Olmos tenía que estudiar por la noche cuando asistía a la universidad.
10. Olmos se ha casado varias veces.
11. En la obra *Zoot Suit*, Olmos hace el papel de pachuco.
12. Michael Mann al principio no le ofreció un contrato exclusivo.
13. Jaime Escalante es un maestro boliviano.
14. En la película *Stand and Deliver* Escalante enseña geografía.
15. A Olmos le gustaría vivir mucho tiempo.
16. El padre de Olmos pensaba que lo más importante en la vida es ser feliz.

D. *Temas para desarrollar.*

1. Por qué me gustaría o no me gustaría ser actor / actriz de cine.
2. Por qué me gustaría o no me gustaría actuar en una obra de teatro.
3. Mi película favorita.

CAPÍTULO 9

Lo *desconocido*

Aunque las lecturas de este capítulo son diferentes, están unidas por una temática común: la continua lucha del ser humano con lo abstracto, lo desconocido,[1] lo intangible.

Ya desde épocas remotas el hombre ha vivido bajo un constante temor a lo desconocido, y este temor ha persistido de generación a generación. Lo que antes nos daba miedo porque no lo entendíamos, hoy tratamos de explicarlo científicamente. La fascinación que actualmente existe con este fenómeno se puede ver en las selecciones siguientes.

[1]**lo desconocido**   the unknown

Misterio del triángulo del diablo

VOCABULARIO ACTIVO

SUSTANTIVOS

el avión airplane
el buque ship
la embarcación vessel
la nave ship
la oleada big wave
el oriente east
la patrulla patrol
el suceso event
el tiempo weather
el vestigio vestige, trace
el visitante visitor

VERBOS

achacar to blame
atrapar to trap
encontrar to find

perderse to get lost
sospechar to suspect
volar to fly

ADJECTIVOS

diabólico evil
hechizado bewitched
perdido lost
sobrenatural supernatural

EXPRESIONES

al mando del vuelo commanding the flight
avioneta de recreo small pleasure plane
tener miedo to be afraid
travesía oceánica ocean trip

A las 2:10 de la tarde del 5 de diciembre de 1945, cinco aviones de adiestramiento° de la Marina de los Estados Unidos despegaron° de Fort Lauderdale, Estado de la Florida, con buen tiempo, volaron hacia el oriente° sobre las aguas costeras . . . y se esfumaron° en un misterio al parecer insoluble. Era el vuelo° 19, mandado por el Teniente C.C. Taylor, a cuyas órdenes iban 14 hombres. La misión del vuelo 19 era de prácticas de navegación entre la Florida y las Bahamas.

> training / they took off
>
> east / **se esfumaron** they disappeared
> flight

Alrededor de las 3:40 Taylor informó que sus brújulas° no funcionaban bien. El vuelo 19 siguió a su jefe al azar.° De repente se oyó a Taylor dar la orden de acuatizar° y poco después se perdió todo contacto.

> compasses
>
> **al azar** blindly
> to land in the sea

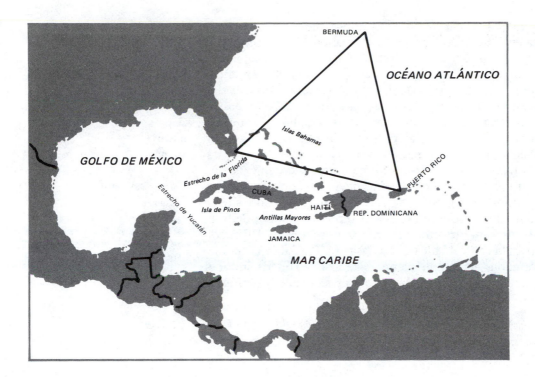

Inmediatamente se despacharon° dos Martin Mariners, hidroaviones gigantescos diseñados° para patrullas° de gran radio de acción, para que fueran en busca del vuelo 19. Al cabo de varias horas el viento aumentó y disminuyó la visibilidad. Se les ordenó regresar a la base, pero sólo aterrizó° un Mariner. En los días siguientes más de 100 aviones y barcos escrutaron° el área, pero jamás se encontró el menor vestigio de los aviones perdidos.

Periodistas, escritores, productores de televisión y parasicólogos han observado la trayectoria de muchos barcos y aviones en el cuadrante sudoccidental del Atlántico del Norte, y han localizado allí una zona fantasmal,° llamada el Triángulo del Diablo o de Bermudas. Allí se han encontrado buques° abandonados con alimentos todavía calientes en sus cocinas, los aviones desaparecen inmediatamente después de anunciar que van a aterrizar y las brújulas de navegación parecen estar hechizadas.°

Los vértices del Triángulo del Diablo son las Bermudas, Puerto Rico y un punto del Golfo de México situado al oeste de la Florida.

De los 40 buques y 20 aviones que se suponen misteriosamente perdidos en el curso de un siglo, 21 han desaparecido en los meses de diciembre y enero, cuando los vientos de Navidad azotan° el área y originan grandes oleadas.° Tres de las más célebres víctimas, entre ellas el vuelo 19, han desaparecido en la misma fecha: el 5 de diciembre.

se despacharon they were sent
diseñados designed / patrols

aterrizó it landed
escrutaron they scrutinized

fantasmal twilight
buques ships

hechizadas bewitched

azotan they lash
oleadas waves

A pesar de que la Marina de los Estados Unidos, el Servicio de Guardacostas y el Servicio Nacional de Oceanografía aseguran que los desastres registrados en el llamado Triángulo del Diablo son explicables por causas naturales, los adeptos° a ciertas creencias sospechan lo peor. Achacan° los misteriosos sucesos a fuerzas diabólicas tales como: visitantes del espacio exterior que bajan en sus naves° para devorar víctimas humanas; una anomalía del complejo espacio-tiempo que atrapa° a las personas en otra dimensión; un gigantesco vacío° que conduce al centro de la tierra.

    adeptos a believers of
They blame

ships
it traps
vacuum

En fin, la Lloyd's de Londres informa que se pierden cada año en todo el mundo un promedio° de 352 naves grandes, sin contar° las embarcaciones° y avionetas de recreo. Varias de éstas sufren accidentes tan súbitos° que no tienen tiempo de radiar el SOS. Si una nave se pierde entre una violenta tempestad en el llamado Triángulo, para las autoridades es un desastre. Para algunas personas mal informadas, es un fenómeno misterioso. Se puede suponer que todo lo que no se comprende puede ser calificado de sobrenatural.

average / to count
vessels
sudden

Adaptado de *Selecciones del Reader's Digest*

Ejercicios

A. *Preguntas sobre la lectura.*

1. ¿Cómo se llamaba el teniente al mando del vuelo 19?
2. ¿Cuál era la misión del vuelo 19?
3. ¿Qué es un Martin Mariner?
4. ¿Cómo le llaman a la zona fantasmal entre las costas de las Bahamas y la Florida?
5. ¿Cuáles son los meses del año donde han desaparecido más buques y aviones?
6. ¿Qué creencias tienen algunos adeptos al misterio del Triángulo del Diablo?
7. ¿Qué informa la Lloyd's de Londres?
8. Según las autoridades, ¿qué causa los desastres en el área?
9. ¿De qué se califica todo lo que no se comprende?

B. *Preguntas para discutir en clase.*

1. ¿Ha volado Ud. alguna vez? Describa esta experiencia.
2. Cuente de una superstición de un amigo suyo.
3. Dé su opinión sobre el Triángulo del Diablo.
4. ¿A qué cosas o animales le tiene Ud. miedo?
5. ¿Qué sabe Ud. de Puerto Rico?

6. ¿Ha estado alguna vez en una travesía oceánica? Descríbala.
7. ¿Prefiere Ud. viajar en bote o en avión? ¿Por qué?
8. ¿Qué piensa Ud. del diablo?
9. ¿Piensa Ud. que existen fuerzas diabólicas en el universo? Explique.

C. *Escoja la palabra de la lista siguiente que mejor complete el sentido de las oraciones según el artículo.*

orden   hidroaviones   misterio   vientos   tiempo
menor   alrededor de

1. Los aviones se esfumaron en un _____ al parecer insoluble.
2. _____ las 3:40 Taylor informó que las brújulas no funcionaban bien.
3. De repente dio la _____ de acuatizar.
4. Inmediatamente se despacharon los _____ gigantescos.
5. Jamás se encontró el _____ vestigio de los aviones perdidos.
6. Los _____ de Navidad azotan el área y originan grandes oleadas.
7. Muchas naves no tienen _____ de radiar el SOS.

D. *Seleccione la palabra de la columna A que sea un antónimo de una palabra de la columna B.*

A	B
1. diciembre	a. oeste
2. despegar	b. habladores
3. oriente	c. sur
4. agua	d. calma
5. norte	e. junio
6. después	f. aterrizar
7. buscar	g. interior
8. viento	h. perder
9. exterior	i. antes
10. escritores	j. tierra

E. *Temas para desarrollar.*

Aplicando la lectura y el vocabulario aprendido en ella, escriba sobre:

1. El Triángulo del Diablo es una zona que . . .
2. En todo el mundo se pierden anualmente . . .

¿Cómo está funcionando su sexto sentido?

VOCABULARIO ACTIVO

SUSTANTIVOS

la desconfianza distrust
el escéptico skeptic
la facultad power; faculty
la índole kind, class
la mente mind
el poder power
la prueba test
el punto point
el reloj watch; clock
el sentido sense
el soñador dreamer
el sueño dream

VERBOS

ampliar to widen
comprobar to verify

conocerse to know oneself
mejorar to improve
predecir to predict
tocar to touch

ADJETIVOS

tantas so many
promedia average

EXPRESIONES

con frecuencia frequently
consigo mismo with yourself
darle cuerda a to wind (a watch)
quiere decir it means

¿QUE DICEN TUS MANOS?

En sus líneas están escritos tu carácter, tus aptitudes y tu destino, por ellas sabrás mucho de ti

Eso que llaman el poder síquico existe sin lugar a dudas,° aunque no haya sido totalmente explicado. Los escépticos° que atribuyen todas estas experiencias a coincidencias, supersticiones o fenómenos de la imaginación, no saben qué decir ante tantas evidencias. El poder síquico existe en todos nosotros, y en unos está más desarrollado que en otros. En esta prueba—preparada por la especialista en Sicología y Educación de la Universidad de Harvard (Massachusetts, Estados Unidos), la Dra. Jane Sherrod Singer— podemos comprobar° hasta qué punto funcionan como es debido° nuestras facultades parasicológicas.

1. ¿Ha sentido la necesidad de darle cuerda a° un reloj que se había detenido,° y al ir a hacerlo ya lo ha encontrado funcionando?
   a. a menudo   *b.* alguna vez   *c.* nunca
2. ¿A veces observa alguna radiación de color que parece emanar de las personas?
   a. a menudo   *b.* alguna vez   *c.* nunca
3. Si un amigo extravía° un objeto, ¿puede indicarle dónde se encuentra?
   a. alguna vez   *b.* nunca   *c.* a menudo
4. Sus sueños . . . ¿se convierten en realidad?
   a. a menudo   *b.* a veces   *c.* nunca
5. Inesperadamente,° tocan a° la puerta. ¿Sabe quién está llamando?
   a. a menudo   *b.* a veces   *c.* nunca
6. Si ve a alguien por primera vez, ¿tiene una sensación inmediata de desconfianza° que con el tiempo se confirma?
   a. pocas veces   *b.* a menudo   *c.* nunca
7. ¿Escucha a veces una voz interior o tiene intuiciones de algún tipo que luego prueben° ser correctas?
   a. pocas veces   *b.* nunca   *c.* a menudo
8. ¿A veces ha deseado tener noticias° de algún amigo ausente y ha recibido luego una llamada telefónica o una carta de él?
   a. a menudo   *b.* alguna vez   *c.* nunca
9. Orson Welles relata que una vez, estaba de visita en un pueblo desconocido° para él. Sugirió a su grupo ir a un restaurante situado bajo° la vieja catedral. El restaurante estaba exactamente en el lugar donde dirigió al grupo pero no había catedral alguna. Posteriormente° se descubrió que hacía muchos años, en ese mismo sitio,° existió una catedral que había sido demolida. ¿Ha tenido usted alguna experiencia similar?
   a. a menudo   *b.* alguna vez   *c.* nunca
10. ¿Cree usted que hay personas que tienen "buena mano"° para sembrar,° y "buena (o mala) vista"?°
   a. sí   *b.* quizás   *c.* no

---

sin . . . dudas without any doubts
escépticos skeptics

to verify / **como es debido** as it should

darle . . . a to wind
stopped

misplaces

Unexpectedly / **tocan a** someone knocks at

distrust

luego prueban later turn out

news

unknown
under

Afterwards
place

buena mano green thumb
to sow / **mala vista** evil eye

11. ¿A veces, al acostarse,° ha tenido la sensación de flotar, como   **al acostarse** upon going to bed
si no tuviera peso° en el cuerpo?   weight
    a. a menudo   *b.* alguna vez   *c.* nunca

12. ¿Alguna vez ha usado una Ouija y ha obtenido resultados positivos?
    a. a menudo   *b.* alguna vez   *c.* nunca

13. Cuando sostiene° un lápiz sobre un pedazo° de papel blanco,   hold / piece
¿sus dedos intentan° dibujar (o escribir) algo automáticamente?   they try to
    a. a menudo   *b.* alguna vez   *c.* nunca

14. ¿Se siente usted bien cuando alrededor suyo hay silencio absoluto?
    a. a menudo   *b.* a veces   *c.* nunca

15. Doce personas con facultades extrasensoriales, al mirar este
número (567) han evocado inmediatamente uno de los tres
números que aparecen debajo.° ¿Qué número estaban pen-   below
sando esas personas?
    a. 1   *b.* 2   *c.* 3

CÓMO TABULAR SUS RESULTADOS

1 y 2 (a–8 b–6 c–4); 3 (a–6 b–4 c–8); 4 y 5 (a–8 b–6 c–4); 6 (a–6 b–8
c–4); 7 (a–6 b–4 c–8). A partir de° la pregunta 8 hasta la 14 la   **A partir de** starting from
puntuación es (a–8 b–6 c–4); 15 (a–4 b–4 c–8).

¿QUÉ SIGNIFICA SU PUNTUACIÓN?

100–120. Usted posee facultades excepcionales y debe utilizar su
sexto sentido con frecuencia. Le exhortamos a que amplíe° sus   you widen
facultades.

80–98. Usted es una persona de mente amplia, muy abierta° ante la   open
vida y muy sensible ante los fenómenos de índole° síquica.   kind

58–78. Ésta es una puntuación promedia,° e indica que usted es   average
bastante escéptico. Debe conversar consigo mismo para conocerse
mejor.

40–56. En este caso, lo mejor que usted hace es sencillamente
atenerse a° lo que vea y oiga. Sus respuestas indican que su sexto   **atenerse a** to rely on
sentido está muy poco desarrollado . . . pero puede mejorarlo.

Adaptado de *Vanidades*

Ejercicios

A. *Preguntas sobre la lectura.*

1. ¿Existe el poder síquico?
2. ¿A qué atribuyen los escépticos estas experiencias?
3. ¿Quién preparó la prueba?
4. ¿Qué podremos comprobar al hacer la prueba?
5. ¿Qué significa si obtenemos 110 puntos?
6. ¿Qué quiere decir si obtenemos 82 puntos?
7. ¿Qué significa si obtenemos 50 puntos?

B. *Preguntas para discutir en clase.*

1. ¿Ha tenido experiencias con su sexto sentido? Describa una.
2. ¿Tiene algún amigo o amiga que tenga poderes especiales? Explique.
3. ¿Es Ud. supersticioso? ¿Por qué?
4. ¿Le gustaría saber lo que le va a pasar a Ud. en el futuro? ¿Por qué?
5. ¿Ha tenido sueños que han ocurrido después? Describa uno.
6. ¿Ha tenido intuición sobre alguna persona que conoce? Explique.

C. *Escoja la palabra que mejor complete la oración de acuerdo con la lectura.*

intuición	soñador	desconfianza	acostarse
silencio	reloj	tocan	facultades

1. A veces me gusta estar rodeado de _____ absoluto.
2. Estoy seguro que Carolina tiene _____ extrasensoriales.
3. Me molesta cuando _____ a la puerta y estoy durmiendo.
4. Desde que lo vi, sentí una gran _____ .
5. Es mejor ser _____ que pesimista.
6. En varias oportunidades mi _____ me ha dicho que tenía razón.
7. ¿Le gusta a Ud. _____ temprano?
8. No tengo que darle cuerda a mi _____ .

Los OVNIS: Nos llegan visitantes del espacio

VOCABULARIO ACTIVO

SUSTANTIVOS

el ángulo angle
los datos data
el desperfecto damage
la duda doubt
la estatura height
la física physics
la huella track
el informe report
los OVNIs UFOs
la rama branch
el rasgo trait
el ser being

VERBOS

durar to last
mostrar to show
tratar to deal with

ADJETIVOS

adelantado early
apartado distant
chispeante sparkling
desafiado defied
distinto different
retocado retouched

EXPRESIONES

de acuerdo con according to
platillos voladores flying saucers
rastreo de satélites satellite tracking

Se le considera como una de las figuras más respetadas en el campo de investigaciones de OVNIs (Objetos Voladores° No Identificados). Para lograr este prestigio, Joseph A. Hynek—nacido en Chicago (Illinois, Estados Unidos) hace 73 años—ha dedicado más de la mitad de su vida al estudio de este fascinante y controversial tema.

"Hynek es, indiscutiblemente,° la autoridad más grande que hay en estas cuestiones° extraterrestres. ¡El número uno!," dicen los observadores. Y no puede ser de otro modo,° ya que para este hombre el problema de los OVNIs es una cosa muy seria a la que no se ha prestado la atención que merece.° "Constantemente estamos recibiendo señales, de una forma u otra, de que no estamos

Flying

unquestionably
problems, matters
way

it deserves

Un científico mira por un telescopio que se encuentra cerca de la ciudad de Mérida, Venezuela.

solos en el universo," explica convencido. "Pero el problema más grande con el que nos enfrentamos° es la incredulidad, tanto por parte del público como de las autoridades."

Hay que decir también que Joseph Hynek no es un investigador cualquiera,° ni un charlatán en estos temas tan complejos. Sus credenciales son impresionantes: doctor en Astronomía y Astrofísica, ha sido también profesor de varias universidades norteamericanas, entre ellas la prestigiosa Universidad de Harvard, para la que fue Director del Programa de Seguimiento° Óptico de Satélites de la NASA (su misión fue elegir y establecer doce bases de rastreo° de satélites en distintos puntos del planeta).

Desde 1948, Hynek trabajó como Asesor° de la Fuerza Aérea de los Estados Unidos (USAF) en distintas comisiones oficiales que se ocuparon de las investigaciones de los platillos voladores.° Cuando en 1979 la USAF abandonó el proyecto, el científico decidió continuar por su cuenta,° dedicándose a recopilar° datos, estudiando fotografías y visitando lugares en donde se habían reportado las extrañas apariciones.° Pero no pasó mucho tiempo antes de que fundara el CUFOS (Centro de Estudios de los OVNIs), que ya tiene varias filiales° en distintas partes del mundo.

"El CUFOS es una entidad privada e independiente que emplea a importantes científicos especializados en los fenómenos OVNI,"

con . . . enfrentamos which we face

common

Tracking

tracking
Consultant

platillos voladores flying saucers

por su cuenta on his own / to compile

appearances

affiliates

comenta Hynek con orgullo.° "La organización mantiene contacto telefónico de alta prioridad con más de doscientas cincuenta oficinas militares y científicas en cuarenta y dos países, con el fin de informar inmediatamente a la sede° central cualquier manifestación espacial fuera° de lo ordinario." CUFOS recibe habitualmente centenares de casos, todos los cuales son estudiados pacientemente, uno a uno.° Sólo son aceptados—o eliminados—después de intensos análisis y detalladas investigaciones. "En su gran mayoría se trata de informaciones genuinas, que muestran° buena fe, aunque a veces no resulten en OVNIs," dice Hynek. "Naturalmente, tampoco faltan los casos que se trata de falsificaciones, hechas por motivos sensacionalistas o por diversión° personal. No han faltado los casos en que las fotografías han sido alteradas o retocadas, con el fin de aparentar un OVNI."

Joseph Hynek—quien fue el Asesor Técnico y Científico de la película *Encuentros cercanos*° *del tercer tipo*—admite que muchas personas confunden ciertos fenómenos meteóricos con los OVNIs, pero que esto sucede por lo general en personas que desconocen° la Astronomía y no saben que la visualización de los meteoros dura sólo unos segundos. El científico diferencia tres tipos de encuentros cercanos con los OVNIs:

—del primer tipo, que son los que se ven aunque brevemente,° y no dejan huellas°
—los de segundo tipo: dejan huellas
—los de tercer tipo: son los que entran en alguna forma de contacto con el ser humano (ya sea visual, táctil o auditivo)

Los archivos de CUFOS muestran aproximadamente ochocientos informes de encuentros del segundo y tercer tipo, casos que han desafiado° toda explicación lógica. Hynek relata uno de ellos: "El hecho° ocurrió a las dos de la mañana del 27 de agosto de 1979, en el Estado de Minnesota (Estados Unidos), cuando un oficial de la Policía que patrullaba una zona apartada° observó una luz extraña entre los árboles, a cierta distancia. Pensó que tal vez serían contrabandistas° en la frontera con Canadá y se acercó lentamente.° Pero cuando se detuvo a varios metros, la luz se le vino encima inesperadamente con una velocidad asombrosa[1] que lo hizo perder el conocimiento° durante cuarenta minutos. Cuando volvió en sí° notó varias cosas interesantes: el parabrisas° de su automóvil estaba roto exactamente en cuatro puntos, el foco derecho delantero° estaba salido de lugar° y roto de forma extraña, no en la forma característica de un choque contra un objeto sólido; la antena del radio estaba doblada° totalmente, formando un ángulo de 90 grados; el reloj estaba atrasado° quince minutos. El resto del auto estaba intacto. ¡Este hombre no inventó la historia!"

---

[1]**la . . . asombrosa**   the light unexpectedly engulfed him with an amazing speed

Glossary (margin)

pride

headquarters
out

uno a uno   one at a time

they show

amusement

close

are not familiar with

briefly
tracks

ya sea   be that

defied
happening

distant

smugglers / **se . . . lentamente** he slowly approached

perder el conocimiento   to pass out / **volvió en sí**   he came to his senses
windshield
el . . . delantero   the right front light
salido de lugar   out of place
twisted
late, behind

¿Cómo son los extraterrestres? Según los archivos de CUFOS, hay personas que afirman que vieron a tripulantes° de OVNIs, pero Hynek puntualiza° que "ninguna de esas personas dijo que eran verdes o monstruos desagradables.° Al contrario, los describieron más bien de pequeña estatura, con ojos grandes y chispeantes° y cabezas enormes. En algunos informes la vestimenta° coincide, destacando° los trajes de apariencia metálica. Sin embargo, hay otras descripciones de extraterrestres de alta estatura, con el rostro° cubierto por un casco° metálico. Todas son plausibles. Yo creo que nos están visitando distintas civilizaciones del espacio, cada una con rasgos propios,"° afirma Hynek, agregando° enigmáticamente: "Los OVNIs no tienen por qué ser[1] extraterrestres . . . podrían ser de la Tierra, de otra dimensión o existir más allá° del espectro de luz visible por los humanos. El hecho de que los satélites espías jamás hayan podido detectar algo, podría muy bien explicar este fenómeno. Pero, claro, se trata solamente de° una hipótesis más de las muchas que existen sobre este fascinante tema que, desgraciadamente,° es poco estudiado por los gobiernos del mundo. Si los líderes mostraran más interés, ya no habrían dudas sobre las visitas de seres extraterrestres.

crew members	
he stresses	
unpleasant	
sparkling	
dress	
standing out	
face	
helmet	
con . . . propios with their own traits / adding	
más allá beyond	
se . . . de we are only dealing with	
unfortunately	

Adaptado de *Hombre de mundo*

Ejercicios

A. *Preguntas sobre la lectura.*

1. ¿Por qué es famoso Joseph A. Hynek?
2. De acuerdo con Hynek, ¿cuál es el problema con respecto a los OVNIs?
3. ¿Cuáles son las credenciales de Hynek?
4. ¿De qué fue director en Harvard?
5. ¿Cómo trabajó de 1948 a 1979?
6. ¿Qué ha hecho desde entonces?
7. ¿Qué es CUFOS?
8. ¿Cuántos casos recibe CUFOS habitualmente?
9. ¿Cuándo son aceptados o eliminados?
10. ¿De qué famosa película fue asesor técnico?
11. ¿Qué confunden muchas personas?
12. ¿Qué es un encuentro cercano del primer tipo?
13. ¿Qué es un encuentro cercano del segundo tipo?
14. ¿Qué es un encuentro cercano del tercer tipo?
15. ¿Cuántos encuentros han desafiado toda explicación lógica?
16. ¿Cómo son los extraterrestres típicos?

---

[1]**no . . . ser** they do not necessarily have to be

17. ¿Cómo es su vestimenta?
18. ¿Qué piensa Hynek que hacen los extraterrestres?
19. ¿Qué pasaría si los líderes mostraran más interés?

B. *Preguntas para discutir en clase.*

1. ¿Ha tenido Ud. o un amigo suyo alguna experiencia con un OVNI? Explique.
2. ¿Qué piensa Ud. sobre los OVNIs? ¿Por qué?
3. ¿Le gustaría ver a extraterrestres? ¿Por qué?
4. ¿Cree Ud. que sería bueno o malo que hubiera extraterrestres? Explique.
5. ¿Qué película de extraterrestres le ha gustado más? Descríbala.

C. *¿Son verdaderas o falsas las siguientes oraciones?*

1. Hynek nació en Detroit, Michigan.
2. El doctorado de Hynek es en física.
3. Hynek estableció doce bases de rastreo de satélites.
4. Hynek fundó CUFOS en 1978.
5. CUFOS es una rama de la Fuerza Aérea de los Estados Unidos.
6. La mayoría de los casos son falsificaciones.
7. Los expertos en Astronomía no confunden los fenómenos meteóricos con los OVNIs.
8. El caso que relata Hynek fue de un oficial de la Policía que patrullaba en su coche.
9. El reloj del oficial estaba adelantado.°   early, ahead
10. El auto no tenía ningún desperfecto.°   damage
11. Hay personas que han visto a extraterrestres.
12. Todos los tripulantes de OVNIs que se han visto tienen el mismo tamaño.

D. *Temas para desarrollar.*

1. Por qué me gustaría o no me gustaría conocer a seres extraterrestres
2. Describa cómo trataría a un ser extraterrestre que viniera a visitarlo

CAPÍTULO 10

La moda

La ropa moderna está relacionada a los sistemas políticos y a las ideas y valores que prevalecen en nuestra sociedad. Buen ejemplo de esto es la gran liberalidad que existe en la moda actual.

En la sociedad contemporánea se ha pasado de un periodo de adaptación a una etapa de proyección. El individuo moderno trata de comunicar una imagen a quienes le rodean, y la manera de vestir es la mejor manera de proyectar la imagen que cada uno de nosotros ha creado en su imaginación.

LA MODA, AYER Y HOY

VOCABULARIO ACTIVO

SUSTANTIVOS

el bastón   cane
la diversidad   diversity
la marca   brand
la moda   fashion
el refrán   saying
el término   term
el vestir   dressing

VERBOS

carecer de   to lack
enterarse   to find out
favorecer   to favor
permanecer   to last
rodear   to surround
tratar de   to try to

ADJETIVOS

actual   current
desnudo   nude
inquieto   restless
variado   varied

EXPRESIONES

de acuerdo con   according to
la última moda   the latest fashion
salir a la calle   to go out

Un grupo de amigos en la Plaza de la Virgen, Valencia, España.

Antes, una señora no salía a la calle sin sombrero. Un caballero sin sombrero y bastón° se sentía desnudo. Hace años bastaba un vistazo° y ya se sabía con quién y cómo había que tratar a cada cual de acuerdo con sus ropas.[1] Mientras tanto,° el mundo iba evolucionando, y la manera de vestir° pasaba de lo social a lo personal.

Ahora, la moda, es decir, la industria del vestir, sigue su marcha más o menos inquieta,° apresurada,° desorientada, si se quiere, por las presiones de la calle, pero con un ritmo conocido.

Hoy interesa el vestido-personalidad, el vestido-libertad, el vestido-tradición. Se dice que hoy día la moda es tan variada que apenas existe. Que todo vale,° que nada choca,° que todo "se lleva";° cuando la realidad es que esta diversidad sólo existe en las personas, en los diferentes modos,° sobre todo en la mujer, de adaptarse a su propia época.°

cane
glance
Mientras tanto   Meanwhile
manera de vestir   way of dressing
restless / hurried

(it) is valid / (it) shocks
se lleva   (it) is acceptable
ways
su propia época   her own time

----

[1]**Hace . . . ropas.**   Years ago a glance was enough and already one knew with whom and how to treat each person according to the way he / she was dressed.

Hay mujer que la llegado a ser abuela° sin variar el largo° de sus faldas, el corte° de sus abrigos,° ni usado más colores que los que un día remoto decidió que "le iban."° La mujer que está satisfecha dentro de esta situación nunca cambiará. La mujer inquieta° puede cualquier alegre día decidir vestir a lo "hippy," término que permanece en la moda cuando los originales están a punto de extinción.[1]

grandmother / length
cut / coats
le iban it went well with her
restless

Para la mayoría de los jóvenes, el vestir es fácil. Han nacido en una época en la que resulta más correcto hablar de los problemas sociales que de las recetas de cocina. Las prestigiosas marcas de pantalones vaqueros,° y algunos imitadores, hacen su agosto.° Ser rebelde a los veinte años es casi una obligación. Y no hay problemas en la manera de vestir. Las dificultades empiezan un poco más tarde en la vida.

pantalones vaqueros blue jeans / **hacen su agosto** they make a killing

Lo positivo de las actuales corrientes° en el vestir de la mujer y del hombre es el individualismo. La personalidad de cada cual se expresa a través de su vestuario. Lo negativo es que quien carece de° personalidad o de nociones de estética, o de ambas cosas a la vez, queda pésimamente° vestida.

styles

quien carece de the one who lacks
horribly

Pero recuerden que siempre se dijo cuando la moda era una esclavitud: "Aunque la mona se vista de seda mona se queda."[2] Y los refranes, ya se sabe,° son la esencia de la sabiduría popular. Total,° que después de todo, la única moda que vale es lo que cada cual° logre ser, no parecer.

ya se sabe as you know
In sum
cada cual each one

Adaptado de *Blanco y Negro*

Ejercicios

A. *Preguntas sobre la lectura.*

1. ¿Sin qué no podía salir una señora a la calle antes?
2. ¿Qué necesitaban los hombres?
3. ¿Por qué otro nombre es conocida la moda?
4. ¿Qué tipos de vestidos interesan hoy?
5. La mujer satisfecha, ¿qué cosas no cambia?
6. ¿Qué hace la mujer inquieta?
7. ¿Por qué no es difícil el vestir para los jóvenes?
8. ¿Quiénes hacen su agosto?
9. ¿Qué es lo positivo de la actual corriente en el vestir?
10. ¿Qué es lo negativo del vestir hoy día?
11. ¿Qué quiere decir el refrán del último párrafo?

---

[1]**los . . . extinción.** the original [hippies] are about to become extinct.
[2]**Aunque . . . queda.** Although the monkey dresses in silk, a monkey it will always be.

B. *Preguntas para discutir en clase.*

1. ¿Cuándo usa Ud. sombrero?
2. ¿Trata de vestir Ud. de acuerdo con la última moda? ¿Cómo se entera?
3. ¿Qué clase de ropa prefiere Ud.? ¿Por qué?
4. ¿Le gusta a Ud. comprar ropa cara? Explique.
5. ¿Cree Ud. que su personalidad está representada en su manera de vestir? ¿Por qué?
6. ¿Piensa Ud. que hay ciertos colores que le favorecen? ¿Cuáles son?

C. *Complete las siguientes frases de acuerdo con la lectura.*

1. Hoy día, la manera de vestir ha pasado de lo social a . . .
2. Se dice que hoy día la moda es tan variada que . . .
3. Realmente, la diversidad existe . . .
4. Hay mujer que ha llegado a ser abuela . . .
5. Es más correcto hablar de los problemas sociales o sexuales que . . .
6. Es casi una obligación . . .
7. Un poco más tarde en la vida . . .
8. La personalidad de cada cual se expresa . . .
9. Aunque la mona se vista de seda . . .
10. La única moda que vale es lo que cada persona . . .

D. *Dé el infinitivo de los siguientes verbos.*

1. había
2. decidió
3. evolucionando
4. permanece
5. sigue
6. se dice
7. empiezan
8. han nacido
9. se lleva
10. se vista

E. *Composición controlada.*

Aplicando el vocabulario aprendido en la lectura, escriba sobre el siguiente tema: "Hoy hay libertad en la moda . . ."

PLAN DE TRABAJO

Presentación: En un párrafo hable sobre, "La moda va con la personalidad del individuo porque . . ."

Desarrollo: Explique, "No todos saben vestir . . ." "No todos se interesan en la ropa . . ."

Conclusión: Denos su opinión en contra o a favor de la moda actual.

VESTUARIO INDISPENSABLE PARA EL HOMBRE ELEGANTE

VOCABULARIO ACTIVO

SUSTANTIVOS

el ancho width
la apertura opening
los bajos cuffs
el botón button
los calcetines socks
el complejo complex
el consejo advice
el diseñador designer
el guardarropa wardrobe
el largo length
el saco jacket
la solapa lapel
el tamaño size

VERBOS

adquirir to acquire
asimilar to compare
cubrir to cover

mezclar to match
ponerse to put on
restringir to restrain
triunfar to be successful

ADJETIVOS

entallado tight
estrecho narrow, tight
suelto loose

EXPRESIONES

aparte de besides
el punto de vista point of view
los dedos de los pies toes

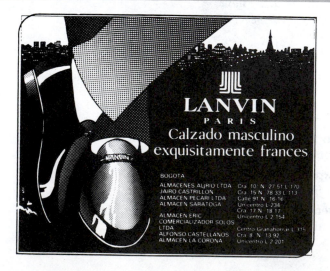

"El ancho° del pantalón en su base debe cubrir el principio° de los dedos de los pies, y tener un poquito de vuelo,° pero jamás," añade horrorizado, "¡como los de tipo-marinero!° Debe ser más ancho de las rodillas° para abajo que arriba de éstas."[1] La declaración tiene peso° porque quien la emite es Bernard Lanvin, el Director de la Casa Lanvin, y uno de los hombres mejores vestidos del mundo. Junto a Cardin, St. Laurent y Blass, Lanvin dicta lo que el hombre elegante debe ponerse.

 La Casa Lanvin está estableciendo *boutiques* por todo el mundo, y la última apertura° ha sido en el Omni Internacional, un complejo comercial de la ciudad de Miami.

 Según Lanvin, el guardarropa° básico de un hombre debe ser: "Ocho trajes° entre los cuales debe haber uno azul marino y otro gris. Como ahora los hombres quieren color, uno verde, quizás a líneas.° Tres *blazers*, cuatro pares de pantalones. Un buen suéter, algunas bufandas.° Es importante que haya coordinación; por ejemplo, la corbata° debe ir en un color relacionado al traje, y también los calcetines.° Y si en algún momento el hombre no está seguro, yo diría que debe aprender a pedirle consejo a una mujer. Ellas a veces mezclan mejor los colores.

 "En cuanto a las chaquetas,° el hombre debe decidir su largo y ancho, teniendo en cuenta su tipo y tamaño. Por ejemplo, las solapas° anchas hacen resaltar° al hombre alto, pero harían lo contrario con uno bajo. Ellas deben guardar proporción con el tamaño del individuo.

 "En cuanto a los hombros,° deben ser suaves, y no tener la rigidez de los de nuestros padres. La chaqueta también debe ser un poco entallada,° pero no tanto que restrinja° los movimientos. Es necesario que uno pueda moverse dentro del traje.

 "Los botones° deben ser dos para cada saco de *sport* y a veces hasta uno. Para trajes más formales o cruzados,° tres botones.

 "Los trajes formales deben tener una sola partidura° atrás, mientras que los cruzados llevan dos."

 Lanvin también le recomienda al hombre joven que quiere triunfar, "que viaje mucho y aprenda otras culturas e idiomas, para que así asimile distintos puntos de vista y adquiera elasticidad espiritual. Luego, que se case con una chica rica de buena familia."

Adaptado de *Hombre de Mundo*

ancho°	width / beginning
principio°	
vuelo°	fullness
tipo-marinero	bell-bottom
rodillas°	knees
peso°	weight, i.e., importance
apertura°	opening
guardarropa°	wardrobe
trajes°	suits
a líneas	with stripes
bufandas°	scarfs
corbata°	tie
calcetines°	socks
chaquetas°	sport coats
solapas° / resaltar°	lapels / to stand out
hombros°	shoulders
entallada° / restrinja°	tight / restrict
botones°	buttons
cruzados°	double-breasted
partidura°	opening

---

[1] **Debe . . . éstas.** It should be wider from the knees down than above them.

Ejercicios

A. *Preguntas sobre la lectura.*

1. ¿Hasta dónde debe cubrir el ancho del pantalón?
2. Aparte de Lanvin, ¿qué otros tres diseñadores menciona la lectura?
3. ¿Dónde ha sido la última apertura de la Casa Lanvin?
4. Según Lanvin, ¿cuál es el guardarropa básico de un hombre que viste bien?
5. Si el hombre no tiene seguridad al seleccionar los colores, ¿qué debe hacer?
6. ¿Cómo deben ser las solapas de la chaqueta?
7. ¿Debe restringir los movimientos el saco?
8. ¿Cuántos botones lleva el saco de un traje formal?
9. ¿Qué debe aprender el hombre que quiere triunfar?
10. ¿Con quién debe casarse, según Lanvin?

B. *Preguntas para discutir en clase.*

1. ¿Le gustan los pantalones con bajos° o sin bajos? ¿Por qué?   cuffs
2. ¿Le gusta a Ud. usar corbatas? ¿En qué ocasiones?
3. ¿Qué color prefiere en sus calcetines?
4. ¿Consulta Ud. a alguien antes de comprar su ropa? ¿Por qué?
5. ¿Le gusta a Ud. la ropa suelta° o entallada? Explique.   loose
6. ¿Cuándo usa Ud. un traje y cuándo usa un pantalón con chaqueta de *sport?*

C. *Usando las palabras a continuación, forme una oración original.*

Ejemplo: Juan / tienda / centro / fue / a la / del
          Juan fue a la tienda del centro.

1. Lanvin / lo que / elegante / dicta / ponerse / debe / el hombre
2. debe / el hombre / decidir / de la chaqueta / el largo
3. es / el Omni / de tiendas / un complejo / en la ciudad / de Miami
4. deben / guardar / las solapas / con el / proporción / del individuo / tamaño
5. que haya / es / coordinación / importante
6. uno pueda / es preciso / que / dentro / moverse / del traje
7. a veces / ellas / mejor / los colores / mezclan
8. distintos / de vista / puntos / asimile

D. *Elimine la palabra que no pertenezca al grupo.*

1. ancho, estrecho, largo, camino
2. dedos, manos, cabeza, pies
3. abajo, arriba, cerca, centro
4. más, menos, mucho, dividir
5. negro, azul, verde, lindo
6. corbata, chaqueta, pantalón, gafas°   eye glasses
7. chaleco,° camisa, traje, calcetín   vest
8. tipo, figura, medida, hombre
9. viajar, transporte, decidir, vehículo
10. manzana, pobre, rica, millonaria

E. *Temas para desarrollar.*

Basándose en la lectura, escriba sobre:

1. El guardarropa básico de un hombre . . .
2. Para vestir bien, los colores . . .

Consejos prácticos para vestir bien

Zona comercial de Madrid. Mirar las vitrinas es un pasatiempo popular entre los hispanos.

A continuación, un resumen de reglas básicas para vestir bien. Si siguen estos consejos, quizás no serán las personas mejores vestidas del mundo, pero les garantizamos que tampoco serán las peores.°   worst

1. *No le tenga miedo a la ropa hecha.*°   **ropa hecha** ready-made wear
   La gente debe olvidarse de las anticuadas reglas del vestir. Antes la ropa era rígida, fabricada para que la figura se adaptara a ella; ahora la ropa es fluida, suave, y es ella la que se adapta a los cuerpos. Por eso, el consejo es que no le tenga temor a la ropa que cuelga° de una percha,° pues si no se la prueba, no sabrá si le queda bien.   it hangs / hanger

2. *Determine la imagen física que Ud. quiere proyectar.*
   Es imposible vestirse con sencillez hoy, y ser elegante mañana. Estudie su figura, su cara, sus expresiones, su cabello y su personalidad. Ud. lucirá° mejor de acuerdo con la imagen que quiere crear. Si Ud. está a gusto° con su imagen, tendrá ganada la mitad de la partida.°   you will look / **está a gusto** you are pleased / battle

3. *El espejo:*° *su mejor consejero.*   mirror / **No haga trampas** Do not cheat
   No haga trampas° frente al espejo, y decida si está de acuerdo con las verdades que le dice . . . ¡Desde el momento que Ud. se entiende con su espejo, ya va en buen camino!

4. *Cómo dividir la ropa de hoy día.*
   Para la vida normal hay dos tipos de ropa: la ropa activa, con estilo deportivo para usar durante el día; y la ropa clásica, de corte impecable y elegante para usar por la noche.

5. *Consejos a las personas delgadas y de pequeña estatura.*
   Estas personas para lucir más altas deben ponerse ropa de *jersey* que se ajuste° al cuerpo; y no llevar jamás excesos de telas,° ni accesorios desproporcionados. Todo es cuestión de mirarse en el espejo y determinar que todo esté en proporción a su tamaño.°

   se ajuste it adjusts itself
   clothing

   size

6. *Consejos a la mujer de caderas° amplias.*
   Debe evitar la ropa que marque el talle° obviamente, aunque sí puede marcar la cintura.° Le quedan° muy bien los vestidos que se atan° alrededor de la figura, y las telas de *jersey* no muy finas.°

   hips
   fit (of a dress)
   waist / **Le quedan** They fit you
   se atan are tied
   fine

7. *A la gente gruesa.°*
   Pierdan peso; hoy en día° la obesidad es algo que no se debe permitir con tantas facilidades que existen para rebajar.°

   fat; heavy
   hoy en día nowadays
   to lose weight

8. *Con un presupuesto° mínimo . . . ¿Qué piezas debe comprar?*
   Compre tres piezas para el día y tres piezas para la noche. Alrededor de estas seis piezas, pueden variar camisas, blusas, pantalones, faldas, chaquetas, etc. Podrá hacer maravillas con poco dinero, y a la vez estar bien vestida. El abrigo ideal deberá ser versátil y debe tener un forro° de quita-y-pon.° El color debe ser no conspicuo. Unos tres pares de zapatos bien escogidos serán suficientes.

   budget

   lining / **quita-y-pon** detachable

9. *La ropa debe ser natural.*
   La ropa de hoy es muy flexible y natural, y se adapta a la persona que la lleva. Hay diseñadores que fabrican marcas para tiendas y Ud. debe familiarizarse con estas marcas y escoger y comprar la ropa que mejor le vaya.°

   mejor le vaya it goes better with you

Ejercicios

A. *Preguntas sobre la lectura.*

1. ¿Qué pasará si Ud. sigue estos consejos?
2. ¿De qué debe olvidarse la gente?
3. ¿Qué debe Ud. determinar?
4. ¿Cuál es su mejor consejero?
5. ¿Cuáles son los dos tipos de ropa?
6. ¿Qué clase de ropa debe ponerse para lucir más alta?
7. Si Ud. tiene caderas anchas, ¿qué debe evitar?
8. ¿Qué se le recomienda a la gente gruesa?
9. ¿Cuántas piezas debe comprar para su vestuario?
10. ¿Con qué tipo de marcas debe familiarizarse?

B. *Preguntas para discutir en clase.*

1. ¿Le gusta a Ud. probarse distintos tipos de ropa? Explique.
2. ¿Se viste Ud. sencillamente o elegantemente? ¿En qué ocasiones?
3. ¿Qué clase de imagen le gusta a Ud. crear? Explique.
4. ¿Conoce Ud. a personas que hacen trampas frente al espejo? ¿En qué sentido?
5. ¿Prefiere Ud. la ropa activa o la clásica? ¿Por qué?
6. ¿Cree Ud. que es necesario tener mucha ropa? Dé detalles.
7. ¿Cuántos abrigos tiene Ud.?
8. ¿Qué marcas de ropa prefiere Ud.?

C. *Complete las siguientes oraciones con los verbos más apropiados de la lista. Ponga cada verbo en el tiempo correcto.*

tener	mirarse	ser
evitar	olvidarse	adaptarse
escoger	hacer	querer

1. La gente debe _____ de las anticuadas reglas de vestir.
2. Antes la figura _____ a la ropa.
3. No le _____ Ud. temor a la ropa que cuelga de una percha.
4. Lucirá mejor de acuerdo con la imagen que _____ proyectar.
5. No _____ Ud. trampas frente al espejo.
6. Todo es cuestión de _____ en un espejo.
7. Debe _____ la ropa que marque el talle.
8. Tres pares de zapatos bien escogidos _____ suficientes.

D. *Traduzca al español las siguientes oraciones.*

1. Before clothes used to be rigid, now they are fluid and soft.
2. My advice to the woman with wide hips is . . .
3. The ideal coat must be versatile.
4. Study your face and your personality.
5. Today's clothing adapts itself to the person.

E. *Temas para desarrollar.*

Basándose en los consejos de la lectura, escriba un párrafo sobre:

1. Antes de comprar ropa debo . . .
2. Para tener un vestuario aceptable con poco dinero necesito comprar . . .

CAPÍTULO 11

El automóvil

El automóvil es un vehículo indispensable en nuestra sociedad contemporánea, no sólo en los Estados Unidos, donde hay más de 80 millones de autos matriculados,[1] sino en el resto del mundo. En los países de habla hispana, muchas personas de clase media poseen su propio coche, y cada día es más común la familia con dos autos. No cabe duda[2] que la sociedad del siglo XX es una sociedad motorizada.

[1]**matriculados**   registered

[2]**No cabe duda**   There is no doubt

Conduciendo en español

El estudiante de habla inglesa que viaja en automóvil por los países del mundo hispánico necesita saber un vocabulario básico de términos relacionados con el automóvil. A continuación se incluye una lista de palabras y frases prácticas que ayudará al viajero° a pedir ayuda° en una estación de servicio en caso de una emergencia.

traveler
pedir ayuda   to ask for help

VOCABULARIO ACTIVO

abolladura dent
acelerador accelerator
acumulador battery
alquilar to rent
alternador alternator
anticongelante antifreeze
arrancar to start
arreglar to fix
asiento seat
avería damage
baúl trunk
bocina horn
bomba de aire air pump
calentarse to heat up
capó hood
cargar to charge; to carry
cenicero ashtray
cerradura lock
correa belt
 correa de seguridad safety belt
 correa del ventilador fan belt
chapa license plate
daño damage
defensa bumper

descongelador defroster
difusor automático automatic choke
emergencia hand brake
encendedor lighter
espejo mirror
estación de servicio gas station
estimado estimate
 estimado por escrito written estimate
filtro filter
 filtro de aceite oil filter
 filtro de aire air filter
 filtro de gasolina gas filter
frenos brakes
 frenos de emergencia emergency brakes
funcionar to function, work
garaje garage; gas station
gasolina gasoline
gato jack
generador generator
goma tire
grúa tow truck

limpiaparabrisas windshield wipers
litro liter
lubricación grease job
luces lights
 luces altas high beams
 luces bajas low beams
 luces de estacionamiento parking lights
llanta tire
 llanta reventada blowout
llave key
 llave de la puerta door key
 llave del baúl trunk key
llenar to fill
maleta suitcase
maletero trunk
manejar to drive
manguera hose
mínimo minimum
motor engine
 motor de arranque starter
neumático tire
 neumático de repuesto spare tire
parabrisas windshield

parachoques bumpers
parar to stop
pérdida leak; failure
　pérdida de aceite oil leak
　pérdida de potencia power
　failure
placa plate
platinos distributor points
poncharse to get a flat tire
ponche flat tire

regulador regulator
reparar to repair
semáforo traffic light
tanque tank
tapa cap
　tapa del aceite oil cap
　tapa de la gasolina gasoline
　cap
　tapa del radiador radiator
　cap

termóstato thermostat
timón steering wheel
transmisión transmission
tubo de escape exhaust pipe
velocidad speed
ventana window
ventilador fan
volante steering wheel

EXPRESIONES ÚTILES

Cambie el aceite, por favor
　Change the oil, please.
¿Cuándo estará listo? When
　will it be ready?
¿Cuánto cuesta? How much
　is it?
**¿Cuánto falta para llegar
　a . . .?** How long is it
　to . . .?
¿Cuánto le debo? How much
　do I owe you?

**¿Dónde hay una estación de
　gasolina?** Where is there a
　gas station?
El coche tiene un ruido raro
　The car has a funny noise.
Limpie el parabrisas Clean
　the windshield.
Llene el tanque de gasolina
　Fill up the gas tank.
¿Puede Ud. arreglar . . .? Can
　you fix . . .?

¿Qué problema tiene? What's
　the problem?
Revise el aceite Check the oil.
Revise el nivel del radiador
　Check the radiator.
**Revise la presión de los
　neumáticos** Check the tire
　pressure.

SEÑALES DE CARRETERA

acera sidewalk
alto stop
área de descanso rest area
arena suelta loose pebble area
autobuses buses loading and
　unloading
bajada peligrosa dangerous
　downgrade
calle lateral side street
camino angosto narrow road
camino sinuoso winding road
camiones trucks
carril derecho right lane
carril izquierdo left lane
ceda el paso yield right of
　way
centro downtown
circulación one-way traffic
　(follow arrow)

conserve su carril stay in your
　lane
cruce de peatones pedestrian
　crossing
cruce peligroso dangerous
　crossing
curva doble double curve
curva peligrosa dangerous
　curve
despacio slow
desviación detour
disminuya velocidad reduce
　speed
doble circulación two-way
　traffic
entrada entrance
escuela school
estacionamiento parking
ganado cattle

límite de velocidad speed
　limit
no pase no passing
no use claxon do not use
　horn
paso a desnivel underpass
pavimento resbaloso slippery
　pavement
peatones pedestrians
puente bridge
puente angosto narrow bridge
salida exit
tramo en reparación road
　under repair
zona escoíar school zone

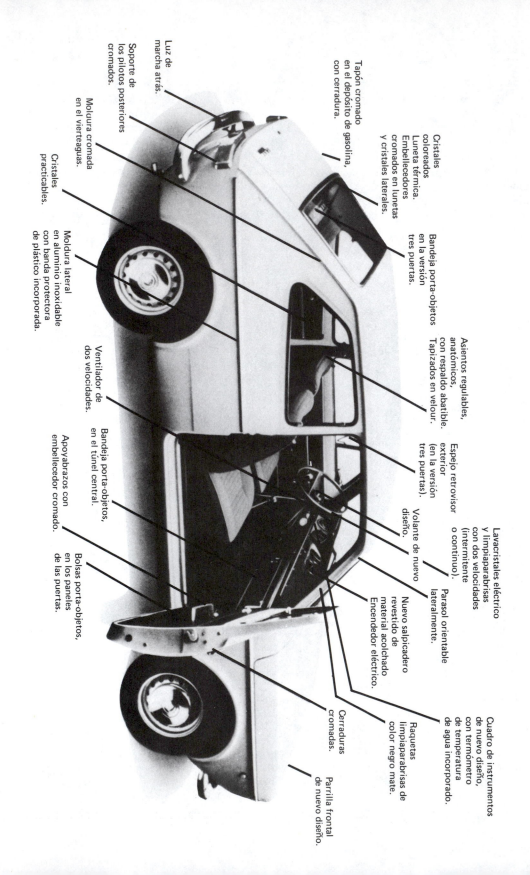

Luz de
marcha atrás.

Soporte de
los pilotos posteriores
cromados.

Moldura cromada
en el vierteaguas.

Cristales
practicables.

Moldura lateral
en aluminio inoxidable
con banda protectora
de plástico incorporada.

Ventilador de
dos velocidades.

Bandeja porta-objetos,
en el túnel central.

Apoyabrazos con
embellecedor cromado.

Bolsas porta-objetos,
en los paneles
de las puertas.

Tapón cromado
en el depósito de gasolina,
con cerradura.

Cristales
coloreados
Luneta térmica.
Embellecedores
cromados en lunetas
y cristales laterales.

Bandeja porta-objetos
en la versión
tres puertas.

Asientos regulables,
anatómicos,
con respaldo abatible.
Tapizados en velour.

Espejo retrovisor
exterior
(en la versión
tres puertas).

Volante de nuevo
diseño.

Lavacristales eléctrico
y limpiaparabrisas
de nuevo diseño,
con dos velocidades
(intermitente
o continuo).

Parasol orientable
lateralmente.

Nuevo salpicadero
revestido de
material acolchado
Encendedor eléctrico.

Raquetas
limpiaparabrisas de
color negro mate.

Cuadro de instrumentos
de nuevo diseño,
con termómetro
de temperatura
de agua incorporado.

Cerraduras
cromadas.

Parrilla frontal
de nuevo diseño.

162

Ejercicios

A. *Preguntas sobre el vocabulario.*

   1 ¿Qué necesita un coche para andar?°   to walk, i.e., to run

   2. ¿Dónde se echa° el agua?   **se echa**   you put

   3. ¿Dónde se ponen las maletas?

   4. ¿Qué hace Ud. para poder ver por la noche?

   5. ¿Adónde va para comprar gasolina?

   6. ¿A qué lugar lleva Ud. el coche si no funciona bien?

   7. ¿Qué necesita para cambiar una llanta ponchada?

   8. ¿Qué debe tener un cruce de calle si hay mucho tráfico?

   9. Cuando tiene el parabrisas sucio,° ¿qué le debe decir al hombre   dirty
que trabaja en la estación de gasolina?

 10. ¿Por dónde debe caminar un peatón?

 11. ¿Cómo se llama la carretera que pasa sobre el agua?

 12. ¿Cómo es una carretera que no es angosta?

 13. ¿Qué frenos pone cuando estaciona el auto?

 14. ¿Qué pone cuando los parabrisas tienen hielo?

 15. ¿Qué usa Ud. para encender un cigarrillo?

 16. ¿Qué usa Ud. para ver el coche detrás del° coche de Ud.?   **detrás del**   behind

 17. ¿Qué luces usa cuando encuentra un coche en la carretera
por la noche?

 18. ¿Cuáles son los colores de un semáforo?

 19. ¿Qué no debe hacer cuando pasa frente a un hospital?

 20. ¿Qué usa para poner aire en las llantas?

 21. ¿Qué instrumento debe usar para poder arrancar el coche?

 22. Si tiene un accidente, ¿qué le va a pedir° a Ud. la compañía   to ask for
de seguros° antes de darle permiso para reparar los daños?°   **la . . . seguros**   insurance
          company
          damages

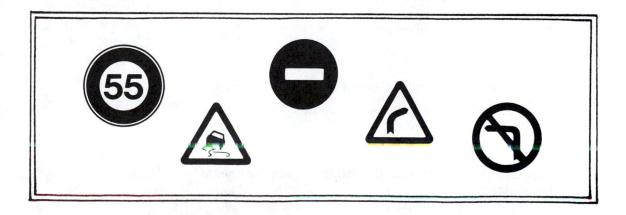

B. *Escoja la palabra de la lista siguiente que mejor complete el sentido de las oraciones según el artículo.*

aceite	aire	baúl	chapas	llanta
parabrisas	litros	ponches	conductor	frenos

1. Para poder ser identificado, el coche debe tener dos _____ .
2. Para parar rápido el auto, los _____ deben estar en buenas condiciones.
3. Cada 4,000 kilómetros el _____ se debe cambiar en el motor.
4. Para evitar accidentes graves, el _____ debe ponerse su correa de seguridad.
5. La presión del _____ en los neumáticos es muy importante.
6. La _____ de repuesto está en el baúl del automóvil.
7. Para poder ver bien, el _____ debe estar limpio.
8. Los _____ a 80 kilómetros por hora pueden ser peligrosos.
9. Las maletas se ponen en el _____ del carro.
10. En España, la gasolina no se compra por galones, sino por _____ .

C. *Seleccione la palabra de la columna A que más se asocie a la de la columna B.*

A	B
1. capó	a. defensa
2. neumático	b. chapa
3. volante	c. maletero
4. parachoques	d. cubierta del motor
5. correa	e. detenerse
6. baúl	f. claxon
7. aparcar	g. llanta
8. bocina	h. timón
9. parar	i. cinturón
10. placa	j. estacionar

D. *Escoja la palabra que mejor complete la oración de acuerdo con la lectura*

1. Las _____ de los coches cuestan mucho.
   a. avería   *b.* abolladuras   *c.* anticongelante
2. Es bueno revisar a menudo el nivel del _____ en el radiador.
   a. tapa   *b.* aceite   *c.* agua
3. La _____ sólo debe usarse cuando es absolutamente necesario.
   a. bocina   *b.* chapa   *c.* luces

4. En el cenicero se ponen las _____ .
    a. monedas   *b.* comida   *c.* cenizas

5. El _____ se debe usar para mirar los coches que vienen detrás.
    a. ventana   *b.* timón   *c.* espejo

6. Cuando cambiamos el aceite, usualmente también cambiamos el _____ .
    a. filtro   *b.* anticongelante   *c.* agua

7. Si estacionamos en una loma, debemos usar los _____ de emergencia.
    a. defensa   *b.* frenos   *c.* maletero

8. Si Ud. se poncha, necesitará un _____ para cambiar la llanta.
    a. neumático   *b.* gato   *c.* radiador

9. Cuando conduce, debe tratar de no pasarse de la velocidad _____ .
    a. máxima   *b.* rápida   *c.* mediana

10. Para no quedarse sin gasolina en la carretera, debe revisar el nivel del _____ .
    a. aceite   *b.* capó   *c.* tanque

E. *Seleccione la definición más apropiada.*

___ 1. cerradura
    a. se le pone a los caballos
    b. mecanismo que cierra puertas
    c. parte de una ventana

___ 2. cristal
    a. pintura
    b. cuerpo no sólido
    c. vidrio incoloro y transparente

___ 3. lubricación
    a. poner agua
    b. poner aceite o grasa para resbalar
    c. poner anticongelante

___ 4. llave
    a. algo que suena
    b. instrumento musical
    c. instrumento para abrir o cerrar puertas

___ 5. manguera
    a. pedazo de goma
    b. pedazo de metal
    c. material de madera

___ 6. ventilador
    a. aparato que impulsa aire
    b. aparato que camina
    c. aparato que puede iluminar

___ 7. ruido
    a. algo muy interesante
    b. sonido fuerte
    c. una calma profunda

___ 8. sinuoso
    a. directo
    b. onduloso
    c. recto

___ 9. carril
      a. acera por donde camina la gente
      b. vía para conducir
      c. los trenes tienen muchos carros

___ 10. grúa
      a. máquina de pasajeros
      b. motor grande y poderoso de coche
      c. camión para llevarse los coches

F. *¿Son verdaderas o falsas las oraciones siguientes?*

1. Para indicar que va a frenar, Ud. debe tocar el claxon.
2. El limpiaparabrisas se usa cuando hace calor.
3. Mirando en el espejo vemos donde está el coche que nos sigue.
4. Las chapas usualmente tienen números y letras.
5. El odómetro marca el número de kilómetros que se recorren.°   **se recorren** (the car) has run
6. El cinturón de seguridad protege a la persona contra golpes.
7. En las estaciones de servicio hay mecánicos.
8. Las luces direccionales indican para donde piensa Ud. doblar.
9. El acelerador se usa para frenar.
10. Las luces altas se usan en la ciudad.

G. *Composición controlada.*

Aplicando el vocabulario de esta selección, escriba sobre el siguiente tema: "Un accidente automovilístico"

PLAN DE TRABAJO

Presentación: Haga un párrafo con cada una de las siguientes frases:
    a. "Mi primer accidente automovilístico ocurrió así° . . ."   like this
    b. "Fue (no fue) mi culpa° porque . . ."   **Fue . . . culpa** It was (it was not) my fault

Conclusión: Denos su opinión sobre qué cosas habría podido hacer para evitar el accidente.

¿ES UD. UN BUEN CONDUCTOR?

VOCABULARIO ACTIVO

SUSTANTIVOS

el conductor driver
el derecho right
la destreza skill
el fallo mistake
el manejo driving
la rapidez speed
la multa ticket, fine
el peatón pedestrian
el peligro danger
el proverbio proverb
el refresco soft drink

VERBOS

aprobar to pass a course; to approve
conducir to drive
convencer to convince
considerarse to consider oneself
manejar to drive
proporcionar to furnish, supply

ADJETIVOS

breve short
peligroso dangerous

EXPRESIONES

de noche at night
hacerle frente a to face
las luces de tráfico traffic
lights
el permiso de conducir
driver's license
poner las cosas en claro
to set matters straight

SALGA A CARRETERA SIN EXPONER SU FAMILIA Y SU PATRIMONIO

Un taxi buscando pasajeros en la Puerta del Sol, Madrid.

Todo automovilista,° casi sin excepciones, está convencido de su   motorist
destreza° y habilidad en el manejo de su vehículo, en la rapidez de   ability
sus reflejos, o al menos, en su respeto al Código de la Circulación.
Todos, además, tienen siempre una crítica, una censura, para el
conductor que según ellos comete errores o violaciones del Código
de la Circulación.

    Una vez en posesión del permiso de conducir y superados° los   having overcome
temores y dudas de las primeras semanas, la experiencia diaria en
las calles de la ciudad le proporciona° una seguridad que, además   it gives
de ser falsa, puede llegar a ser peligrosa.

    Para poner las cosas en claro, por aquello de que "en la
confianza está el peligro," hemos preparado un breve cuestionario
en donde Ud. podrá averiguar° si es un buen chófer o no.   to find out

    El resultado del cuestionario le permitirá hacerle frente a la
realidad, y le ayudará, además, a corregir sus fallos.°   mistakes

Para ser un buen chófer tiene Ud. que contestar correctamente 12 de las siguientes preguntas. Si contesta de ocho a once correctamente, considérese un conductor mediocre; y si tiene menos de ocho correctas, se le aconseja que no maneje.

1. ¿Al ver conducir a otras personas, se pregunta cómo pudieron pasar el examen de chófer?   Sí ___ No ___

2. ¿Suele presumir ante° sus amigos de las veces que ha cometido infracciones de tránsito y ha eludido el castigo?° Sí ___ No ___

    presumir ante to brag in front of
    punishment

3. Cuando conduce, ¿reconoce Ud. siempre los derechos del peatón?°   Sí ___ No ___

    pedestrian

4. ¿Tiene la costumbre de competir con los vehículos que pretenden pasarle?   Sí ___ No ___

5. ¿Obedece las señales que indican un cruce ferroviario?° Sí ___ No ___

    railroad

6. Cuando va a detenerse "un momento," ¿estaciona° su auto en un lugar donde se prohibe aparcar?°   Sí ___ No ___

    do you park
    to park

7. ¿Acostumbra a respetar los semáforos aunque las calles estén desiertas y lleve mucha prisa?°   Sí ___ No ___

    lleve mucha prisa you are in a hurry

8. ¿Considera Ud. saber mejor que nadie qué velocidad debe llevar su vehículo?   Sí ___ No ___

9. ¿Le tiene sin cuidado° que alguna persona de su amistad pueda conducir mejor que Ud.?   Sí ___ No ___

    Le . . . cuidado Does it bother you

10. ¿Pretende siempre adelantarse a los demás cuando aparece la luz verde en el semáforo?   Sí ___ No ___

11. Por la noche, ¿espera Ud. a que el auto que viene en dirección contraria le ponga la luz alta para quitar la de Ud.? Sí ___ No ___

12. ¿Logra contener sus nervios cuando el tránsito sufre embotellamientos?°   Sí ___ No ___

    traffic jams

13. Por regla general, ¿acostumbra pensar que la culpa no la tiene Ud.?   Sí ___ No ___

14. ¿Prefiere no fumar mientras maneja?   Sí ___ No ___

15. ¿Suele tocar la bocina cuando el automóvil que tiene delante no arranca en el momento de iluminarse la señal verde del semáforo?   Sí ___ No ___

RESPUESTAS CORRECTAS

1. Sí	4. No	7. Sí	10. No	13. No
2. No	5. Sí	8. No	11. No	14. Sí
3. Sí	6. No	9. Sí	12. Sí	15. No

Adaptado de *Blanco y Negro*

Ejercicios

A. *Preguntas sobre la lectura.*

1. ¿De qué está convencido todo automovilista?
2. ¿Qué nos proporciona la experiencia diaria en las calles?
3. Según el proverbio, ¿dónde está el peligro?
4. ¿Qué le permite saber el resultado del cuestionario?

B. *Preguntas para discutir en clase.*

1. ¿Observa Ud. manejar a otros choferes? ¿Cuándo?
2. ¿Ha recibido Ud. multas° de tránsito? Descríbalas.   fines
3. ¿Quién tiene más derecho, un peatón o un coche?
4. ¿Le gusta a Ud. manejar rápido? ¿Por qué?
5. ¿Respeta Ud. las luces de tráfico? ¿Siempre?
6. ¿Respeta Ud. las señales de velocidad?
7. ¿Se considera Ud. buen chófer? ¿Por qué?
8. ¿Le molesta a Ud. manejar de noche? Explique.
9. ¿Ha tenido alguna vez° un accidente automovilístico? Des-   **alguna vez**   ever
   críbalo.
10. ¿Toma Ud. refrescos cuando conduce?

C. *Seleccione la definición más apropiada.*

___ 1. censura
    a. buen juicio
    b. alabanza°   praise
    c. crítica

___ 2. aprobar
    a. estar de acuerdo
    b. suspender° un examen   to fail
    c. probar una comida

___ 3. castigo
    a. premio°   prize
    b. pena° que uno recibe   penalty
    c. trato agradable

___ 4. volante
    a. timón
    b. bocina
    c. llantas

___ 5. aparcamiento   *a.* estacionamiento
                         b. carretera
                         c. coche

___ 6. nocturno   *a.* claridad
                         b. perteneciente a la noche
                         c. ilustración

___ 7. bocina   *a.* instrumento para cocinar
                         b. instrumento para caminar
                         c. instrumento de metal que suena

___ 8. manejar   *a.* conducir
                         b. navegar
                         c. conversar

D. *Composición controlada.*

Aplicando el vocabulario aprendido en la lectura, escriba sobre el siguiente tema: "Para ser buen chófer hay que manejar bien."

PLAN DE TRABAJO

Presentación   Haga un párrafo con cada una de las siguientes frases:

         a. "El buen chófer obedece las luces de tránsito porque . . ."

         b. "Yo siempre trato de manejar con cuidado porque . . ."

         c. "Siempre estoy atento a lo que pasa alrededor . . ."

Conclusión   Denos su opinión sobre el chófer que maneja después de haber tomado bebidas alcohólicas.

VACACIONES EN AUTOMÓVIL

VOCABULARIO ACTIVO

SUSTANTIVOS

la actitud attitude
la lesión wound
la temporada season
la ventaja advantage
la vera the side

VERBOS

adelantarse to get ahead
añorar to miss
cansar to tire
cargar to load
compartir to share
convenir to agree
disfrutar to enjoy
fatigar to tire
impedir to impede
reabastecerse to resupply
recorrer to travel over
restaurar to restore
revisar to check
soñar con to dream about

ADJETIVOS

cómodo confortable
divertido fun
entero entire
incómodo uncomfortable
largo long

EXPRESIONES

con frecuencia frequently
desempeñar un papel to play a role
lo que that which
ponerse de mal humor to get in a bad mood
quitarle el cansancio to take away the tiredness
unas cuantas a few

—¿Le importaría repetirlo? . . . No me ha salido la foto.

Cuando llega la temporada° de vacaciones, son muchos los que cargan° el coche con toda la familia y con ropa suficiente para pasar unas cuantas° semanas en algún sitio diferente.

    Todos ellos sueñan el año entero con este viaje que siempre, después de iniciado el recorrido,° parece ser más largo de lo que es y se comienza a añorar° las comodidades° de la casa.

    Aun cuando hay formas más cómodas y rápidas de viajar, muchas familias no cuentan con° los medios° económicos para ello. En estas circunstancias, el automóvil además de° ser económico, ofrece más independencia y es más práctico que un avión, un tren o un autobús. Por eso millones de personas prefieren utilizar el coche como medio de transporte para sus largos viajes de vacaciones.

    Un buen consejo que le ayudará a disfrutar del viaje: antes de recorrer el primer kilómetro, piense que el viaje será una gran aventura que lo llevará a nuevos e interesantes lugares donde se divertirá enormemente.

season
they load
unas cuantas   a few

trip, run
to miss / comforts

no . . .con they do not have /
   means
besides

Recuerde que una actitud mental positiva desempeña° un papel   it plays
importante en el manejo de un coche, especialmente cuando se
recorren varios cientos de kilómetros cada día.

Si en su familia hay varias personas con licencia para conducir,
conviene compartir el timón con ellas. Cuando no se encuentre Ud.
al volante, trate de descansar todo lo posible. Conviene cambiar de
chófer cada vez que se detiene el vehículo para reabastecerse° de   to resupply
combustible.°   fuel

Las paradas frecuentes reducen la fatiga e impiden que los
músculos se cansen. El detenerse en una gasolinera° o en un   gas station
merendero° a la vera° del camino, aunque sea solamente para   picnic stand / side
estirar° las piernas y aspirar aire con fuerza, puede quitarle el   to stretch
cansancio° y restaurarle la circulación.   fatigue

No se debe manejar por largas horas, especialmente si se tiene
alguna lesión física. Es necesario sentirse en buenas condiciones
para conducir con el máximo de eficiencia.

Otro factor muy importante que nos evitará problemas, sobre
todo en viajes largos, es tener el coche en buenas condiciones.
Revise el auto con su mecánico antes de salir de viaje. También
debe llevar consigo cierta cantidad de herramientas° y piezas de   tools
repuesto° que comúnmente pueden romperse en la carretera.   **piezas de repuesto** spare parts

La velocidad de su vehículo en relación a otros es también
importante. Es menos peligroso viajar a una velocidad diferente a
la de los autos que le rodean, ya que esto le ayuda a mantenerse
alerta. El adelantarse a° otros vehículos y cambiar de carril, hace   **adelantarse a** to get ahead of
que el conducir sea más interesante.

En conclusión, lo más importante al manejar largas distancias
es convertir el viaje en una experiencia agradable y divertida. El
entusiasmo es la mejor compañía en un largo viaje.

Adaptado de *Mecánica Popular*

Ejercicios

A. *Preguntas sobre la lectura.*

1. ¿Qué ocurre cuando llega la temporada de vacaciones?
2. ¿Con qué sueña mucha gente?
3. ¿Por qué hay familias que no pueden usar formas más cómodas de viajar?
4. ¿Qué ventajas ofrece el automóvil?
5. ¿Qué actitud es importante en el manejo de un coche?
6. ¿Conviene compartir el timón cuando se maneja?
7. ¿Cuándo se debe cambiar de conductor?
8. ¿Por qué es importante parar con frecuencia?

9. ¿Cuándo no se debe manejar por largas horas?
10. ¿Quién debe revisar su coche antes de salir de viaje?
11. ¿Qué es lo que hace el conducir más interesante?
12. ¿Qué es lo más importante para conducir largas distancias?

B. *Preguntas para discutir en clase.*

1. ¿Le gusta a Ud. viajar en un coche grande o pequeño? ¿Por qué?
2. ¿Se pone de mal humor cuando conduce por muchas horas? Explique.
3. ¿Prefiere Ud. viajar en avión, coche o tren? Dé razones.
4. ¿Cuántos kilómetros serían el máximo que Ud. conduciría en un día? ¿Por qué?
5. ¿Comparte Ud. el timón con sus amigos cuando maneja? ¿Cómo se turnan?
6. ¿Para Ud. con frecuencia en la carretera? ¿Cada cuánto tiempo?
7. ¿Mantiene Ud. su coche en buenas condiciones? ¿Qué precauciones toma?
8. ¿A qué velocidad maneja Ud. en la carretera? ¿De qué depende la velocidad?
9. ¿Por qué debemos conducir defensivamente?
10. ¿Qué marca de coche tiene Ud.? ¿Por qué escogió esa marca?

C. *¿Son verdaderas o falsas las siguientes oraciones?*

1. No hay muchas familias que viajen en auto durante sus vacaciones.
2. El viaje largo en automóvil es bastante incómodo.
3. Hay otras maneras más cómodas de viajar.
4. El viaje en avión cuesta menos que el viaje en autobús.
5. La actitud mental del conductor es importante.
6. No conviene cambiar de conductor en un viaje largo.
7. Las paradas frecuentes fatigan a la gente.
8. Si Ud. tiene alguna lesión° física, el manejar largo le beneficiará.   injury
9. No es buena idea revisar el automóvil antes de hacer un viaje.
10. Es peligroso manejar a gran velocidad.

D. *Sinónimos. De la lista a continuación, sustituya un verbo similar al verbo en bastardilla en cada oración. Haga todos los cambios gramaticales necesarios.*

ofrecer	dar	comenzar	hacerse	parar
creer	manejar	haber	usar	

1. Después de *iniciado,* el recorrido no parece largo.
2. El viaje *se vuelve* incómodo.
3. El automóvil *da* más independencia.
4. Millones prefieren *utilizar* el coche.
5. *Efectúan* viajes semanales.
6. *Existen* varias formas de viajar.
7. *Pensamos* que el viaje es una molestia.
8. Les gusta *conducir* en la carretera.
9. Ellos *se detienen* para descansar.

E. *Temas para desarrollar.*

Basándose en la lectura, escriba sobre:

1. La actitud mental en un viaje es . . .
2. El coche debe estar en . . .

ARRANCA SIEMPRE CON EL MOTOR PARADO[1]

VOCABULARIO ACTIVO

SUSTANTIVOS

el aparcamiento parking
el entrenamiento training
la envoltura wrapper
el frenazo sudden braking
la infracción violation
el paso step
la pifia mistake
la sugerencia suggestion

VERBOS

agregar to add
aprovechar to approve
cometer to commit
corregir to correct
incumbir to concern
intentar to try
introducir to put in
limitarse to limit oneself
reconocer to recognize
turnarse to take turns

ADJETIVOS

desprevenido unprepared
insoportable unbearable
pésimo bad, heavy
relajado relaxed
resbaladizo slippery

EXPRESIONES

carecer de sentido to lack meaning
como si as if
hacer cuentas arithmetic; to account for
hacer girar to make turn
la escuela primaria elementary school
los buenos modales good manners
pedir perdón to ask for forgiveness
poner en marcha to start

Los hispanos tienen un gran sentido° del humor y por eso° pueden apreciar las historias humorísticas similares a las escritas por Erma Bombeck. En esta selección el narrador, que es un chófer horrible, nos describe de una manera muy cómica° los problemas que tiene cuando trata de enseñarle a manejar° a su hija.

sense / **por eso** that's why

funny, amusing
to drive

---

[1]**Arranca . . . parado** Always start [the car] when the motor is not running

Automóvil con motor recalentado.°   overheated

En mi opinión, los colegios deberían limitarse a enseñar los tres fundamentos° de la escuela primaria: leer, escribir y hacer cuentas,° y no interferir en cosas que corresponden a los padres: enseñar a conducir a los hijos, educación sexual y buenos modales.° Mi mujer está de acuerdo. "Nos repartiremos° la labor," dijo. "Te encargarás° de lo sexual, y yo de enseñar a conducir. Lo de la buena educación lo haremos entre los dos."

    Yo no estaba muy de acuerdo con aquella división. Nunca he entendido bien todas esas cosas de la ovulación, y lo mismo le ocurre a mi esposa con el aparcamiento en doble fila.°

    "He estado pensando una cosa," me dijo un día mi mujer. "La niña está en una edad difícil, y creo que en el colegio hay personal especializado para enseñarle estos temas."

    Le pregunté si se refería a lo de conducir o a la educación sexual. "Nuestra hija ya tiene dieciséis años," continuó. "Si hay algo que no sabe sobre la cuestión sexual, es difícil que lo averigüe° a través de nosotros."

    Yo insistí que seguía pensando que era misión de los padres enseñar a sus hijos a conducir.

    "Es una tradición," agregué.° "Mi padre me enseñó a mí."

    "Tu padre," dijo mi esposa, "fue probablemente el peor° conductor del mundo."

    "El segundo peor," puntualicé.° "Mi madre fue la peor de todos."

Glossary (right margin):

fundamentals / **hacer cuentas** arithmetic

manners

Nos repartiremos We will divide
Te encargarás You will take care

row, line

lo averigüe she finds it out

I added

worst

I stressed

"¿Quién le enseñó?," me preguntó ella.

"Mi padre."

Mi hija estaba escuchando la radio en el coche cuando yo llegué.

"Si puedes olvidar por un momento tu programa," dije, "lo primero que hay que hacer es introducir la llave° . . . aunque veo que ya está introducida. El segundo paso es hacer girar° la llave."

Se oyó un zumbido insoportable.°

"Mamá lo había puesto ya en marcha,"° me dijo mi hija.

"Ya lo veo," apagué° el motor. "Asegúrate,° siempre que vayas a arrancar el coche, de que el motor esté parado."

"De acuerdo." Subió el volumen de la radio y comenzó a quitar la envoltura a un chicle.[1] "¿Qué viene ahora?"

"De momento° ya es bastante," dije. "Si logras recordar lo que has aprendido hasta ahora, me sentiré contento."

Contrariamente a la opinión popular, los hombres no consideran a las mujeres como seres inferiores en la tarea° de conducir. Pero intente explicarle eso a una de ellas. Como le dije a mi esposa, no hay ninguna razón que impida que una mujer sea tan buena conductora como un hombre. Mi mujer estaba conduciendo en aquel momento.

"No tienes más que pensar en la secretaria del jefe," dije. "Conduce su coche deportivo como si estuviera en el Grand Prix. Tendrías que verla."

"Me encantaría,"° contestó ella.

"Cuidado con ese camión."°

Las mujeres que conducen suelen° ver las señales de tráfico como sugerencias,° no como órdenes. Por ejemplo, mi mujer nunca utiliza el aparcamiento° que hay detrás° del edificio de correos.°

"¿Para qué?," dice. "Casi siempre hay espacio delante."°

"Naturalmente," contesté. "Porque ahí está prohibido aparcar."

Mi esposa cree que el noventa por ciento de las señales de tráfico carecen de sentido.°

"Silencio—Hospital," leyó. "Deberían ponerlo dentro del hospital, que es de donde viene el ruido."

"Puedes seguir," le dije. "El policía nos está haciendo señales con la mano."

"Precaución—Vuelos rasantes,"° volvió a leer. "¿Y qué diablos° esperan que hagamos con ellos?"

"No te pongas nerviosa," aconsejé. "Casi le pasas por arriba al policía."°

"¿Sí?," dijo. "Cuéntame algo más de la secretaria de tu jefe."

llave key
girar to turn
zumbido insoportable unbearable buzz
lo . . . marcha had started it already
apagué I turned off / Asegúrate Be sure
De momento For the moment
tarea task
Me encantaría I would love to
camión truck
suelen they usually
sugerencias suggestions
aparcamiento parking lot / detrás behind / **edificio de correos** post office
delante in front
carecen de sentido make no sense
Vuelos rasantes Low-flying (aircraft) / **Y qué diablos** And what on earth
Casi . . . policía You almost went over the policeman

[1] **comenzó . . . chicle** she began to unwrap a piece of chewing gum.

"Bueno, pues,° la verdad . . ." — well

"Precaución—Paso de venados,"° dijo. "Jamás he visto un ve- — **Paso de venados** Deer crossing
nado junto a una de estas señales. Y si reduces la marcha para ver
si tienes la suerte de ver alguno, seguro que alguen se te echará
encima por detrás.° Algún cazador° con la cabeza fuera de la ven- — **se . . . detrás** run into you / hunter
tanilla a la búsqueda de cornamentas,[1] por ejemplo. Las señales son
tan típicamente masculinas. Siempre dicen lo que ya sabes. 'Suelo
resbaladizo cuando llueve.'° Dios mío, cuando llueve *todo* se pone — **Suelo . . . llueve** Slippery when wet
resbaladizo. Pero algún ingeniero de caminos habrá pensado que
es el único que se ha dado cuenta de ello."

"Ese camión va a doblar,"° dije. — to turn
Mi esposa estaba hablando con mi hija en la cocina.° — kitchen

"¿Sabes cuál es la característica principal de una buena conductora?," estaba diciendo. "Que les gusta a los hombres."

"¿Cómo dices?"

"Aprender a conducir tan bien como un hombre no lleva
mucho tiempo," continuó mi mujer. "Pero aprender a mantener el
secreto . . . para eso es necesario toda una vida."

"Pero entonces, ¿qué debo hacer cuando papá comete una
pifia?° ¿Cuándo haga señales al revés o dé marcha atrás subiéndose — mistake
albordillo?"[2]

"Nada," dijo mi esposa. "Haz como que no te das cuenta.
Habla del tiempo. Pero nunca, jamás, corrijas a tu padre."

"¿Y si vas en el coche con alguien que es un conductor pésimo° — very bad
y comete todo tipo de infracciones?"

Mi mujer se rio.

"Sal con alguien que conduzca realmente mejor."

Mi hija parecía dudar.

"Pero suponte que esa persona te gusta mucho."

"Entiendo. Aprovecha un momento en que haga algo bien y
dile que conduce estupendamente bien. Añade que te gustaría
conducir como él."

Mi hija dijo que no podría hacer tal cosa. Le traicionaría la risa.° — **Le . . . risa** Laughter would give her away.

"Sí que puedes," concluyó mi esposa. "Si tienes verdadero
interés por esa persona, puedes hacerlo."

Estaba esperando a mi esposa en el coche. No me sentía furioso.
Sólo un poco decepcionado° de que mi mujer considerara necesario — disappointed
enseñar a mi hija cómo debe hablarme . . . como si el niño fuera
yo.

---

[1]**con . . . cornamentas** with his head sticking out the window looking for antlers.
[2]**¿Cuándo . . . bordillo?** When he makes the wrong turn signal or backs up onto the curb?

Mi esposa me pidió perdón por haberme hecho esperar. Salí a la calle, conduciendo como siempre, relajado pero alerta. Gracias a que conducía con mucha precaución, vi que salía un coche por la siguiente calle lateral y di un frenazo.° En realidad, no fue del todo necesario, pues el otro vehículo ya se había parado. Mi esposa cogió el bolso° del suelo.°

di un frenazo I slammed on the brakes

purse / floor

"Lo siento," dije.

"No te preocupes," contestó. "El frenazo me ha cogido desprevenida;° contigo nunca hay problemas." Sacó un pañuelo. "Siempre he deseado poder conducir como tú."

unprepared

Volví la vista para ver si hablaba con tono irónico. No era así. Sólo trataba de ser amable. Arranqué de nuevo, conduciendo con el máximo cuidado. Con demasiado, quizás, porque el motor se me paró.° No me importó. Y es que eres feliz cuando sabes que alguien se preocupa de verdad por ti.

se me paró it stopped

Adaptado de *Selecciones del Reader's Digest*

Ejercicios

A. *Preguntas sobre la lectura.*

1. De acuerdo con el autor, ¿a qué deberían limitarse los colegios?
2. ¿Qué cosas les incumben a los padres?
3. ¿Qué no entiende el autor?
4. ¿Qué no entiende la esposa del autor?
5. ¿Quién le enseñó a manejar al autor?
6. Cuando el autor giró la llave del auto, ¿qué pasó?
7. ¿Qué consejo le dio entonces el autor a su hija?
8. Según el autor, ¿cuál es la opinión popular?
9. De acuerdo con el autor, ¿cómo ven las señales de tráfico las mujeres?
10. ¿Qué cree la esposa sobre las señales de tráfico?
11. ¿Por qué piensa la esposa que las señales de tráfico son típicamente masculinas?
12. ¿Qué le dice la esposa a la hija que debe hacer cuando su papá comete una pifia?
13. De acuerdo con la mamá, ¿cuándo debe la hija hacer algún comentario sobre la manera de conducir de un amigo?
14. ¿Cómo dice el autor que salió a la calle conduciendo?
15. ¿Qué hizo el autor que no era realmente necesario?
16. ¿Qué le dice la esposa al autor que siempre ha deseado?
17. ¿Por qué está contento el autor al final de la historia?

B. *Preguntas para discutir en clase.*

1. ¿Qué tipo de artículo es éste? ¿Por qué?
2. ¿Qué piensa Ud. de la actitud de la esposa con el autor?
3. ¿Cuándo aprendió Ud. a conducir?
4. ¿Quién le enseñó a manejar y cuánto tiempo duró el entrenamiento?°   training
5. ¿Quiénes cree Ud. que conducen mejor, las mujeres o los hombres? Explique.
6. ¿Cómo manejan sus padres? Explique.
7. En su casa, ¿cómo se turnan° para usar el automóvil?   **se turnan**   you take turns
8. ¿Quién es el peor chófer que Ud. conoce? Describa varias cosas que hace mal.

C. *¿Son falsas o verdaderas las oraciones siguientes?*

1. El autor cree que los colegios deben enseñar a conducir.
2. El autor sabe más que la mujer de cuestiones sexuales.
3. La esposa piensa que la educación sexual se debe recibir en la escuela.
4. La madre del autor manejaba mejor que el padre.
5. Cuando el autor comenzó a enseñarle a manejar a su hija y se montó en el coche, el motor estaba parado.
6. De acuerdo con el autor, la secretaria del jefe conduce rápido.
7. Cuando la esposa está conduciendo, el autor trata de decirle cómo debe manejar.
8. El autor piensa que la esposa no respeta las señales de tráfico.
9. La esposa nunca ha visto un venado cerca de la señal "Paso de venados."
10. La esposa piensa que los hombres siempre les dicen a las mujeres lo que ellas ya saben.
11. La madre le recomienda a la hija que tenga tacto con los hombres.
12. La hija piensa que ella se reirá si le dice a un amigo que conduce mal que ella cree que él maneja bien.
13. El autor está decepcionado porque la esposa no reconoce que él maneja mejor que ella.
14. Al final del artículo el autor se siente feliz porque comprende que la esposa se preocupa por él.

D. *Seleccione la palabra de la columna A que más se asocie a la de la columna B.*

A	B
1. tarea	*a.* conductor
2. pifia	*b.* contento
3. frenazo	*c.* doblar
4. manejar	*d.* error
5. automóvil	*e.* conducir
6. esposo	*f.* coche
7. girar	*g.* frenar fuerte
8. chófer	*h.* marido
9. feliz	*i.* matemáticas

F. *Composición controlada.*

1. Describa Ud. un accidente de automóvil que Ud. haya visto.
2. Cuente cómo Ud. aprendió a manejar.

CAPÍTULO 12

La pintura

En su historia, los españoles han gozado de grandes pintores como Velázquez, Murillo y Goya. En el siglo XX los hispanoamericanos también han llegado a producir pintores de fama internacional. No hay duda que es en el campo artístico de la pintura que el genio español se revela con mayor brillantez.

GOYA EN LOS ESTADOS UNIDOS

VOCABULARIO ACTIVO

SUSTANTIVOS

el bicentenario bicentennial
el cazador hunter
la cima peak
el cuadro painting
la fuerza force
la lámina engraving
el pensador thinker
el personaje character
la pintura painting
el renacimiento renaissance
la tez complexion

VERBOS

demostrar to show
retratar to portray

ADJETIVOS

culto cultured
fecundo fruitful, productive
notable remarkable, noteworthy
parado standing
rojizo reddish

Cuadro de Goya que retrata° el rejoneador° Mariano Ceballos durante una corrida de toros de la época.   pictures / bullfighter

La Galería Nacional de Washington, D.C. tuvo una excelente exposición conmemorando el bicentenario de la independencia de los Estados Unidos. Numerosos países enviaron obras de arte para ayudar en la celebración.

En homenaje° a los Estados Unidos, el gobierno español mandó obras de uno de los más famosos pintores españoles, Francisco Goya. En 1776 este pintor alcanzaba ya la madurez y empezaba a hacerse notar entre los pintores jóvenes de aquella época.   homage

En los años siguientes a 1776, Goya retrató° a muchísimos personajes importantes en la vida española. Y hoy día podemos apreciar sus reacciones, brillantemente expresadas en tantas obras inmortales que retrataron fielmente a sus contemporáneos.   he portrayed

Entre los cuadros que vinieron a América, estaba el retrato de Carlos III, cuya política facilitó la independencia norteamericana. El rey aparece vestido de cazador,° con la tez° de su rostro° rojiza y su perro blanco a sus pies. Es una obra juvenil de Goya y se puede apreciar la influencia de Velázquez en ella. Junto a este retrato de su primera etapa, hay uno de Gaspar Melchor de Jovellanos, el político y pensador que llegó a ser Ministro, protector y amigo de Goya.   hunter / complexion / face

Jovellanos fue el mayor de los ilustrados[1] españoles y en el cuadro se encuentra sentado a su escritorio,° en una pose elegante   desk

[1]Members of a philosophical and literary movement of the eighteenth century.

y melancólica. Jovellanos tuvo una de las mentes más privilegiadas de la España del XVIII y coincidía en muchos puntos con la manera de pensar de los padres de la patria° norteamericana.   fatherland

Otro momento de la fecunda vida del pintor se ve en *El coloso*. Lo pintó Goya después 'de haber empezado la guerra de los españoles contra las fuerzas invasoras de Napoleón. En este periodo comenzó la destrucción del renacimiento iniciado por los años de buen gobierno de Fernando VI y Carlos III.

El coloso es el espíritu de España que se alza° contra el invasor.   **se alza** it rises up in arms
El horror de la guerra fue para Goya crisis espiritual profunda, y está en este cuadro genialmente expresado. Años después Goya producirá una serie de láminas° denominadas *Los desastres*, que son   engravings
las más variadas cimas° de horror, crueldades, y condenaciones.   peaks

Estas y otras pinturas que demuestran el genio español de Goya fueron muy bien recibidas por el público estadounidense. Y como siempre, las más populares fueron *La maja desnuda*° y *La pradera*° de   **maja desnuda** naked belle /
San Isidro, notables en su calidad y belleza.   prairie

Adaptado de *Mundo hispánico*

Ejercicios

A. *Preguntas sobre la lectura.*

1. ¿Dónde hubo una excelente exposición de pintura?
2. ¿Qué se celebraba en los Estados Unidos?
3. ¿Qué mandó España?
4. ¿A quiénes pintaba Goya después de 1776?
5. ¿Cómo es el cuadro de Carlos III?
6. ¿Qué pintor influyó en Goya durante su etapa juvenil?
7. ¿Quién fue Gaspar Melchor de Jovellanos?
8. ¿Cómo aparece Jovellanos en el cuadro?
9. ¿Cuándo pintó Goya *El coloso?*
10. ¿Qué representa *El coloso?*
11. ¿Cuáles fueron las dos pinturas más populares en la exposición?

B. *Preguntas para discutir en clase.*

1. ¿Qué piensa Ud. de las pinturas de Goya?
2. ¿Ha estado Ud. en la Galería Nacional de Washington? Descríbala.
3. ¿Qué otros pintores españoles conoce Ud.?
4. Comente sobre una clase de arte que haya tomado.
5. ¿Qué prefiere Ud., la pintura o la escultura? ¿Por qué?

C. *¿Son verdaderas o falsas las siguientes oraciones?*

1. Los Estados Unidos celebró su bicentenario en 1977.
2. Los españoles enviaron obras de Velázquez a la Galería Nacional.
3. Carlos III fue un rey francés.
4. Jovellanos fue muy amigo de Goya.
5. *Los desastres* son láminas sobre la naturaleza.
6. Napoleón nunca invadió a España.
7. El público americano apreció la exposición de Goya.

D. *Seleccione la palabra de la columna A que sea un antónimo de una palabra de la columna B.*

A	B
1. numeroso	*a.* viejo
2. enviar	*b.* muerte
3. empezar	*c.* opaco
4. joven	*d.* recibir
5. vida	*e.* última
6. brillante	*f.* poco
7. hombre	*g.* apolítico
8. primera	*h.* parado
9. político	*i.* terminar
10. sentado	*j.* mujer

E. *Composición controlada.*

Aplicando el vocabulario aprendido en la lectura, escriba sobre el siguiente tema: "El bicentenario fue una gran celebración en los Estados Unidos."

PLAN DE TRABAJO

Presentación: Explique, "España contribuyó al bicentenario llevando . . ."

Desarrollo: Hable sobre, "Las pinturas de Goya . . ."

Conclusión: Escriba sobre la importancia del arte para una persona que se considera culta.

CUATRO MURALISTAS MEXICANOS

VOCABULARIO ACTIVO

SUSTANTIVOS

la agitación   unrest
la caída   fall
la meta   goal
la pared   wall
el resurgimiento   revival
la vista   view
el yeso   plaster

VERBOS

alegarse   to argue
influir   to influence
servirse de   to make use of

ADJETIVOS

autóctono   indigenous
húmedo   wet, moist

EXPRESIONES

dar a conocer   to make known
punto de vista   point of view

Las obras de arte creadas por Diego Rivera, José Clemente Orozco, David Alfaro Siqueiros y Rufino Tamayo, representan una auténtica Edad de Oro en la pintura de México. El arte de "los cuatro," constituye la suprema expresión plástica° de este siglo.   °molding art

Desde un punto de vista histórico, puede alegarse° que las revoluciones políticas y los cambios en la estructura social de un país infunden° en los artistas del momento la necesidad de expresarlos. En México, por ejemplo, este espíritu se despertó con la revolución que derrocó° al dictador Porfirio Díaz en 1910. Este general había gobernado con mano de hierro° por más de 30 años. Los reformadores sociales como Venustiano Carranza, Pancho Villa y Emiliano Zapata continuaron la revolución contra el sucesor del depuesto tirano. Una serie de alzamientos° dirigidos por líderes incapaces mantuvieron al país en continua agitación hasta 1934, fecha en que Lázaro Cárdenas ocupó la presidencia y se adoptaron las primeras medidas reformistas que tanto se necesitaban.   °to argue; to assert   °they instill   °it overthrew   °iron   °uprisings

Con la caída° de Díaz, el arte autóctono° mexicano que hasta esa fecha había sido ignorado, surge como producto principal del resurgimiento° artístico. Muchos pintores empiezan a manifestar la renovación de la dignidad, las esperanzas del ser humano y el dolor que sufrieron ante la injusticia. Los artistas expresaban estos mensajes por medio de pinturas y murales gigantescos, y de esta manera dieron a conocer al mundo el genio creador de México.   °fall / indigenous   °resurgence, revival

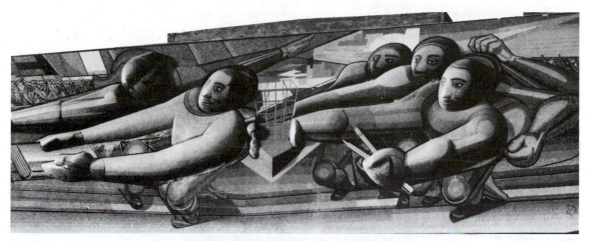

Original mural de la Universidad de México, obra del gran pintor David Alfaro Siqueiros.

Los murales y cuadros de Diego Rivera son hoy conocidos en todo el mundo. Su estilo y los temas de sus obras son fácilmente identificables. Los historiadores de arte describen como ''majestuosa y sensual'' su manera peculiar de representar la revolución social de su país, que pone de manifiesto las injusticias del momento. Su obra tiene gran valor documental para el conocimiento de la revolución que él defendiera tenazmente, y su nacionalismo contribuyó a revindicar la gran tradición artística de su patria.

Rivera, Siqueiros, Orozco y Tamayo compartieron la pasión por la justicia social y sintieron que la mejor forma de expresar estos sentimientos era a través de la pintura mural. Revivieron la pintura al fresco, método muy usado por los artistas renacentistas, y que consistía en pintar directamente sobre el yeso° húmedo; de este modo, la pintura ya formaba una parte permanente de la construcción.

plaster

Lo llamaron ''arte del pueblo,'' y pintaron sus obras heroicas en las paredes de los edificios públicos, para que de esa manera estuvieran a la vista del más humilde ciudadano.

Uno de los mejores ejemplos de este arte monumental es la serie de 124 frescos pintados por Diego Rivera en 1923, en las paredes y corredores de la Secretaría de Educación Pública, en Ciudad México. Los paneles muestran escenas del folklore y la vida de los mexicanos. Este trabajo contibuyó a la fama del artista y al reconocimiento de que había surgido una nueva escuela de arte nativa al país.

La obra de Rivera también se puede apreciar en los Estados Unidos, país que visitó durante la década de 1930 a 1940. Pintó frescos en Nueva York, San Francisco y Detroit. En los murales del

Mural del gran pintor Diego Rivera, que ocupa una pared del Palacio Nacional de Ciudad de México. Se titula "La Guerra de la independencia mexicana."

Instituto del Arte de Detroit trata el tema de una ciudad industrializada. Los frescos fueron financiados por Edsel Ford, y representan el espíritu humano y el dominio° de éste sobre el mundo mecanizado.   *mastery*

    Rivera nació en 1886 en Guanajuato. Estudió en la Academia de Bellas Artes° de San Carlos. Por más de diez años trabajó y viajó extensamente por Europa, incluyendo Rusia. Fue activista político, y sus lazos° con el partido Comunista fueron objeto de muchas críticas hasta su muerte en 1957.   **Bellas Artes** *Fine Arts*   *(political) ties*

    David Alfaro Siqueiros también estudió en la Academia de San Carlos. De los cuatro pintores fue el más activo políticamente, y sus obras fueron las que con más dramatismo criticaron a la sociedad. Siqueiros estuvo íntimamente comprometido con los revolucionarios y sufrió prisión por sus ideas políticas. Su meta principal era crear un arte del pueblo y para el pueblo.

    Entre 1919 y 1921 sirvió como diplomático de la legación mexicana en París. Al igual que Rivera, viajó por Europa y visitó Rusia. En los años veinte viajó a los Estados Unidos y enseñó por un corto tiempo en la Escuela de Arte Chouinard, de Los Ángeles. Sus obras son famosas por el uso agresivo del color y su dramático enjuiciamiento° de la sociedad. Sus pinturas expresan la continua lucha de los pobres y los infortunados del mundo. Entre sus trabajos más importantes están los murales del Instituto Nacional de Bellas Artes. Uno de sus más recientes murales, y tal vez uno de los más grandes del mundo, se titula *La marcha de la humanidad*. El mural

alcanza un tamaño mayor de 4,650 metros cuadrados,° y está en el   square
Polyforum Cultural Siqueiros de Ciudad México. Siqueiros nació en
1898 en Chihuahua y murió en 1974.

José Clemente Orozco tuvo una vida más privada que los otros
artistas. Aunque compartió la ideología de sus contemporáneos, no
fue tan activo en los movimientos políticos de su tiempo. Su obra
refleja una personalidad más independiente en permanente desa-
fío° individual. Nació en 1883 y de joven asistió a la Escuela de   challenge
Agricultura de México, pero nunca trabajó en el campo. En cam-
bio,° se unió a Rivera y a Siqueiros en la Academia San Carlos.   **En cambio**   On the other hand

Orozco también viajó y estudió en Europa, y fue un hombre
profundamente humanístico. En sus expresivas pinturas muestra
la angustia a que puede verse forzado el hombre para poder perdurar.° Algunas de sus obras más importantes están en Guadalajara,   to endure
en el Palacio de Gobierno y otros edificios públicos. Mientras viaja-
ba por los Estados Unidos pintó murales en varias instituciones: la
Nueva Escuela de Investigación Social de Nueva York, Dartmouth
College y Pomona College.

Orozco murió en 1949, pero no antes de escribir su autobiografía, la emocionante vida de un artista mexicano durante una época
de tribulaciones en la historia de este país.

Rufino Tamayo nació en 1899, y aunque unido en ideología a
los anteriores, fue el menos comprometido en política. Sus concep-
ciones son muy personales y se sirve del estilo simbolista como
vehículo de expresión. Logra transmitir una gran emoción, y alcanza un alto efecto dramático con la deliberada distorsión de sus
imágenes. Los murales del Palacio de Bellas Artes son un buen
ejemplo de su técnica. También pintó en los Estados Unidos, y
unos de sus mejores murales se puede ver en Smith College.

Al igual que los otros tres muralistas, Tamayo viajó por Europa
y allí visitó a Picasso, quien influiría mucho en su obra.

Estos cuatro artistas no sólo han puesto a México al frente de la
pintura mundial, sino que con sus grandes murales le han ofrecido
a su pueblo un constante y revitalizador ejemplo.

Ejercicios

A. *Preguntas sobre la lectura.*

1. ¿Cuáles son los cuatro pintores mexicanos más famosos de
   este siglo?
2. ¿Qué puede alegarse desde un punto de vista histórico?
3. ¿Cuánto tiempo gobernó el general Porfirio Díaz?
4. ¿Hasta qué año hubo gran agitación política en México?
5. Después de la caída del dictador Díaz, ¿qué empiezan a
   manifestar los pintores en sus obras?

6. ¿Es difícil de identificar el estilo de Diego Rivera?
7. ¿Qué comparten estos cuatro pintores famosos?
8. ¿Quiénes habían usado la pintura al fresco anteriormente?
9. ¿Por qué llamaron a sus obras "arte del pueblo"?
10. ¿Dónde están los frescos más famosos de Rivera?
11. ¿Con qué partido político simpatizaba Rivera?
12. ¿Quién sufrió prisión por sus ideas políticas?
13. ¿Qué expresan las pinturas de Siqueiros?
14. ¿En qué año nació Orozco?
15. ¿En qué partes de los Estados Unidos ha pintado murales Orozco?
16. ¿De qué estilo se sirve Rufino Tamayo?
17. ¿Qué pintor famoso influyó en Tamayo?

B. *Preguntas para discutir en clase.*

1. ¿Prefiere Ud. la pintura en cuadros o la pintura de frescos? ¿Por qué?
2. ¿En qué sentido los problemas sociales de un país influyen en el arte?
3. ¿Hay en los Estados Unidos "arte del pueblo"? Explique.

C. *¿Son verdaderas o falsas las siguientes oraciones?*

1. Porfirio Díaz fue un gran demócrata.
2. Después de 1910, México tuvo estabilidad política.
3. A través de la historia de México, el arte autóctono ha sido apreciado.
4. Cuando se pinta al fresco, se pinta directamente sobre el yeso húmedo.
5. Las obras de estos muralistas son conocidas como "arte del pueblo."
6. Rivera pintó en Detroit murales sobre la vida mexicana.
7. Rivera nunca salió de México.
8. José Clemente Orozco fue diplomático.
9. Siqueiros se sirve del estilo simbolista como vehículo de expresión.
10. Picasso influyó mucho en el estilo de Tamayo.
11. Los mexicanos están orgullosos de estos cuatro muralistas.

EL GRAN PICASSO

SUSTANTIVOS

el cambio change
el campesino peasant
el cerebro brain
el comienzo beginning
el elogio praise
el lecho bed

VERBOS

adular to flatter
apoderarse to take possesion
arrebatar to snatch away

enfermarse to get sick
sacar to take out
subir to go up, climb

ADJETIVOS

afortunado lucky
capaz capable

EXPRESIONES

a su antojo at his whim
casi sin almost without

El malagueño° Pablo Ruiz Picasso (1881–1973) es el pintor español que más fama tiene. Aunque vivió la mayor parte de su vida en Francia, los españoles viven orgullosos de su obra.   person from Málaga, Spain

El 8 de abril de 1973, en una villa de la Riviera francesa, un anciano° de 91 años no pudo levantarse de su lecho.° Casi sin sufrimientos— apenas 10 minutos de agonía—, murió antes de que llegara el médico. Y la noticia sorprendió al mundo, como un trueno° en cielo despejado:° había muerto Pablo Picasso, el más grande pintor del siglo XX.   old man / bed / thunder / clear

Millones de seres de todas las razas que nunca vieron una obra del pintor, supieron sin embargo a quién se estaba llorando, por quién doblaban° las campanas.° "Al comienzo de los años 70—dijo la revista *Time*—Picasso se había transformado en el artista más famoso que jamás vivió: más personas habían oído hablar de él que aquéllas que oyeron hablar de Miguel Ángel o de Cézanne mientras Miguel Ángel y Cézanne estuvieron con vida."   they tolled / bells

Peculiaridades de la era de comunicación de masas: nuestra época se ha acostumbrado a reverenciar aun a aquellos creadores a quienes el hombre común no puede entender.

"Guernica," una de las pinturas más famosas de Picasso, fue hecha en protesta del bombardeo que sufrió el pueblo de Guernica al ser atacado por las fuerzas de Franco. Se encuentra en el Museo del Prado en Madrid.

Parte de la grandeza de Picasso reside en el valor económico de su obra. Un museo norteamericano pagó más de un millón de dólares por un cuadro suyo que pintó en 1910, y Picasso dejó unos veinte mil cuadros que, entre propios° y de otros famosos pintores, él poseía al momento de morir. Por eso, cuando se conoció la noticia de su muerte, todas las obras del pintor subieron de precio entre un 20 y un 50 por ciento.

Pero aun entre los afortunados propietarios° de un auténtico Picasso, hay pocos capaces de explicar el significado de su obra. ¿Qué es exactamente aquello, allá arriba, a la izquierda? ¿Una cabeza de caballo muerto, una estatuilla° de porcelana china° o el reflejo° del sol en el ojo derecho de una niña virgen? Y hablando de ojos: ¿Qué son esos ojos deformados que parecen caer del cielo?

El cambio que ha ocurrido dentro del arte tiene sus raíces° en la Revolución Francesa. A fines del siglo XVIII, la Revolución arrebató° a la aristocracia y al clero° el monopolio del arte y de la ciencia. La burguesía se apoderó° de la ciencia para extraer de ella tecnología, industria y riqueza, y también del arte, para embellecer° su nuevo papel en la sociedad.

Durante el siglo XIX, el arte en general alcanzó una popularidad nunca vista. Al democratizar la situación, la Revolución Francesa produjo un arte para ser entendido por todos. Cuando el campe-

° his own paintings

° owners

° small statue / Chinese / reflection

° roots

° it snatched away / clergy
se apoderó it took possession
° to beautify

Guernica by Pablo Picasso (1937, May–early June). Oil on canvas, 11' 5½" × 25' 5¾". Courtesy of Vaga.

sino° más ignorante viera por primera vez un cuadro, debía poder creer que se trataba de una ventana. El tema del arte era la vida del hombre, el paisaje,° las emociones y los sufrimientos. El mayor elogio° que se podía decir de una obra° de arte era: "Es como la vida misma."

peasant

landscape
praise / work

El cambio vino en el siglo XX, cuando los artistas se preguntaron: Si el arte es como la vida misma, ¿para qué hacer arte? ¿No es suficiente vivir? También influyó mucho el nacimiento de un mercado internacional de cuadros que se rige° por los mismos principios que gobiernan la Bolsa de Valores° de Nueva York o el Mercado de Oro° de Londres. Los grandes financieros descubrieron que las pinturas eran una magnífica inversión. Desde ese momento las obras de arte empezaron a cotizarse° al igual que otros artículos de comercio.

se rige it is ruled
Bolsa de Valores Stock Market
Mercado de Oro Gold Market

to be quoted in price

Quienes han comprado un Picasso casi nunca han estado guiados por la emoción o el placer. Los compradores han sido instituciones, museos, comerciantes en arte, grandes empresas° o multimillonarios.

Those who

companies

En la Edad Media, los pintores trabajaron para la Iglesia; durante el Renacimiento, para los poderosos señores que querían decorar sus palacios; y en la época de la revolución industrial, para educar, pulir,° glorificar y entretener° a una burguesía que se estaba haciendo dueña del mundo.

to polish / to amuse

En nuestro siglo, los pintores se dieron cuenta que el contenido de la obra es menos importante que su valor monetario. Los artistas aprovecharon° esta nueva libertad, y Picasso fue uno de los primeros en usarla a su antojo.° En 1907, cuando apenas tenía 26 años, Picasso pintó en Paris *Les Demoiselles d'Avignon*, y ese día quedó oficialmente inventado el cubismo.

they took advantage of
fancy, whim

Los nuevos pintores ya no tenían que adular° a la gente, no se veían obligados a retratar las emociones de los que les rodeaban. Ahora pintaban las ideas que surgían° en sus mentes, abrían una ventana al cerebro del artista.

to flatter

they came out

La grandeza de Picasso probablemente está en que nunca pudo librarse° de los problemas de la humanidad, y el mejor ejemplo de su obra es su mural *Guernica*, famosa pintura en que describe los excesos del fascismo.

to free himself

Pablo Picasso, más que por su testimonio de pintor, fue grande por lo que hizo de sí mismo: uno de los héroes más románticos de un siglo sin héroes ni romanticismo.

Adaptado de Contenido

Ejercicios

A. *Preguntas sobre la lectura.*

1. ¿Cuándo y dónde murió Pablo Picasso?
2. ¿Fue rápida su muerte?
3. ¿Qué dijo la revista *Time* sobre la fama de Picasso?
4. ¿Entiende el hombre común a los grandes creadores modernos?
5. ¿En qué reside parte de la grandeza de Picasso?
6. ¿En cuánto aumentó el valor de las obras de Picasso cuando se supo que murió?
7. ¿Pueden muchas personas explicar el significado de la obra de Picasso?
8. ¿Dónde tiene sus raíces el cambio que ha ocurrido dentro del arte?
9. ¿Qué pasó a fines del siglo XVIII?
10. ¿Qué tipo de arte produjo la Revolución Francesa?
11. ¿Qué se preguntaron los artistas en el siglo XX?
12. ¿Qué descubrieron los grandes financieros?
13. ¿Quiénes compran un Picasso?
14. ¿Para quién trabajaban los pintores en la Edad Media?
15. ¿Para quiénes trabajaban durante el Renacimiento?
16. ¿De qué se dieron cuenta los pintores en el siglo XX?
17. ¿Qué hizo Picasso en 1907?
18. ¿Qué no tienen que hacer los nuevos pintores?
19. ¿Qué describe *Guernica?*

B. *Preguntas para discutir en clase.*

1. ¿Le gustan a Ud. las pinturas de Picasso? ¿Por qué?
2. ¿Qué tipo de pintura prefiere Ud.?
3. ¿Tiene su universidad un museo de arte? Si lo ha visitado, comente sobre la visita.
4. Hable sobre un amigo o familiar que sea pintor.
5. ¿Le gusta a Ud. el arte como "arte" o como inversión económica? ¿Por qué?
6. ¿Cuál es el cuadro que más le ha gustado? Explique su respuesta.

C. *Llene los espacios en blanco con las formas apropiadas de las palabras en paréntesis. Haga todos los cambios gramaticales necesarios.*

1. (creador) Hay muchos _____ que el hombre común no puede entender.
2. (grande) Parte de la _____ de Picasso reside en el valor económico de sus obras.

3. (cien) Cuando murió, sus obras subieron de precio un cincuenta por _____ .

4. (capaz) Hay pocos _____ de explicar su obra.

5. (raíz) El cambio tiene sus _____ en la Revolución Francesa.

6. (burgués) La _____ se apoderó de la ciencia.

7. (guiar) Nunca han estado _____ por la emoción o el placer.

8. (poder) En el Renacimiento, un pintor usualmente trabajaba para un señor _____ .

D. *Escoja la palabra que mejor complete la oración de acuerdo con la lectura.*

1. Al _____ Picasso muchas personas lloraron.
   a. vivir   *b.* enfermarse   *c.* morir

2. Ha sido el pintor más _____ que ha vivido.
   a. alto   *b.* famoso   *c.* simpático

3. Se ha llegado a _____ más de un millón de dólares por un cuadro suyo.
   a. comprar   *b.* valor   *c.* pagar

4. En el siglo XIX, el arte se hizo muy _____ .
   a. famoso   *b.* conocido   *c.* popular

5. En la época de la revolución industrial, los artistas trabajaban para _____ .
   a. ganar dinero   *b.* educar   *c.* pasar el tiempo

6. Picasso fue uno de los primeros en usar el arte a su _____ .
   a. antojo   *b.* familia   *c.* pintura

7. Los nuevos pintores abren una ventana al _____ .
   a. cerebro   *b.* horizonte   *c.* arte

E. *Seleccione Ud. la palabra de la columna A que más se asocie a la de la columna B.*

A	B
1. seres	*a.* inventar
2. nunca	*b.* pintura
3. crear	*c.* fortuna
4. cuadro	*d.* jamás
5. suerte	*e.* control
6. obra	*f.* sacar
7. monopolio	*g.* sencillo
8. simple	*h.* personas
9. extraer	*i.* trabajo

Pepiño y el arte abstracto

VOCABULARIO ACTIVO

SUSTANTIVOS

las amígdalas tonsils
la brocha painter's brush
el desván attic
el dibujante draftsman
el farol lantern
la gárgara gargling
el guiño wink
el léxico vocabulary
el lienzo canvas
la miel honey
los modales manners
la moza young woman
la mueca grimace
el nacimiento birth
la nobleza nobility
el pincel brush
la servilleta napkin
el trozo piece
la viuda widow

VERBOS

recetar to prescribe
reunirse to get together

ADJETIVOS

espantado horrified
flamante bright
grato pleasant
reluciente shining

EXPRESIONES

frases de altura high-sounding phrases
mujer de planta bravía a tough-looking woman
sin pelos en la lengua with a sharp tongue
último grito de la moda latest fashion

En el siguiente cuento humorístico° podemos apreciar una crítica sutil° a la pintura contemporánea. Pepiño, el héroe de la historia, es incapaz° de pintar un cuadro° realista.

amusing; funny / **crítica sutil** subtle criticism
incapable, unable
painting

Pepiño estaba operado de las amígdalas° y como no podía hablar, se entretenía leyendo o dibujando. Una tarde fue a visitarlo el barbero del pueblo, gran amigo de la familia y según decían los entendidos,° hombre de grandes conocimientos pictóricos en eso del arte abstracto.

tonsils

well-informed persons

A la par° que comentaba las noticias locales e internacionales, miraba con gesto distraído los dibujos que Pepiño había hecho. De pronto lanzó una fuerte exclamación.[1] Apoyó la mano izquierda en el hombro° de Pepiño y sosteniendo en la derecha uno de los dibujos dijo con voz trémula° y solemne: "¡Pepiño, tienes un tesoro

A la par At the same time

shoulder
quivering

---

[1]**De . . . exclamación.**   Suddenly he exclaimed out loud.

Una joven estudiante pinta un cuadro.

en tus manos!'' Pepiño miró sorprendido sus manos encallecidas por el arado,² luego miró al barbero que se marchó dejándolo sumido° en un mar de confusiones.

    Al día siguiente volvió el barbero acompañado de don Benito el médico, quien después de mirar la garganta° del enfermo y recetarle° unas gárgaras de limón y miel, se sentó en la mecedora° y sin decir palabra el barbero le alargó° el dibujo de Pepiño que tanto le había emocionado.

    Don Benito, acariciándose la barbilla° después de meditar un poco, hizo el diagnóstico: estaban presenciando el nacimiento° de un genio y había que tomar cartas en el asunto.°

    A la mañana siguiente corrió la noticia por el pueblo como un reguero de pólvora.° Pepiño, una vez recuperado, ya no volvió con sus viejos amigos, ni siquiera para jugar su partida de ''julepe.''° Andaba muy ocupado preparando lienzos,° que iba acumulando en un desván,° cuidadosamente cubiertos con trozos° de sábanas° viejas.

    Las fuerzas vivas° de la ciudad celebraron en el Ayuntamiento° sesión extraordinaria y decidieron organizar una suscripción popular para enviar a Pepiño a la capital a que se perfeccionase con un conocido maestro.° La banda municipal empezó a organizar un

	immersed
	throat
	prescribing him / swing
le alargó he extended to him	
	point of the chin
	birth
tomar . . . asunto to take action	
como . . . pólvora like wildfire	
	Spanish card game
	canvases
	attic / pieces / sheets
fuerzas vivas merchants / City Hall	
	master

---

²**miró . . . arado**   he looked surprised at his hands, callused from plowing

selecto repertorio para recibir a Pepiño cuando volviese de la capital cubierto de gloria.

Pasó el tiempo y pasó el tiempo y Pepiño volvió. La ciudad estaba engalanada° para tan magno acontecimiento.° El barbero, que siempre era el de ideas más avanzadas, había sugerido adornar la estación de trenes con farolillos° japoneses—nadie ignoraba que don Anselmo, el de la papelería° en la Plaza, había comprado una gran cantidad en liquidación° cuando estuvo en la cura de aguas° cerca de Barcelona. [dressed up / event] [lanterns] [stationery store] [**en liquidación** on sale / **cura de aguas** health spa]

Aunque era martes, todos los ciudadanos se pusieron el traje de los domingos y fueron a la estación a esperarlo. Cuando llegó el tren y apareció Pepiño en la escalerilla,° igual que en *Fuenteovejuna*,° todos a una lanzaron un, "¡Ahhhhhh!," de sorpresa y admiración. Aquél no era el conocido Pepiño. Éste era todo un señor don Pepe, vestido con un flamante corbata° y un traje último grito de la moda, zapatos de charol relucientes y un elegante bastón.[3] [steps] [famous Spanish play] [**flamante corbata** bright tie]

La banda municipal empezó a lanzar sonoras notas al aire. Pepiño saludó a la presidencia que estaba formada por el Alcalde, don Benito, el Jefe de Policía y por último el barbero, que nadie sabía por qué tenía vara alta° en todas partes. [**vara alta** so much pull]

Pepiño instaló su estudio en un ático° alegre y confortable y siguió pintando. Dinero no le faltaba, ya que en la capital había vendido muchas de sus pinturas a cultísimas° señoras y distinguidos caballeros. Además, el Casino, el Ayuntamiento y otras entidades también le habían hecho varios encargos.° [attic] [very cultured] [orders]

En su tiempo libre satisfacía su afán de seguir superándose[4] y con la ayuda de un diccionario aprendía cada día nuevo léxico que le permitía expresarse con frases de altura.° Los amigos que no entendían ni jota de lo que hablaba, apuntaban con disimulo[5] la palabra desconocida° en un papelito y se iban a casa a averiguar° el significado.° Ni que decir se tiene que en la librería° de don Anselmo se vendieron todos los diccionarios que habían permanecido largo tiempo apolillados° en el sótano.° No podía negarse que con la vuelta de Pepiño el nivel cultural del pueblo se había elevado notablemente. [**de altura** high-sounding] [unknown / to find out] [meaning / bookstore] [moth-eaten / basement]

Los concejales del Ayuntamiento° pensaron en la conveniencia de que un personaje de tal prestigio debía casarse. En la mente de todos surgió el nombre de Susana, la que enseñaba el catecismo en la Parroquia, y una pequeña comisión fue a comunicar a la joven [**Los . . . Ayuntamiento** the city council members]

---

[3]**un traje . . . bastón.** a suit of the latest fashion, shining patent leather shoes and an elegant cane.

[4]**afán . . . superándose** eagerness to continue to improve himself

[5]**que . . . disimulo** who did not understand a word he was saying, would surreptitiously write down

tan grata nueva.° Sin embargo, cuando Pepiño vio a Susana por primera vez, hizo una mueca con la comisura derecha, un guiño nervioso agitó su párpado izquierdo, dio media vuelta y sin mediar palabra, se marchó[6] en medio de un impresionante silencio. Los de la comisión al principio juzgaron mal sus modales,° pero luego razonaron que todos los super-dotados° tenían sus rarezas y extravagancias.

Así estaban las cosas, hasta que un día apareció Rafaela . . . ¿Y, quién era Rafaela? Pues la viuda° de un sargento de infantería que con su pensión y unos ahorros° había establecido una pequeña mercería° en el pueblo.

Mujer de planta bravía, sin pelos en la lengua para el caso de tener que decir cuatro verdades al más pintado,[7] un día discutía acaloradamente° en la puerta con un cliente que pretendía haberle dado un billete de a diez° mientras ella aseguraba que era de a cinco, y precisamente cuando las voces subían más de tono y los improperios volaban, acertó a pasar Pepiño.[8]

Él, que odiaba cualquier cosa que alterase el orden y las buenas maneras, se paró frente a Rafaela y la miró con desprecio de arriba abajo.[9] Pero ¡hay! aquello fue su perdición.° El gesto torcido° de Pepiño fue suavizándose poquito a poco, a medida que iba pasándole revista a Rafaela,[10] hasta convertirse en franca admiración. "¡Pardiez!," exclamó para su capote.[11] Realmente la chica no era ordinaria° . . . lo que era . . . lo que era . . . es como suele decirse . . . ¡Una mujer con temperamento!

En aquel momento cesó la discusión y Pepiño, despertando de su letargo° admirativo, siguió su camino. Al día siguiente no tenía que pasar por allí, pero volvió sólo por curiosidad. Rafaela estaba dentro de la tienda y no pudo verla.

Al día siguiente ocurrió lo mismo. Pepiño sólo por curiosidad quiso ver qué pasaba y decidió entrar a comprar unas cosillas.° Se dirigió muy seguro hacia la tienda, pero según iba acercándose iba en aumento su nerviosismo. Se dijo que era absurdo y siguió adelante.°

grata nueva	pleasant news
	manners
	super-gifted
	widow
	savings
	notions store
	heatedly
un . . . diez	a ten (pesetas) bill
	downfall / twisted
	coarse
	stupor
	little things
siguió adelante	he kept on going

---

[6]**hizo . . . marchó**   he made a grimace with the right side of his mouth, a nervous wink shook his left eyelid, he turned around, and without saying a word he left

[7]**Mujer . . . pintado**   A tough-looking woman with a sharp tongue ready to tell it like it is to anyone

[8]**subían . . . Pepiño.**   became louder and insults started to fly. Pepiño happened to pass by.

[9]**la . . . abajo**   he looked at her with contempt from head to toe

[10]**a . . . Rafaela**   as he took a close look at Rafaela

[11]**Pardiez . . . capote.**   "My gosh," he said to himself.

Rafaela, subida a una escalera,° colocaba unas cajas° en la estantería.° Pepiño no pudo evitar ver muy de cerca su torneada pantorrilla.° Rafaela bajó de su pedestal y preguntó.

ladder / boxes
shelves
torneada pantorrilla   well-shaped calf

"¿Qué desea el señor?"

"Pues verá, quisiera unas servilletas."°

napkins

(Se le había ocurrido la idea de las servilletas porque su madre siempre se lamentaba que no había suficientes cuando tenían invitados.)

"¿Y a su esposa no le lleva nada?"

"Pues el caso es que esposa no tengo . . ."

"¡Caramba!," exclamó Rafaela con gracia.° "¿Es que están ciegas° las mozas° aquí? ¡Con lo resalado que es usted!"[12]

con gracia   charmingly
blind / young girls

Pepiño espantado° quiso marcharse inmediatamente de allí. ¡Qué descaro!° ¡Qué lenguaje de mujer poco decente! Y pensando escapar, seguía allí clavado contemplando a la pecadora con estupor.[13] Porque la verdad es que Rafaela, con todos sus defectos de acción y dicción, tenía una cara picaresca° preciosa.

horrified
¡Qué descaro!   What nerve!

cara picaresca   mischievous face

Pepiño llegó a casa jadeante° y confuso. Había sido una idea descabellada° ir allí. Olvidaría el incidente. Pero alguien dijo que el corazón tiene sus razones que la razón no comprende. Pepiño no podía vivir con la idea obsesionante de volver a ver a Rafaela.

out of breath
absurd

Al principio se juzgó un hombre perdido por sentir inclinaciones tan perniciosas, luego se consoló cuando en los periódicos leyó los escándalos de personajes de "alcurnia"° que como él habían sucumbido ante los encantos de una plebeya. Decididamente tenía que volver a verla. Preparó un plan que le pareció daría resultado. Le pediría que fuese su modelo para un cuadro. Esto la halagaría° y seguro aceptaba. La vería todos los días y muy cerquita° . . . Esto de cerquita no sabía por qué, pero lo ponía muy nervioso . . .

lineage, high class

it would flatter
muy cerquita   up close

Mandaría al barbero que le hablase. Tenía muchas horas de vuelo y se las sabía todas.[14] Se solucionaron las cosas fácilmente y Rafaela empezó a posar un sábado después de cerrar la tienda, llevando con ella a la chica de los recados.°

chica . . . recados   errand girl

Pepiño empezó a pintar pero . . . ¿qué era aquello? Sólo manchas° salían de sus pinceles.° Pensó que tal vez era el nerviosismo y la emoción. Petra, su asistenta, les puso chocolate y rosquillas de anís,° que eran su especialidad y pasaron la tarde charlando. Pepiño escuchaba embelesado° el parloteo° de Rafaela que según escribió en un verso que luego rompió, se semejaba al canto de los jilgueros.°

stains / brushes

rosquillas de anís   anise doughnuts
enraptured / chatter

linnets (a bird)

---

[12]**Con . . . usted.**   Your being such a handsome man.

[13]**seguía . . . estupor.**   he continued there as if nailed to the floor while gazing at the sinner with amazement.

[14]**Tenía . . . todas.**   He had been around for a long time and was very wise.

Pasó una semana pero el cuadro no avanzaba. Quería pintar su precioso pelo y en el lienzo lo que aparecía era un negro borrón.° Quería pintar el color marfileño° de su piel° y en el lienzo se veía un color amarillo de ictericia.° Quería pintar sus mórbidos° brazos y aquello eran dos masas informes.° Pepiño llegó a la conclusión desesperado que acostumbrado a los abstractos no le era posible copiar la realidad. Aquel descubrimiento era una sorpresa y una tragedia. Había que evitar a toda costa° que esto llegase al conocimiento de los demás. ¿Qué inventaría para salir airoso° de tan delicada situación?

    ¡Lo había decidido! Se convertiría en un enfermo reumático del brazo derecho, y no volvería a pintar. Al saberse la noticia, todo el pueblo se afligió.° Se habló de doctores suecos° y hasta se mencionó una curandera que había tenido muy buenos aciertos.[15] Pero Pepiño dijo que por la dolencia° de su brazo, dejaba definitivamente la pintura, y que como dinero no le faltaba, había decidido poner un negocio.° Se establecería por todo lo alto con una librería.[16] En el pueblo sólo había la de don Anselmo, anticuada y poco surtida.° Mandaría venir un arquitecto y decorador de la capital y haría algo tan grandioso que en muchos kilómetros a la redonda° no se hablaría de otra cosa. Traería los libros más modernos con encuadernaciones doradas,° que siempre eran más bonitas y el día de la inauguración daría un gran *cocktail* (le gustaba esa palabra que debía tener gran significado cuando figuraba en todos los periódicos del Gran Mundo).

    En los días que Rafaela había ido al estudio para posar entre charlar, chocolate y rosquillas, las relaciones amistosas habían llegado a tal punto° que Pepiño, a pesar de todos los sensatos° razonamientos que le dieron, estaba decidido a casarse con ella.

    La boda se celebró muy discretita a las seis de la mañana para no excitar más los ánimos.[17] Viendo los hechos consumados, volvieron a reunirse las fuerzas vivas de la ciudad y decidieron convertir lo que ellos consideraban un fracaso en una victoria. Había que conservar el prestigio y los intereses creados de todos.

    Decidieron pues, no escamotear medios[18] para transformar a Rafaela en la más exquisita y elegante de las señoras. En el periódico de la capital pusieron un anuncio solicitando los servicios de alguna distinguida baronesa cuyo trabajo consistiría en pulir° a Rafaela.

---

blot

ivory / skin

jaundice / soft

shapeless

se afligió became worried / Swedish

ailment

poner un negocio start a business
poco surtida poorly stocked

a la redonda around

encuadernaciones doradas gold bindings

a tal punto such a state / wise

polish

---

[15]**una . . . aciertos.** a quack who had been very successful.
[16]**se . . . librería.** he would set himself up properly in a bookstore.
[17]**para . . . ánimos.** in order not to get everybody riled up.
[18]**no . . . medios** not to spare any means

Pasó un año, y como habían previsto,° Rafaela se convirtió en una gran dama.° Pepiño, feliz con su modernísima librería, pasaba de vez en cuando pequeños apuros[19] cuando olvidaba su reumatismo. Y todos fueron felices en la pequeña ciudad donde todo empezó con una operación de amígdalas y la visita de un barbero sagaz,° muy entendido° en eso del arte abstracto.

anticipated
lady

sagacious / experienced

Por María Mercedes Ramos de Kinsel

Ejercicios

A. *Preguntas sobre la lectura.*

1. ¿De qué se había operado Pepiño?
2. ¿Quién fue a visitarlo una tarde?
3. ¿Qué le recetó el médico al día siguiente?
4. ¿Cuál fue el diagnóstico de don Benito?
5. ¿Qué no hizo Pepiño después que se recuperó?
6. ¿Qué decidieron hacer las fuerzas vivas de la ciudad?
7. ¿Cómo esperaban que volviese Pepiño de la ciudad?
8. ¿Con qué iban a adornar la estación de trenes?
9. ¿Cómo regresó vestido Pepiño?
10. ¿Dónde instaló su estudio?
11. ¿Qué aprendía Pepiño cada día con la ayuda de un diccionario?
12. ¿Qué había pasado con la vuelta de Pepiño?
13. ¿En qué pensaron los consejales de la ciudad?
14. ¿Quién era Susana?
15. ¿Quién era Rafaela?
16. ¿Cómo era Rafaela?
17. ¿Qué odiaba Pepiño?
18. Cuando miró bien a Rafaela, ¿en qué se convirtió el gesto de desprecio de Pepiño?
19. ¿Qué excusa usó Pepiño para entrar a la tienda?
20. ¿Cómo piensa Rafaela que es Pepiño?
21. ¿Por qué se sintió un hombre perdido?
22. ¿Qué leyó en los periódicos que lo consoló?
23. ¿Qué decidió hacer para ver a Rafaela?
24. ¿Qué le pasó a Pepiño cuando comenzó a pintar a Rafaela?
25. ¿A qué conclusión llegó Pepiño?
26. ¿Qué excusa decidió usar para no pintar más?
27. ¿Qué negocio decidió poner?
28. ¿Cómo fue la boda?
29. ¿Qué dicidieron hacer con Rafaela?
30. ¿En qué se convirtió Rafaela?

---

[19]**pasaba . . . apuros**   he would once in a while get into a difficult situation

B. *¿Son falsas o verdaderas las siguientes oraciones?*

1. El barbero que visitó a Pepiño se suponía que sabía de pintura.
2. Pepiño entendió al barbero cuando éste le dijo que tenía un tesoro en sus manos.
3. Don Benito pensaba que Pepiño no tenía talento para la pintura.
4. Pepiño continuó reuniéndose con sus viejos amigos.
5. Los comerciantes° de la ciudad decidieron enviar a Pepiño a la capital para que aprendiera a pintar mejor.   merchants
6. Don Anselmo sugirió adornar la estación con farolillos japoneses.
7. Pepiño se viste elegantemente cuando regresa de la capital.
8. Hubo música cuando Pepiño regresó de la capital.
9. Pepiño necesitaba dinero cuando volvió de la capital.
10. En la librería de don Anselmo se vendieron muchos diccionarios.
11. Cuando Pepiño vio a Susana, se enamoró de ella.
12. Los miembros de la comisión pensaron que Pepiño tenía malos modales.
13. Rafaela tenía una tienda en la ciudad.
14. Rafaela era una mujer agresiva.
15. Al principio, Pepiño miró a Rafaela con desprecio.
16. Pepiño se sintió fascinado por Rafaela desde la primera vez que la vio.
17. Cuando Rafaela y Pepiño hablaron, ella le preguntó a él por su mamá.
18. Pepiño pensaba que Rafaela tenía una cara picaresca.
19. Pepiño envía al barbero para que le hable a Rafaela.
20. Pepiño pinta a Rafaela sin dificultades.
21. Pepiño dice que tiene reuma para no tener que pintar más.
22. Pepiño se casa con Rafaela por la tarde.
23. Una mujer de la nobleza iba a educar a Rafaela.
24. Cuando a Pepiño se le olvidaba que tenía reuma, usaba el brazo enfermo.
25. El mensaje de este cuento es que el arte abstracto no vale mucho.

C. *Seleccione la palabra de la columna A que más se asocie a la de la columna B.*

A	B
1. precioso	*a.* palabra
2. amígdalas	*b.* dibujante
3. dama	*c.* joven
4. modales	*d.* inteligencia
5. pintor	*e.* bonito
6. moza	*f.* maneras
7. genio	*g.* garganta
8. pincel	*h.* señora
9. voz	*i.* brocha
10. jilguero	*j.* pájaro

D. *Traduzca al español las siguientes oraciones.*

1. We are witnessing the birth of an artist.
2. I looked at my callused hands.
3. When she saw me, she kept on going.
4. I don't understand a word you are saying.
5. We always use napkins when we have guests.
6. She has a mischievous face.
7. We want to come out of this delicate situation looking well.
8. I plan to start a business soon.

CAPÍTULO 13
España

En un libro donde se leen y analizan tantos aspectos de la idiosincrasia hispánica, no se podía omitir un breve bosquejo[1] histórico de la nación española.

En las próximas páginas encontrará Ud. cuatro artículos que pretenden presentar a vuelo de pájaro[2] la evolución histórica de España, fundadora en las Américas de dieciocho naciones que son testigos[3] vivientes de la cultura y la lengua españolas.

[1]un . . . bosquejo brief survey

[2]a . . . pájaro a bird's eye view

[3]testigos witnesses

FORMACION DE UNA NACIÓN

VOCABULARIO ACTIVO

SUSTANTIVOS

los aliados allies
el bastión stronghold
la batalla battle
el califato caliphate
las cuevas caves
el debilitamiento weakening
la época period
la escultura sculpture
la lucha fight
la muralla wall
el poblador settler
el pueblo people
el puente bridge
la prueba evidence
el testigo witness
la torre tower

VERBOS

cruzar to cross

debilitar to weaken
derrocar to overthrow
derrotar to defeat
durar to last
edificar to build
fortalecer to strengthen
sobresalir to stand out
vencer to conquer

ADJETIVOS

ciclópeo gigantic
conquistado conquered
debilitado weak
poderoso powerful

EXPRESIONES

a pesar de in spite of
el arte rupestre cave painting
por completo completely

En la región norte de la Península Ibérica, así como en otras áreas, aún existen pruebas de que la España actual fue uno de los centros más importantes de numerosas civilizaciones primitivas. El arte rupestre,° se ve excelentemente representado en las Cuevas de Altamira, provincia de Santander. Este ejemplo de arte prehistórico se conoce bajo el nombre de "Capilla Sixtina° del arte cuaternario."°

Se sabe que en el siglo XIV antes de Cristo, ya existían pobladores° en la península. Los fenicios° establecieron en el siglo XII A.C. la ciudad de Gádir, hoy día Cádiz. También los historiadores griegos y latinos escriben sobre diferentes pueblos que ocuparon la región. Entre esos pueblos, sobresalieron° los iberos y los celtas, pueblos que se unieron para formar la civilización celtíbera. Manifestaciones del arte ibero, son la Dama de Elche° y las murallas ciclópeas° de Tarragona. La bella escultura de la dama ibérica, se ha logrado preservar magníficamente a pesar de tener más de 2.000 años, y hoy día se encuentra en el Museo Arqueológico Nacional de Madrid.

cave painting

Capilla Sixtina Sistine Chapel / quaternary (a prehistoric period)
settlers / Phoenicians

they stood out

city in the province of Alicante
murallas ciclópeas gigantic walls

Las columnas de la Mezquita de Córdoba son un bello ejemplo de la arquitectura árabe en España.

Los romanos desembarcaron en la península en el año 218 A.C. y conquistaron colonias griegas y cartaginesas. Pero la lucha hacia el interior fue larga y dificultosa, durando hasta el año 19 A.C. Los conquistados° adoptaron las costumbres, lengua, leyes y religión de los conquistadores, y por casi seis siglos los romanos dominaron el territorio peninsular. Numerosas edificaciones romanas aún se encuentran en el país: el acueducto de Segovia que todavía acarrea° agua; el arco triunfal de Bará, cerca de Tarragona; puentes como los de Alcántara y Córdoba; y el teatro de Mérida. Los romanos estaban muy debilitados en el siglo IV después de Cristo, y pueblos guerreros de origen germánico como los alanos, suevos y vándalos, cruzaron los Pirineos. Estos llamados "bárbaros," ocuparon fácilmente los territorios romanos. Finalmente, los visigodos, que habían roto con Roma al caer el imperio romano de occidente en 476, se dirigieron hacia la península. Estos bárbaros se romanizaron y adoptaron el latín como lengua oficial, y la religión católica como la oficial del estado. La grandeza de este imperio sólo duró poco más de dos siglos.

conquered ones

it carries

El pueblo árabe, fuerte y vigoroso, cruzó el Estrecho de Gibraltar en 711, derrotando a Don Rodrigo, el último rey visigodo, en la batalla de Guadalete. Para el año 718, sólo unas pequeñas bandas de cristianos al norte del país lograron repeler el avance musulmán. La dominación árabe duró casi ocho siglos, teniendo una época de gran esplendor. El Califato de Córdoba en los siglos X y XI, fue el centro de la cultura y el saber europeo. Pero las guerras civiles árabes y la reconquista cristiana fueron debilitando al imperio musulmán, que finalmente llegó a ser conquistado por los Reyes Católicos en enero de 1492. La ciudad de Granada fue el último bastión árabe en la península. La influencia musulmana en España se puede aún ver en bellos monumentos: la Mezquita° de Córdoba, la Giralda   mosque
de Sevilla, la Alhambra de Granada y muchas otras construcciones que son testigos silenciosos de la grandeza y el saber de la época.

Ejercicios

A. *Preguntas sobre la lectura.*

1. ¿Dónde se ve representado el arte rupestre?
2. ¿Desde qué época existían pobladores en la península?
3. ¿Qué ciudad establecieron los fenicios?
4. ¿Qué historiadores escribieron sobre los antiguos pobladores de la península?
5. Mencione dos de los principales pueblos en el periodo antes de Cristo.
6. Mencione ejemplos del arte ibérico.
7. ¿Quiénes desembarcaron en 218 A.C.?
8. ¿Cómo fue la conquista?
9. ¿Qué ocurrió con los conquistados?
10. ¿Qué edificaciones romanas aún pueden verse en España?
11. ¿Qué pueblos germánicos invadieron la península?
12. ¿Qué aliados de los romanos establecieron un imperio en España?
13. ¿Qué pueblo derrocó a los germanos?
14. ¿Quién fue Don Rodrigo?
15. ¿En qué batalla desapareció Don Rodrigo?
16. ¿Dónde repelieron los cristianos el avance musulmán?
17. ¿Cuántos años duró la dominación árabe?
18. ¿Cuál fue la época de gran esplendor para los árabes en España?
19. ¿Cuáles fueron las causas del debilitamiento árabe?
20. ¿Qué reyes conquistaron por completo el imperio árabe?
21. ¿Cuál fue el último bastión árabe en España?
22. ¿Dónde se puede ver la influencia musulmana?
23. ¿De qué son testigos estos monumentos?

B. *¿Son verdaderas o falsas las siguientes oraciones?*

1. Las cuevas de Altamira se encuentran en la provincia de Asturias.
2. El arte rupestre está en la Capilla Sixtina.
3. Había pobladores en la Península Ibérica A.C.
4. Los fenicios se establecieron en la costa mediterránea.
5. La ciudad de Cádiz fue fundada por los fenicios.
6. La civilización celtíbera está formada por celtas e iberos.
7. La Dama de Elche es una manifestación del arte celta.
8. La escultura de la Dama de Elche se encuentra en el Museo del Prado.
9. Los romanos llegaron a la península al cruzar los Pirineos.
10. Los griegos derrotaron a los romanos.
11. El acueducto de Segovia todavía funciona.
12. Los romanos eran muy poderosos en el siglo V.
13. Los bárbaros vencieron a Roma.
14. Los visigodos usaron la lengua y la religión de los conquistados.
15. El imperio visigodo duró muchos siglos.
16. Los árabes entraron en la península por la costa mediterránea.
17. Los musulmanes en pocos años conquistaron casi toda la península.
18. El esplendor árabe fue en el siglo IX.
19. Las guerras civiles árabes fortalecieron a los cristianos.
20. La famosa Alhambra se encuentra en la ciudad de Granada.

C. *Escoja la palabra que mejor complete la oración de acuerdo con la lectura.*

1. La España actual fue centro de civilizaciones _____.
   a. viejas *b.* modernas *c.* primitivas
2. La provincia de Santander está en la región _____.
   a. norte *b.* sur *c.* este
3. Los _____ se establecieron en el siglo XII A.C.
   a. cartagineses *b.* romanos *c.* fenicios
4. La ciudad de Gádir se conoce hoy por el nombre de _____.
   a. Salamanca *b.* Cádiz *c.* Córdoba
5. Las murallas ciclópeas se encuentran en _____.
   a. Almería *b.* Torremolinos *c.* Tarragona
6. Los romanos conquistaron las colonias griegas y _____.
   a. cartaginesas *b.* musulmanas *c.* fenicias
7. La lucha hacia el interior fue larga y _____.
   a. fácil *b.* dificultosa *c.* costosa

8. Los romanos dominaron la península por seis _____.
   a. décadas   b. lustros   c. siglos
9. Los bárbaros derrotaron a los _____.
   a. griegos   b. romanos   c. árabes
10. La lengua oficial de los visigodos fue el _____.
    a. español   b. griego   c. latín
11. El pueblo árabe cruzó el Estrecho de _____.
    a. Bering   b. Gibraltar   c. Magallanes
12. El Califato más importante de la península fue el de _____.
    a. Córdoba   b. Granada   c. Valencia
13. Los Reyes Católicos terminaron la reconquista en _____.
    a. 1491   b. 1474   c. 1492
14. El último bastión árabe fue la ciudad de _____.
    a. Jaén   b. Granada   c. Málaga
15. La famosa torre de la Giralda se encuentra en _____.
    a. Granada   b. Toledo   c. Sevilla

D. *Complete las oraciones con los verbos en el pretérito de indicativo.*

1. (Existir) _____ pobladores antes de la época de Cristo.
2. Los historiadores (escribir) _____ sobre esos pueblos.
3. El pueblo celta (unirse) _____ al pueblo ibero.
4. Los romanos (desembarcar) _____ por la costa mediterránea.
5. Roma (dominar) _____ la península por casi seis siglos.
6. El pueblo romano (debilitarse) _____ mucho.
7. Los bárbaros (ocupar) _____ fácilmente le península.
8. Los bárbaros (romanizarse) _____ al pasar los años.
9. La grandeza del imperio visigodo (durar) _____ pocos años.
10. Los árabes (construir) _____ hermosos monumentos.

LA NACIÓN ESPAÑOLA

VOCABULARIO ACTIVO

SUSTANTIVOS

el alzamiento uprising
la corona crown
la derrota defeat
el dominio domain
el estancamiento stagnation
las fuerzas forces
las garras paws
la inquietud restlessness
la miopía nearsightedness
la pérdida loss
el reinado reign
el reino kingdom

VERBOS

agrandar to enlarge
alzarse to rise up in arms
apoderarse to take possession of
desviarse to shift direction
elegir to elect

heredar to inherit
pertenecer to belong
probarse to try out, test
reinar to reign
unirse to unite

ADJETIVOS

actual present
borbónico of the Bourbons
debilucho weak
fratricido fratricidal
sangrienta bloody

EXPRESIONES

a causa de because of
de nuevo once again
empezar a sacar to begin to pull out
en cuanto a as to
irse debilitando to be weakening

Después del reinado de los Reyes Católicos, la corona° española   crown
pasó a manos del nieto de Isabel y Fernando, Carlos I (1517–1556).
Este joven monarca también se conoce en la historia universal como
Carlos V, ya que fue elegido emperador del Sacro° Imperio Romano   Holy
en 1519.

 La corona española estuvo por casi dos siglos bajo el dominio
de la Casa de Austria, y fue en esta época que el imperio español
no tuvo rival. Son años de descubrimientos, de luchas por la supre-
macía europea, de defensa del catolicismo contra la propagación de
la Reforma, y de conquistas en el Nuevo Mundo. Felipe II
(1556–1598) agrandó° el imperio de su padre al ser heredero° al   he enlarged / heir
reino portugués y sus colonias, sus dominios fueron tan inmensos
que nunca "se ponía el sol."° Fue la época en que se estableció   **nunca . . . sol** the sun never set
Madrid como capital, y se edificó una de las grandes maravillas del
mundo: el monasterio-palacio de El Escorial. Años donde no solamente triunfan las armas° españolas (Lepanto), sino que em-   armies
piezan a sobresalir las letras (Cervantes, Lope de Vega). También

Juan Carlos I de Borbón, Rey de España, cuando abrió el debate político sobre el terrorismo en la Asamblea General de las Naciones Unidas.

fue el período en el que comienza a vislumbrarse° la caída de tan   to catch a glimpse of
poderoso imperio. La derrota de la Armada Invencible (1588) a
causa de la miopía° política de Felipe II, es el primer gran obstáculo   nearsightedness
que causó la decadencia cien años más adelante.

A fines del siglo XVI y en el XVII, la economía del país se iba
debilitando a causa de innumerables guerras, como también debido
al poco sentido práctico de los gobernantes españoles, que unidos
al débil carácter de los reyes sucesores, transformaron a España en
uno de los países más pobres de Europa, económica y políticamente.

Al morir Carlos II (1665–1700), el último heredero de la Casa de
Austria, el trono° español pasó a manos de Felipe V (1700–1746),   throne
nieto del gran Luis XIV de Francia, y primer representante de la
actual Casa de Borbón. En este siglo comienzan las reformas que
empezarán a sacar a España de su estancamiento° cultural, econó-   stagnation
mico y político.

Durante el reinado de Carlos IV (1788–1808) Napoleón Bonaparte invadió el país. En estos años el pueblo español se rebela
contra las garras° del invasor, y declara la guerra de independencia   paws
que duró hasta 1814. Luchas que se ven representadas en magní-
ficos cuadros de Francisco de Goya y Lucientes (1746–1828). El

resto del siglo XIX es un periodo de inquietudes y de inseguridad política y económica. Una época de rebeliones, de alzamientos, de pérdidas en territorios coloniales, de falta de gobierno, de una breve Primera República, y de regímenes unas veces dictatoriales y otras debiluchos.°   weak

El siglo XX comienza siendo la terrible prolongación del XIX, y finalmente una dictadura militar se apodera del país en 1923 bajo la dirección del General Primo de Rivera. En 1931, hubo elecciones municipales en las que triunfaron los candidatos republicanos, y la Segunda República fue proclamada el 14 de abril. Las tensiones entre los partidos del gobierno y los de la oposición continuaron y el gobierno empezó a desviarse° hacia la izquierda. En julio de 1936,   to turn fuerzas del ejército se alzaron contra el gobierno. Durante esta cruel y sangrienta lucha civil, donde murieron cientos de miles de hermanos, se probaron las terribles armas que los fascistas y los comunistas usarían en la Segunda Guerra Mundial. En marzo de 1939 se terminó esta guerra fratricida, y quedó el General Francisco Franco como gobernante absoluto de la destruída nación española. Los próximos treinta años serán años de reconstrucción y de dictadura que oscilaba entre lo benigno y lo inquisitorial. La nación surge de nuevo como "águila° imperial," y ha tomado el lugar que   eagle le corresponde económica y políticamente. España ha vuelto a la monarquía bajo la dirección de Juan Carlos I de Borbón quien fue proclamado rey el 22 de noviembre de 1975.

Ejercicios

A. *Preguntas sobre la lectura.*

1. ¿Quién heredó el trono español a la muerte de los Reyes Católicos?
2. ¿De qué fue elegido emperador el Rey Carlos I?
3. ¿Por cuánto tiempo controló la Casa de Austria la corona española?
4. ¿En qué época el imperio español no tuvo rival?
5. ¿Quién agrandó el imperio?
6. ¿Por qué nunca se ponía el sol en el imperio español?
7. ¿Cuándo se estableció Madrid como capital?
8. ¿Qué es El Escorial?
9. Mencione dos grandes escritores de los siglos XVI–XVII.
10. ¿Cuál fue la derrota sufrida por España en 1588?
11. ¿Qué ocurría a fines del reinado de Felipe II, y al principio del XVII?
12. ¿Qué pasó a la muerte de Carlos II?
13. ¿Dónde reinaba la Casa de Borbón?
14. ¿Qué empiezan a hacer los monarcas borbónicos?

15. ¿Cuándo invadió Bonaparte el país?
16. ¿Cómo reacciona el pueblo español ante la invasión?
17. ¿Qué pintó Goya en sus cuadros?
18. ¿Cómo es el resto del siglo XIX?
19. ¿Cómo comienza el siglo XX?
20. ¿Quién estableció una dictadura militar en 1923?
21. ¿Quién triunfa en 1931?
22. ¿Qué ocurrió con la Segunda República?
23. ¿Qué hicieron las fuerzas armadas en 1936?
24. ¿Cómo fue la lucha civil?
25. ¿Qué hicieron los comunistas y los fascistas?
26. ¿Cuándo terminó la guerra civil?
27. ¿Quién quedó como gobernante después de la guerra civil?
28. ¿Qué ocurrió en los años posteriores a la guerra civil?
29. ¿Cómo fue la dictadura franquista?
30. ¿Quién gobierna hoy día en España?

B. *¿Son verdaderas o falsas las siguientes oraciones?*

1. El heredero de los Reyes Católicos fue Carlos II.
2. La Casa de Austria gobernó a España por 300 años.
3. En el siglo XVI, España no tenía rival.
4. Carlos V y Felipe II fueron defensores del catolicismo.
5. Bajo la Casa de Austria hubo muchos descubrimientos.
6. Felipe II murió en 1599.
7. El reino de Felipe II fue inmenso.
8. Las armas españolas triunfaban en el siglo XVI.
9. La caída del imperio comenzó después de 1588.
10. Felipe II no fue un gran monarca en cuanto a la política internacional.
11. Los reyes del siglo XVII eran muy débiles.
12. Felipe V pertenecía a la Casa de Borbón.
13. Felipe V era nieto de Luis XIV de Austria.
14. Los borbones empezaron grandes reformas en España.
15. El pueblo español se unió a Napoleón.
16. Goya fue un gran escritor del siglo XIX.
17. Primo de Rivera fue rey en 1923.
18. La Primera República se estableció en 1931.
19. Francisco Franco fue un político republicano.
20. Juan Carlos de Borbón es el rey actual.

C. *Seleccione la palabra de la columna A que más se asocie a la de la columna B.*

A	B
1. rey	a. castillo
2. rival	b. trono
3. palacio	c. enemigo
4. país	d. alzamiento
5. periodo	e. monarca
6. corona	f. nación
7. rebelión	g. época

D. *Complete las oraciones con los verbos en el imperfecto de indicativo.*

1. También (conocerse) _____ como Carlos V.
2. Él (agrandar) _____ el imperio durante su reinado.
3. Cervantes (empezar) _____ a sobresalir como escritor.
4. La economía (irse) _____ debilitando.
5. En este siglo (comenzar) _____ las reformas políticas.
6. Napoleón (invadir) _____ España en 1808.
7. Una dictadura (apoderarse) _____ del país.
8. Las fuerzas armadas (alzarse) _____ durante 1936.
9. Ellos (destruir) _____ la nación.
10. España (volver) _____ a recuperar el lugar que le correspondía.

EL MILAGRO POLÍTICO ESPAÑOL

VOCABULARIO ACTIVO

SUSTANTIVOS

la balanza balance
la campana bell
los coetáneos contemporaries
el criterio judgment
la desconfianza distrust
la encuesta poll
el flujo flow
la juventud youth
la leyenda legend
el milagro miracle
la potencia power
la trama link

VERBOS

averiguar to find out
confiar to trust
convivir to live together
desmentir to deny
disolver to dissolve
nivelar to level, grade

proclamar to proclaim
sostener to support
tejer to knit

ADJETIVOS

inútil useless
occidental western
oncena eleventh
pausado slow
sorprendente surprising

EXPRESIONES

de pacotilla shoddy
en el curso de in the course of
hacerse libre to become free
la balanza de pagos balance of
payment
la renta per cápita per capita income
lejos de ser far from being
poco a poco little by little

Los siguientes dos artículos analizan la situación política actual de España. Fueron preparados especialmente para este capítulo por el talentoso escritor Carlos Alberto Montaner, nacido en La Habana, Cuba en 1943. Montaner cultiva diferentes géneros literarios: novela, ensayo, cuento. También se distingue como corresponsal de prensa y es columnista "sindicado" de varias docenas° de periódicos de habla hispana. Desde 1970 vive en Madrid como director literario de la casa editorial Playor.

    dozens

Existe una sangrienta° leyenda° española hecha de inquisiciones toreros, mujeres bravías,° gitanos navajeros° y guerras civiles en las que no es posible averiguar por quién doblaban° las campanas. Ese perfil° conflictivo del *homo ibericus*° comenzó a leventarse con las crónicas de la conquista romana y no ha cesado de repetirse a través de los siglos. Los propios españoles han acabado por suscribirlo. El famoso *slogan* turístico *España es diferente* puede interpretarse con otra lectura menos risueña:° España no es apta para la democracia.

    bloody / legend
    wild / switchblade-carrying
    they toll
    profile / **homo ibericus** (*fig.*)
      Spaniard

    pleasant

El Generalísimo Francisco Franco, líder de España durante 36 años.

O los españoles son incapaces de convivir en paz, libertad y mutuo respeto. O los españoles necesitan una mano fuerte que los gobierne.

   Francisco Franco creía todo eso. No se trataba solamente de un general con vocación de dictador, sino de un español escéptico, incapaz de conceder a sus compatriotas la menor posibilidad de organizarse democráticamente. Durante los 36 años que duró su régimen (1939–1975) Franco no hizo otra cosa que proclamar su desconfianza de las formas democrática y liberales de gobierno. Durante esos largos años, pausada° y cuidadosamente° el "Caudillo"° fue tejiendo la trama° institucional que perpetuara la dictadura tras° su muerte: una sola voz, un solo partido político, un falso parlamento (las Cortes), un Jefe de Estado omnipotente e incontestable. Poco antes de morir el viejo dictador aseguró que el futuro de España quedaba "atado° y bien atado."

   Pero no ha sido así. Nada ocurrió como previera° Franco. El Rey, Juan Carlos I, lejos de ser un producto de la educación totalitaria, ha resultado un monarca democrático y progresista. Las Cortes franquistas—aquel parlamento de pacotilla°—se disolvieron voluntariamente. Toda la estructura autoritaria de poder fue transformándose y abriendo espacio a otras formaciones políticas. La prensa° silenciada se hizo libre, y la sociedad más tolerante en el curso de pocos meses. Sin violencia, sin revoluciones, sin graves alteraciones del orden, ha tenido lugar una profunda revolución institucional. Hoy España no es diferente a la mayor parte de las democracias europeas occidentales. (Más aún: una reciente en-

slowly / carefully

leader / **tejiendo la trama** weaving the plot
after

fastened, *i.e.,* decided
he foresaw

de pacotilla shoddy

press

cuesta° sobre la sexualidad del continente europeo publicada en el   poll
semanario madrileño *Cambio 16,* arroja el sorprendente resultado
de que la juventud° española sostiene unos criterios más liberales   youth
que el resto de sus coetáneos.)°   contemporaries

¿Qué ha ocurrido? ¿Cómo ha sido posible el "milagro" político
español? ¿Cómo un dinosaurio ha podido engendrar palomas?°   **engendrar palomas**   to produce
Hay decenas de respuestas y a todas hay que concederles validez   pigeons
parcial. Brevemente, examinemos tres.

El surgimiento de la clase media. Durante esos cuarenta años de
dictadura, España progresó. Tal vez hubiera progresado más en
cuarenta años de democracia, pero es inútil° discutir la hipótesis. El   useless
país, sin duda, prosperó. Al entrar en la década de los setenta
España se había convertido en la oncena° potencia industrial del   eleventh
mundo y una zona amplísima de su población formaba parte de lo
que sociólogos y economistas llaman niveles sociales medios: la
numerosa clase media, base y sustento de las más sólidas democracias occidentales. En 1975, en un país de treinta y cinco millones
de habitantes, existían más de diez millones de cuentas de ahorro,°   **cuentas de ahorro**   savings
y todos los índices de consumo que corresponden a una nación que   accounts
poseía casi tres mil dólares de renta° *per cápita.* La democracia bur-   income
guesa podía contar con una vasta clientela.

El flujo del turismo. Cuando Franco murió el número de turistas
que anualmente cruzaban la frontera era semejante al número de
españoles que vivían en el perímetro nacional: treinta y cinco millones de turistas. Poco a poco—o mucho a mucho—fue incremen-
tándose la avalancha turística que en los '50, '60 y '70 se desató
sobre° España. Es imposible que una nación sea "invadida" por un   **se ... sobre**   broke loose over
número de extranjeros tan elevado como la propia población y que
ese fenómeno no tenga una tremenda influencia en las costumbres
del país. Entre la década de los cincuenta, en que los hombres
debían bañarse en la playa con camiseta° y las mujeres permanecer   undershirt
al sol con albornoz,° y la década de los setenta, década de libertad,   bathrobe (of terry cloth)
bikini y desenfado,° existe el bullicioso° peregrinaje de millones de   ease, freedom / loud
ingleses, franceses, noruegos, suecos, alemanes, holandeses y norteamericanos que acabaron por trasmitir a los españoles los usos de
sus respectivos países. El turismo masivo no sólo niveló la balanza
de pagos de los españoles, sino también contribuyó a europeizar el
país. A hacerlo más libre y alegre.

La emigración proletaria. En Europa acontece un doloroso° fenó-   painful
meno de migraciones proletarias que casi siempre discurren° de las   they ramble about
penínsulas del sur mediterráneo hacia el norte. Obreros portu-
gueses, españoles, italianos, griegos, yugoeslavos y turcos se des-
plazan° hacia Alemania, Holanda o Suiza en busca de trabajo. Más   **se desplazan**   they move
de dos millones de españoles han recorrido este trayecto en busca
de un mejor destino económico. Esos emigrantes, al cabo de unos
cuantos años, solían regresar a España con oficio,° experiencia y   trade

dinero. Pero traían, además, hábitos de sindicalización, militancia
política y cierta confianza en las formas democráticas de gobierno.
La lección duramente aprendida en los cantones° suizos o en la   regions
Alemania socialdemócrata en alguna medida° puede haber sido útil   measure
para la transformación española.

No obstante,° España sólo ha iniciado el camino. El milagro no   **No obstante** Nevertheless
es aún definitivo. El país tiene que crearse su propia solidez institu-
cional. El poder debe cambiar de manos varias veces antes de que
se pueda hablar de una democracia consolidada. Parece, afortuna-
damente, que España no es diferente, pero no será fácil desmentir°   to deny
la leyenda. Confiemos en que el milagro no sea reversible.

Ejercicios

A. *Preguntas sobre la lectura.*

1. ¿Qué dice la leyenda española?
2. ¿Cuál es el famoso *slogan* turístico?
3. ¿Qué creía Franco de los españoles?
4. ¿Cuánto tiempo duró el régimen de Franco?
5. ¿Qué proclamaba Franco durante su régimen?
6. ¿Qué tejió el "Caudillo" durante sus años de gobernante?
7. ¿Qué ha ocurrido con Juan Carlos I?
8. ¿Qué han hecho las Cortes franquistas?
9. ¿Qué ha pasado con la prensa?
10. ¿Cómo es España hoy?
11. ¿Qué criterios sostiene la juventud española?
12. ¿Qué lugar ocupa España en el mundo industrial?
13. ¿Cuántos habitantes tiene el país?
14. ¿Cuál es la renta "per cápita"?
15. ¿Quiénes han invadido a España en los últimos años?
16. ¿A qué contribuyó la entrada de extranjeros en España?
17. ¿Qué hacían los emigrantes españoles?
18. ¿En qué debemos confiar?

B. *¿Son verdaderas o falsas las siguientes oraciones?*

1. El autor del artículo nació en España.
2. Franco no fue dictador.
3. El régimen franquista duró hasta 1975.
4. El "Caudillo" confiaba en el sentido democrático de los
   españoles.
5. Juan Carlos I es un monarca progresista.
6. Hoy día no hay libertad de prensa en España.
7. La juventud española es bastante liberal en cuestiones sexuales.

8. España no prosperó económicamente en la época de Franco.
9. España tiene una clase media grande.
10. España es uno de los países con más turistas.
11. Hoy día, las mujeres españolas no usan bikinis.
12. Los turistas han contribuido a hacer a España un país más libre y alegre.
13. Los emigrantes españoles que regresaban, traían ideas progresistas.
14. El milagro español es ya definitivo.
15. Será fácil desmentir la leyenda.

C. *Seleccione la palabra de la columna A que sea un antónimo de una palabra de la columna B.*

A	B
1. liberal	*a.* sentarse
2. levantarse	*b.* dictadura
3. entrar	*c.* pasado
4. democracia	*d.* conservador
5. orden	*e.* salir
6. paz	*f.* diferente
7. futuro	*g.* desorden
8. semejante	*h.* guerra

D. *Complete las oraciones con los verbos en el futuro de indicativo.*

1. España (ser) _____ una democracia.
2. Los españoles (poder) _____ vivir en paz.
3. Las Cortes (elegirse) _____ democráticamente.
4. La economía (progresar) _____ en los próximos años.
5. En pocos años, España (tener) _____ cuarenta millones de habitantes.
6. El país (crear) _____ su propio futuro.
7. El turismo (aumentar) _____ en la próxima década.
8. El futuro (decir) _____ si la democracia triunfa en España.

LOS SOCIALISTAS EN EL PODER

VOCABULARIO ACTIVO

SUSTANTIVOS

el apoyo   support
la bolsa   stock market
el campesino   country person
la derecha   right
la izquierda   left
el tino   judgment
la variante   difference
el votante   voter

VERBOS

arraigar   to take root
colapsar   to collapse
enterrar   to bury
provenir   to come from

ADJETIVOS

opuesto   opposite
pacífico   peaceful
premiado   awarded
proscrito   outlawed

EXPRESIONES

el cambio de manos   change of hands
la clase obrera   working class
salir electo   to be elected
según   according to
sin embargo   nevertheless
sino   rather

En 1975, mientras enterraban al Caudillo,[1] simultáneamente comenzó la libertad a arraigar° en España. Sin embargo, en aquel lluvioso° noviembre de 1975, nadie hubiera podido pensar que sólo siete años más tarde gobernase° en el país un partido socialista, heredero° del que en 1939, tras el fin de la Guerra Civil, entregara° el poder° a los ejércitos de Franco. ¡Los socialistas volvían al poder!

    Y ésta era, en realidad, la prueba de fuego° para la vacilante democracia española. Entre 1975 y 1982, año en que los socialistas ganan las elecciones, España fue gobernada por partidos políticos que esencialmente provenían° del franquismo. Eran agrupaciones que habían evolucionado hacia la democracia, pero el punto de partida era el régimen de Franco, y los principales líderes del momento—José María de Areilza, Manuel Fraga, Leopoldo Calvo Sotelo o Adolfo Suárez—eran nombres familiares y tranquilizantes° para las fuerzas armadas españolas porque todos habían surgido° durante el régimen anterior.°

to take root
rainy

would govern
heir / would turn over
power

la . . . fuego   the acid test

came from

soothing, reassuring
risen
preceding

----
[1]**mientras . . . Caudillo**   while the Caudillo (General Francisco Franco) was being buried

Conferencia de prensa de Felipe González, socialista que es el Presidente del Gobierno de España.

A ese periodo (1975–1982), justamente, se le ha llamado *la transición.* Pero en 1982 comienza otra etapa: un partido prohibido y proscrito° durante los treinta y seis años del régimen de Franco, gana el poder en unas elecciones totalmente libres, y nada espectacular ocurre. Ni se rebelan las Fuerzas Armadas, ni colapsa la bolsa, ni la derecha organiza desórdenes, catástrofes que muchas personas habían pronosticado. Sin embargo, las instituciones resisten ejemplarmente la trasmisión de la autoridad, y Felipe González, un abogado° de cuarenta años, se convierte en el más joven jefe de gobierno europeo.

    Tal vez desde la perspectiva norteamericana o británica eso no sea un fenómeno espectacular, pero para quien conozca la historia de España, el pacífico cambio de mando entre la derecha y la izquierda, y en cierta forma entre los adversarios de la Guerra Civil (1936–1939), es casi un milagro político.

    ¿Qué ha ocurrido en el país? ¿Qué cambio ha experimentado la mentalidad social de los españoles que hoy permite el libre juego° de los partidos políticos y la alternancia° en el poder de fuerzas

outlawed

lawyer

play

la alternancia   the taking of turns

adversarias? Tal vez la respuesta haya que buscarla en el cambio ideológico sufrido por los conservadores de derecha y por los socialistas de izquierda. Hoy la derecha española, salvo un minúsculo grupo de apenas° un 2% del censo electoral, no es fascista, sino, simplemente, conservadora. Y la izquierda socialista ha dejado de ser marxista y radical—con la excepción de aproximadamente un 7% de los electores—para transformarse en socialdemócrata, con lo cual derechas e izquierdas en España equivaldrían aproximadamente a lo que en Estados Unidos se califica de republicanos o demócratas. *hardly*

Esto quiere decir que, por primera vez en la historia de España, derechas e izquierdas no defienden modelos de estado diametralmente opuestos, sino variantes de un mismo modelo democrático, plural y capitalista. La derecha responde a la clientela electoral económicamente más poderosa, y la izquierda a los grupos de empleados medios, obreros° y campesinos, pero lo que se discute es básicamente el tamaño° y la forma de distribuir la carga fiscal y no el tipo de sociedad en el que quieren vivir los españoles. *workers* *size*

Por supuesto, este fenómeno de moderación de los partidos políticos no es sólo el producto de la decisión de sus líderes: es el pueblo español el que de una manera espontánea, imprevisible hace apenas unos años, ha castigado° electoralmente a los radicales de derecha e izquierda y ha premiado° a los moderados. Como en las comedias del Siglo de Oro, el héroe de la democracia española ha sido el pueblo anónimo. Los líderes no han hecho otra cosa que interpretar los signos de los tiempos. **ha castigado** *has punished* **ha premiado** *has rewarded*

Sin embargo, la moderación y el buen tino° de los socialistas no han impedido que se produzca cierta erosión del apoyo° popular. Según las encuestas° de abril de 1988, si se hubieran celebrado en esos momentos las elecciones generales, el partido de Felipe González hubiera perdido la mayoría absoluta. Concretamente, medio millón de electores habría buscado un partido más radical dentro de la izquierda política y un millón y medio hubiera hecho lo mismo pero con opciones situadas a la derecha del socialismo dentro del espectro político. *judgment* *support* *polls*

Las razones del actual desencanto° de una parte del electorado socialista hay que buscarlas en la persistencia del desempleo° y en cierta corrupción de la que se acusa a funcionarios próximos al poder.[1] *disillusion* *unemployment*

En síntesis,° los socialistas han descubierto en el ejercicio del poder que los obstáculos, las crisis periódicas y las protestas de la ciudadanía no son sólo el triste patrimonio de la derecha, sino algo que ocurre de una manera inevitable° durante el ejercicio del poder. **En síntesis** *To summarize* *unavoidable*

---

[1]**de . . . poder.** of which functionaries who are close to power are accused.

Ejercicios

A. *Preguntas sobre la lectura.*

1. ¿Cuándo empezó a arraigar la libertad en España?
2. ¿Qué pasó siete años después?
3. ¿Quiénes gobernaron a España entre 1975 y 1982?
4. ¿Cómo se le llama al periodo entre 1975 y 1982?
5. ¿Quién salió electo jefe de gobierno en 1982?
6. ¿Qué ha sido casi un milagro político?
7. ¿Cómo es hoy la derecha española?
8. ¿Cómo es hoy la izquierda española?
9. ¿Qué ha pasado por primera vez en la historia de España con la derecha y la izquierda?
10. ¿A qué responde la derecha?
11. ¿A qué grupos responde la izquierda?
12. Según Montaner, ¿quién es el héroe de la democracia española?
13. ¿Qué dicen las encuestas de abril de 1988?
14. ¿Qué habría hecho medio millón de electores?
15. ¿Qué habría hecho un millón y medio de votantes?°   voters
16. ¿Por qué hay desencanto de parte del electorado socialista?
17. ¿Qué han descubierto los socialistas en el ejercicio del poder?

B. *¿Son verdaderas o falsas las siguientes oraciones?*

1. Francisco Franco murió en 1975.
2. La Guerra Civil terminó en 1939.
3. Leopoldo Calvo Sotelo es un líder socialista.
4. En 1982 Adolfo Suárez fue electo jefe del gobierno español.
5. Hay un 7% de electores fascistas en España.
6. La derecha española es equivalente a los republicanos en Estados Unidos.
7. La clase obrera en España pertenece a la izquierda.
8. En España, los radicales de izquierda y derecha han sido premiados con éxito en las últimas elecciones.
9. Los votantes socialistas se están volviendo más conservadores.
10. Los socialistas son más populares ahora que cuando Felipe González primero fue elegido Presidente del Gobierno de España.
11. Los socialistas han aprendido que el ejercicio del poder trae crisis periódicas.

C. *Escoja la palabra que mejor complete el sentido de la oración.*

1. Es España los _____ han vuelto al poder.
   a. socialistas   *b.* conservadores   *c.* comunistas
2. Al periodo entre 1975 y 1982 se le ha llamado la _____ .
   a. caída   *b.* mentira   *c.* transición
3. El jefe de gobierno de España, Felipe González es _____ .
   a. abogado   *b.* profesor   *c.* militar
4. Hoy la _____ radical español es un 7% de los electores.
   a. izquierda   *b.* derecha   *c.* clase media
5. El autor compara la democracia española con las comedias
   _____ .
   a. cómicas   *b.* del Siglo de Oro   *c.* absurdas

CAPÍTULO 14

Letras hispánicas

La literatura siempre ha sido una de las formas más eficaces[1] de expresión. Es a través de sus escritores que llegamos a conocer la idiosincrasia de un pueblo. Pocas literaturas han tenido tantas altas y bajas como la literatura hispana. Quizás esto se deba a la inestabilidad política y a las dificultades económicas que los escritores de habla castellana han sufrido durante siglos.

A continuación se presentará una pequeña introducción a los tres autores que se leerán en este capítulo. Las selecciones se han hecho escogiendo a escritores que representen diferentes momentos y géneros de las letras hispánicas.

[1]**eficaces** effective

Movimientos literarios

SUSTANTIVOS

el asunto   subject matter
la preceptiva   rules
el título   degree
la trama   plot

VERBOS

captar   to grasp
moldear   to mold

revestir   to coat; to dress
sobreponerse   to dominate
sobrevivir   to survive

ADJETIVOS

altivez   arrogance
oscuro   dark
tardío   late

El barroco fue un movimiento literario del siglo XVII que se caracterizó por la gran cantidad de elementos decorativos y ornamentales que se sobreponían a la fluidez y al contenido de la creación literaria, ya fuese ésta poesía o prosa. Fue una época donde triunfó la complicación, cuando los escritores trataban de llenar sus obras de elementos que causaban complejidad. La trama° del asunto° quedaba revestida° de elementos superficiales que servían para confundir al lector. Fue una literatura de minorías intelectuales, en la que los comentarios ingeniosos y rebuscados,° los juegos de palabras, las metáforas, jugaban un papel importantísimo. Cuando nos referimos a la prosa de este periodo, normalmente se le llama conceptismo; a la poesía se le denomina culteranismo. Siendo, por lo tanto, el conceptismo y el culteranismo las dos vertientes de este movimiento literario. En las letras españolas, los mejores ejemplos de autores barrocos fueron: Baltasar de Gracián (1601–1658), representante del conceptismo, y Luis de Argote y Góngora (1561–1627), la figura clave en el culteranismo.

En Hispanoamérica, Sor Juana Inés de la Cruz es su representante más distinguido. Ella escribió poesía y prosa, aunque nunca llegó a la exageración de sus maestros españoles.

El romanticismo fue un movimiento literario que dominó en toda Europa durante la primera mitad del siglo XIX. En los países hispanos entró tardío, aunque encontró en las Américas una gran cantidad de elementos naturales que se adaptaban a la preceptiva° del movimiento. En España comenzó a declinar en 1844, pero gra-

plot / subject matter
dressed

affected; precious

rules

cias a Bécquer tuvo un auténtico resurgimiento, y sobrevivió otras tres décadas. El hombre romántico se oponía a la razón y al buen sentido que moldeaban uniformemente la vida del siglo XVIII. Los románticos no eludían la parte oscura de la vida humana, sino que se sumergían en ese mundo lleno de tristeza y desesperación. Se lanzaban a la vida con altivez,° y gozaban de sentir el dolor humano.   arrogance
Eran extremadamente emocionales y apasionados. A pesar de que seleccionaban una vida dolorosa, sentían el placer de vivir intensamente. Usualmente morían jóvenes, pero los sufrimientos les habían dado madurez.

En cuanto a la prosa contemporánea, se ha escogido un cuento del puertorriqueño Manuel del Toro. El autor recibió su título de Ciencias Comerciales° en la Universidad de Puerto Rico. Desde   **ciencias comerciales** business administration
joven trabajó en empleos diferentes que lo pusieron en contacto con personas de diversos niveles sociales. Logró, a través de los años, captar° la psicología de las masas. A pesar de que como   to grasp
escritor no ha sido muy prolífico, lo poco que ha producido refleja una honda° visión humana. El cuento "Mi padre," se considera una   deep
obra clásica de la narrativa puertorriqueña actual. Del Toro nos ofrece una fiel descripción de un barrio,° donde sólo sobrevive el   neighborhood
más fuerte.

Ejercicios

A. *Preguntas sobre la introducción*

1. ¿En qué siglo comenzó el barroco?
2. ¿Cuáles son las características principales del barroco?
3. ¿Qué es conceptismo?
4. ¿Qué es culteranismo?
5. ¿Qué fue el romanticismo?
6. ¿A qué se oponía el hombre romántico?
7. ¿En qué mundo se sumergían los románticos?
8. ¿Qué les daban los sufrimientos a los románticos?
9. ¿De dónde es Manuel del Toro?
10. ¿Con quiénes lo pusieron en contacto sus empleos?
11. ¿Qué logró a través de los años?
12. ¿Qué describe el autor en "Mi padre"?

Sor Juana Inéz de la Cruz: Monja y feminista

VOCABULARIO ACTIVO

SUSTANTIVOS

el ansia longing
la asignatura course
el desdén disdain
el hereje heretic
la inquietud restlessness
las letras arts; letters
el mecenas patron of writers
la monja nun
el odio hatred
el olvido neglect
la peste plague
el saber knowledge
el sobrenombre nickname
la sor (*ecclesiastical*) sister
el tema topic
la ventaja advantage

VERBOS

apoyar to support
buscar to look for

espantarse to be astonished
esparcir to spread
inscribirse to enroll, register
pecar to sin
abrar to act
socorrer to help

ADJETIVOS

agudo keen
corto short
necio ignorant
perjudicial harmful

EXPRESIONES

dar pena to be a shame
estar en contra to be against

Dentro del período barrocco en Hispanoamérica es esta religiosa de San Miguel de Nepantla, un pueblo situado a 80 kilómetros al sureste de la Ciudad de México, la figura que más se destacó. Nace Sor Juana hacia 1648 y muere a la prematura edad de 47 años. A pesar de su corta vida, prueba que fue uno de los talentos más excepcionales que se produjeron en las letras del período colonial. Fue muy conocida por sus coetáneos por los sobrenombres° de la "Décima Musa" y el "Fénix de México." Dio muestras de su extraordinaria precocidad, al leer a los tres años de edad, y se decía que a los seis ya componía versos.

nicknames

En su ciudad natal, existe un busto de bronce, obra del escultor Joaquín Arias Méndez. Esta obra de arte se encuentra frente a la ya ruinosa casa de adobe donde nació.

Retrato de la bella Sor Juana Inéz de la Cruz hecho por un pintor mexicano anónimo.

Fue Sor Juana la primera feminista del Nuevo Mundo, pues se rebeló abiertamente contra la idea de que el saber era perjudicial° al sexo femenino. Llegó al extremo de comentar que la sociedad sería muy diferente el día que las mujeres se enfrentaran a las mismas circunstancias que los hombres.

    A los diez años quiso inscribirse en la Universidad de México. El caso era que en el plantel académico no se permitían mujeres, y la chica rogó a su madre que la dejase asistir vestida de varón. Una vez en la capital, pasó a vivir con sus tíos, y a los pocos meses asimiló las lenguas latina, portuguesa y náhualt.° Su inteligencia ocasionó que su nombre fuera de boca en boca, y los virreyes° se interesaron en la joven. El Marqués de Mancera y su esposa eran mecenas° del arte, y querían establecer una corte en la Nueva España que fuese tan fastuosa° como las europeas. Juana Inés pasó a ser dama de honor° de la virreina, y su nuevo hospedaje° fue el palacio virreinal. En pocos meses, a causa de su inteligencia y vivacidad, se convirtió en el personaje más pintoresco de la corte. No por eso dejó su infatigable° pasión por el estudio.

    La envidia de algunos cortesanos llegó al extremo que regaron° la calumnia de que la muchacha era una impostora, que sus conocimientos eran pura farsa. El virrey para disipar la malidicencia,°

harmful

language of the Aztec Indians
viceroys

patrons
ostentatious
dama de honor lady in waiting / lodging

tireless
they spread

slander

invitó a unos 40 hombres de letras a que la interrogasen sobre arte, historia, matemática, poesía y teología. Así pues, a los 15 años de edad la chica probó poseer el más alto nivel cultural de su época.

Las pequeñeces° de una sociedad palaciega y egoísta, hicieron que la joven comenzara a analizar su forma de vivir, y en 1667 decidió tomar los hábitos de monja.° Entró en el Convento de San José, de las Carmelitas Descalzas. En pocos meses, a causa del rigor sufrido, su salud se quebrantó,° y tuvo que volver a la Corte. Una vez que recuperó su salud, ingresó en la orden de San Jerónimo Concepcionista, un poco menos rigurosa° que la anterior.

Su prosa es espléndida: aguda,° flexible, pura. Su pensamiento es ortodoxo y tiene una fuerte influencia racionalista. Fue instigadora de la libertad dentro del seno° conservador de la Iglesia, y esparció° las inquietudes intelectuales del siglo.

Su poesía fue superior y de alto calibre intelectual. Está escrita con maestría° y feminidad, sobretodo las amatorias,° donde profundiza en el tema y analiza sus diferentes variantes: abandono, celos, envidia, odio, olvido, rencor, separación, muerte. Su temática es sumamente variada, ya que escribió poesías costumbristas, mundanas,° populares, religiosas y sentimentales, etc.

La monja jugaba con la inteligencia, y el juego no era más que una aventura intelectual. La inquietud° de su espíritu superior, le empujaba a producir versos vitales y de complicado razonamiento.

Juana Inés, al declararse en favor de la educación femenina, se hizo de grandes enemigos dentro de la Iglesia, y se le trató de acusar de hereje.° Sufrió numerosas amonestaciones° y esto hizo que dejase de escribir; más adelante se deshizo de° su biblioteca y se entregó a la mortificación ascética.

En 1695, una epidemia de peste° se apoderó de la ciudad, y ella contrajo el mal.° Murió en el convento socorriendo° a sus hermanas enfermas.

A continuación se presentarán siete estrofas° de uno de los poemas más famosos de la poetisa mexicana. En esta pieza lírica Sor Juana acusa a los hombres de ser inconsistentes en su trato a las mujeres.

pettiness

tomar . . . monja   to become a nun

se quebrantó   it broke down

strict

keen

inner circle
she spread

great skill / love poems

wordly

restlessness

heresy / warnings
se deshizo de   she got rid of

plague
sickness / giving help

stanzas

Redondillas[1]
(fragmento)

Hombres necios° que acusáis
a la mujer sin razón,
sin ver que sois la ocasión
de lo mismo que culpáis:°

stupid, ignorant

you blame

---

[1]**Redondillas**   The *redondilla* is a quatrain of eight-syllable verses of which the first usually rhymes with the fourth and the second with the third—the scheme being *abba, cddc*, etc. It is the most popular Spanish meter after the *romance*.

Si con ansia° sin igual	longing
solicitáis su desdén,°	disdain, scorn
¿por qué queréis que obren° bien	they act
si las incitáis al mal?°	sin
Combatís su resistencia	
y luego, con gravedad,	
decís que fue liviandad°	lewdness
lo que hizo la diligencia.	
Dan vuestras amantes° penas	mistresses
a sus libertades alas,[2]	
y después de hacerlas malas	
las queréis hallar muy buenas.	
¿Cuál mayor culpa ha tenido,	
en una pasión errada:°	mistaken
la que cae de rogada,[3]	
o el que ruega de caído?[4]	
¿O cuál es más de culpar,	
aunque cualquiera mal haga:	
la que peca por la paga,[5]	
o el que paga por pecar?[6]	
¿Pues para qué os espantáis°	are you astonished
de la culpa que tenéis?	
Queredlas cual las hacéis	
o hacedlas cual las buscáis.	

Ejercicios

A. *Preguntas sobre la lectura.*

1. ¿Dónde nació Sor Juana?
2. ¿En qué siglo vivió la monja?
3. Mencione dos sobrenombres de Sor Juana.
4. ¿A qué edad comenzó a leer?
5. ¿Qué escultor hizo el busto de bronce de Sor Juana Inés de la Cruz?
6. ¿Contra qué idea de la época se rebeló?

---

[2]Debe leerse: **Dan pena como vuestras amantes dan alas a su libertad:**   It is a shame how your mistresses give wing to their freedom. In Spanish, changes in the normal word order such as this are called **hipérbaton.**

[3]**la que cae de rogada**   the one who falls a victim of seduction

[4]**el que ruega de caído**   the one who seduces, the seductor

[5]**la que peca por la paga**   the one who sins by selling herself

[6]**el que paga por pecar**   the one who pays money in order to sin

7. ¿Dónde quiso inscribirse la chica a los diez años?
8. ¿Qué lenguas hablaba?
9. ¿Quién era el Marqués de Mancera?
10. ¿Qué probó la chica a los 15 años?
11. ¿En qué convento entró en 1667?
12. ¿Qué le ocurrió en el primer convento?
13. ¿En qué orden ingresó finalmente?
14. ¿Cómo es su prosa?
15. ¿Qué esparció en su siglo?
16. ¿Cómo fue su poesía?
17. ¿Qué aspectos toca dentro del tema amatorio?
18. Mencione temas sobre los cuales escribió poesía.
19. ¿Con qué jugaba la monja?
20. ¿Qué enfermedad contrajo?

B. *Preguntas sobre las estrofas.*

1. En la primera estrofa, ¿por qué son los hombres necios?
2. En la segunda estrofa, explique la contradicción.
3. En la tercera estrofa, explique en español la palabra *liviandad*.
4. En la cuarta estrofa, describa la hipocresía de los hombres.
5. ¿Qué quiere decir la quinta estrofa?
6. En la sexta estrofa, explique los dos últimos versos.
7. ¿Qué recomienda Sor Juana en la séptima estrofa?

C. *Preguntas para discutir en clase.*

1. Hable sobre la primera novela que Ud. leyó.
2. Describa la casa donde Ud. vive.
3. ¿Qué le gusta y le disgusta del movimiento feminista?
4. ¿Cree Ud. que el día que las mujeres tengan las mismas presiones que los hombres, la sociedad cambiará? ¿Por qué?
5. ¿Ha estado Ud. en la Universidad de México? ¿Qué le impresionó más?
6. ¿Habla Ud. más de una lengua? ¿Qué ventajas tiene esto?
7. ¿Se interesa Ud. por las letras o las ciencias? ¿Por qué?
8. ¿Cuál es la asignatura° que más le gusta en la universidad? ¿Por qué?   subject, course
9. ¿Ha visitado algún palacio en Europa? Descríbalo.
10. ¿Cuándo y para qué va Ud. a la biblioteca?
11. ¿Le gusta a Ud. escribir? ¿Qué prefiere: prosa, poesía, etc.?

D. *¿Son verdaderas o falsas las siguientes oraciones?*

1. Sor Juana nació en 1650.
2. Ella tuvo una vida muy larga y feliz.
3. Se le conocía con el sobrenombre de "La musa española."

4. Se decía que a los seis años componía versos.
5. Su busto se encuentra en su ciudad natal.
6. Se quiso vestir de hombre para entrar en la universidad.
7. Los virreyes de Nueva España apoyaban las artes.
8. Sor Juana fue dama de honor de la Marquesa de Mancera.
9. Llegó a ser el personaje más pintoresco de la corte.
10. La sociedad palaciega era del agrado de Juana Inés.
11. Entró en el Convento de San José, de las Carmelitas Descalzas.
12. La orden de San Jerónimo Concepcionista era menos rigurosa.
13. Tuvo una fuerte influencia racionalista.
14. Ella esparció las inquietudes intelectuales en el seno de la Iglesia.
15. Sus poesías amatorias tienen gran profundidad.
16. La temática de sus poesías es muy variada.
17. Ella estaba en contra de la educación femenina.
18. Sus enemigos la acusaron de hereje.
19. En los últimos años de su vida se entregó a la mortificación ascética.
20. Murió sola en el convento.

E. *Seleccione de la columna A una palabra que sea un antónimo de una palabra de la columna B.*

A	B
1. dentro	*a.* detrás
2. corta	*b.* igual
3. excepcional	*c.* ciencias
4. verso	*d.* fuera
5. frente	*e.* prosa
6. diferente	*f.* ordinario
7. letras	*g.* larga
8. abierto	*h.* caballero
9. dama	*i.* cerrado

Gustavo Adolfo Bécquer

VOCABULARIO ACTIVO

SUSTANTIVOS

el alma　soul
la decepción　disillusion
el fondo　bottom; depth
el huérfano　orphan
la madrina　godmother
la musa　(*poetic*) inspiration
la náutica　navigation
el vacío　vacuum

VERBOS

asistir　to help
callar　to keep quiet

encaminar　to direct, guide
hallarse　to find oneself
quedar　to be located
sostener　to hold; to maintain
surgir　to appear

ADJETIVOS

acomodado　well-off, wealthy
duro　hard
penoso　painful

EXPRESIONES

hacerse cargo de　to take charge of

Bécquer fue un joven idealista que vivió una vida problemática. Económicamente nunca tuvo una posición solvente, y en cuanto a su salud, siempre la tuvo delicada. Bécquer nace en 1836, un año después que el romanticismo español se encontraba en pleno apogeo,° sus años formativos son bajo ese tardío° movimiento literario, que en España no empezó a declinar hasta después de 1844. Su verdadero nombre era Gustavo Adolfo Domínguez Bastida. A los nueve años, quedó° huérfano de padres, y pasó a vivir con sus hermanos a casa de un tío. Don Juan de Vargas se hizo cargo° de los sobrinos,° aunque nunca pudo llenar el vacío espiritual que les fue creado a causa de la angustiosa orfandad. El niño desde pequeño mostró un insaciable deseo de conocer, así como una precocidad y sensibilidad extraordinarias.

　　Ingresó° a los diez años en el Colegio San Telmo de Sevilla, donde comenzó sus estudios de náutica.° Decepcionado con su carrera, pasó a vivir con la madrina° suya, doña Manuela. Es allí en casa de esta acomodada° señora, que Gustavo devora los libros de la selecta biblioteca privada.

　　A los 18 años marcha a Madrid con el sueño de conquistar gloria literaria. Una vez en la capital sufre una tremenda decepción° que le encamina a varios años de vida dura y penosa. En los próximos cuatro años, se busca la vida malamente,° con un puestecillo° que

pleno apogeo　full height / late-coming

he was left
se hizo cargo　he took charge
nephews

he enrolled
navigation
godmother
well-to-do

disillusion

se . . . malamente　he barely makes a living / small job

Gustavo Adolfo Bécquer ha sido uno de los mejores posrománticos españoles. Sus famosas rimas son aún memorizadas por estudiantes hispanohablantes.

sostiene en la Dirección de Bienes Nacionales. Es en esta época que contrae la enfermedad que nunca le abandonará, y se enamora "románticamente" de Julia Espín. La joven Espín se hallaba en di-

ferente escala social, por lo que Bécquer miraba, callaba° y sufría.   he kept quiet
Ella fue la musa° de muchas *Rimas* del poeta. En 1860 se casó con   (poetic) inspiration
Casta Esteban Navarro, hija del médico que lo asiste. Sólamente
tuvo un año de felicidad. Con la venida de los hijos y una grave
crisis de su enfermedad, el poeta sufre una vida tediosa. Finalmente
en 1868, al nacer su tercer hijo, surge su tragedia conyugal, moti-
vada por incompatibilidad de caracteres entre Casta y su hermano
Valeriano, un pintor bastante conocido. Decide separarse de Casta
y vive por dos años con Valeriano. Al morir éste en 1870, los esposos
se vuelven a reunir. Pero ya era tarde, a los pocos meses muere el
gran posromántico español.

El amor es la temática alrededor de la cual gira° el espíritu del   it revolves
poeta, y sus poemas reflejan sus diferentes estados emocionales.
No hay quien haya dicho tanto en la literatura española con tan
pocas palabras. A continuación se leerán unas *Rimas* escogidas del
poeta. En ellas se apreciará que la poesía es algo más que meras
palabras dulces. A pesar de ser cortas, el tema amoroso es cap-
turado en toda su dimensión.

Rima XVII

Hoy la tierra y los cielos me sonríen;
hoy llega al fondo de mi alma el sol;
hoy la he visto . . . la he visto y me ha mirado . . .
¡Hoy creo en Dios!

Rima XXI

¿Qué es poesía dices mientras clavas°   you fix
en mi pupila° tu pupila azul;   pupil (of the eye)
¿Qué es poesía? ¿Y tú me lo preguntas?
¡Poesía . . . eres tú!

Rima LXIX

Al brillar un relámpago° nacemos,   lightning
y aún dura su fulgor° cuando morimos: brilliance
¡tan corto es el vivir!

La gloria y el amor tras que corremos,
sombras° de un sueño son que perseguimos:°   images / we pursue
¡despertar es morir!

Ejercicios

A. *Preguntas sobre la lectura.*

1. ¿Quién fue un joven idealista?
2. ¿Cómo tenía el poeta su salud?
3. ¿Cuándo empezó el romanticismo a declinar en España?
4. ¿Qué le ocurrió a los nueve años?
5. ¿Quién fue don Juan de Vargas?
6. ¿Qué mostró el poeta desde niño?
7. ¿Dónde queda el Colegio de San Telmo?
8. ¿En qué hizo sus primeros estudios?
9. ¿Quién fue doña Manuela?
10. ¿Qué le ocurre a Bécquer en Madrid?
11. ¿Dónde trabajó en Madrid?
12. ¿De quién se enamoró Bécquer en Madrid?
13. ¿Por qué Bécquer no pudo confesarle su amor a la joven?
14. ¿Con quién se casó Bécquer?
15. ¿Qué clase de vida sufre el poeta?
16. ¿Qué ocurre cuando nace su tercer hijo?
17. ¿Quién es Valeriano?
18. ¿Volvió el poeta a reunirse con su mujer?

B. *Preguntas sobre la poesía.*

1. ¿Quiénes le sonríen al poeta?
2. ¿A dónde llega el sol según el poeta?
3. ¿En quién cree el poeta hoy?
4. ¿Qué le preguntan al poeta?
5. ¿Qué mira el poeta?
6. ¿Quién es poesía?
7. ¿Cómo es el vivir según Bécquer?
8. Según el poeta, ¿qué es el despertar?

C. *¿Son verdaderas o falsas las siguientes oraciones?*

1. Bécquer fue un joven idealista.
2. Tuvo una posición económica solvente.
3. Fue muy saludable.
4. El poeta murió en 1836.
5. El romanticismo llegó tardío a España.
6. Los apellidos del poeta eran Domínguez Bastida.
7. Su abuelo se hizo cargo de él cuando quedó huérfano.
8. Bécquer cuando niño no era precoz.
9. Estudió náutica por unos meses.
10. La biblioteca de su madrina fue esencial en su formación espiritual.

11. A los 18 años en Madrid sufrió una gran decepción.
12. Contrajo una grave enfermedad en la capital española.
13. El amor de su vida fue Julia Espín.
14. Sus poesías cortas se llaman *Rimas*.
15. El poeta tuvo dos hijos.

D. *Seleccione de la columna A una palabra que sea un antónimo de una palabra de la columna B.*

A	B
1. lleno	*a.* comedia
2. madrina	*b.* carnal
3. acomodado	*c.* insensible
4. delicado	*d.* simple
5. sensible	*e.* vacío
6. espiritual	*f.* pobre
7. sufrir	*g.* padrino
8. extraordinario	*h.* hablar
9. tragedia	*i.* fuerte
10. callar	*j.* gozar

Mi padre

VOCABULARIO ACTIVO

SUSTANTIVOS

la amapola hibiscus
el asombro amazement
la baraja card
la cicatriz scar
la galleta cracker
el guapo bully
la hazaña deed
el jamón ham
el muñón stump
la pena sorrow
la sien temple (*of the forehead*)
el tajo slash
el tallo stalk
el trago drink
el zanjón ditch

VERBOS

arrojar to throw, hurl
asesinar to murder
carecer to lack
comprobar to verify
escoger to choose
tragarse to swallow

ADJETIVOS

enlodado muddy

EXPRESIONES

darse un palo to have a drink
punto de reunión meeting point
tener temor to be afraid

De niño siempre tuve el temor de que mi padre fuera un cobarde.° coward
No porque lo viera correr seguido de cerca por un machete[1] como
vi tantas veces a Paco, el Gallina, y a Quino Pascual. ¡Pero era tan
diferente a los papás de mis compañeros de clase! En aquella escuela de barrio donde el valor era la virtud suprema, yo bebía el
acíbar° de ser el hijo de un hombre que ni siquiera usaba cuchillo. bitterness
¡Cómo envidiaba a mis compañeros que relataban una y otra vez
sin cansarse nunca de las hazañas de sus progenitores!° Nolasco parents
Rivera había desarmado a dos guardias insulares.° A Perico Lugo lo island
dejaron por muerto en un zanjón° con vientitrés tajos° de perrillo.° ditch / slashes / small machete
Felipe Chaveta lucía una hermosa herida desde la sien hasta el
mentón.[2]

   Mi padre, mi pobre padre, no tenía ni una sola cicatriz° en el scar
cuerpo. Acababa de comprobarlo° con gran pena mientras nos ba- to verify it
ñábamos en el río aquella tarde sabatina° en que como de Saturday afternoon

[1]**No . . . machete** Not because I had seen him run from someone closely following with a machete in his hand.
[2]**lucía . . . mentón** displayed a handsome wound (which extended) from the temple to the chin.

costumbre veníamos de voltear las talas de tabaco.[3] Ahora seguía
yo sus pasos hundiendo mis pies descalzos° en el tibio° polvo del   bare / warm
camino, y haciendo sonar mi trompeta. Era ésta un tallo de
amapola[4] al que mi padre con aquélla su mansa° habilidad para   delicate
todas las cosas pequeñas había convertido en trompeta con sólo
hacerle una incisión longitudinal.

Al pasar frente a La Aurora, me dijo:

—Entremos aquí. No tengo cigarros para la noche.

Del asombro por poco me trago la trompeta.[5] Porque papá nun-
ca entraba a La Aurora, punto de reunión de todos los guapos° del   bullies
barrio. Allí se jugaba baraja, se bebía ron y casi siempre se daban
tajos.[6] Unos tajos de machete que convertían° brazos nervudos en   they turned, converted
cortos muñones.° Unos tajos largos de navaja° que echaban afuera   stumps / switchblade
intestinos. Unos tajos hondos° de puñal° por los que salía la sangre°   deep / dagger / blood
y se entraba la muerte.

Después de dar las buenas tardes, papá pidió cigarros. Los iba
escogiendo[7] uno a uno con fruición° de fumador, palpándolos° en-   enjoyment / feeling them
tre los dedos y llevándolos° a la nariz para percibir su aroma. Yo,   raising them
pegado al mostrador forrado de zinc,[8] trataba de esconderme entre
los pantalones de papá. Sin atreverme a tocar mi trompeta, pare-
ciéndome° que ofendía a los guapetones hasta con mi aliento,° mi-   seeming to me / breath
raba a hurtadillas° de una a otra esquina del ventorrillo.° Acostado   **a hurtadillas** furtively / store
sobre la estiba de arroz veía a José, el Tuerto, comer pan y salchi-
chón echándole los pellejitos al perro sarnoso que los atrapaba en
el aire con un ruido seco de dientes.[9] En la mesita del lado tallaban° they dealt
con una baraja sucia° Nolasco Rivera, Perico Lugo, Chus Maurosa   dirty
y un colorado° que yo no conocía. En un tablero° colocado° sobre   red-headed man / playing board
un barril se jugaba dominó. Un grupo de curiosos seguía de cerca   placed
las jugadas.° Todos bebían ron.   plays

Fue el colorado el de la provocación. Se acercó adonde papá,
alargándole la botella de la que ya todos habían bebido:[10]

---

[3]**veníamos . . . tabaco** we were returning from taking a look at the tobacco crop.

[4]**Era . . . amapola** It (the trumpet) was made from a hibiscus stalk.

[5]**Del . . . trompeta** I was so startled that I almost swallowed the trumpet.

[6]**Allí . . . tajos** There cards were played, rum was drunk, and almost always someone would get slashed.

[7]**Los . . . escogiendo** He was choosing them.

[8]**pegado . . . zinc** next to the zinc covered counter.

[9]**Acostado . . . dientes** I was watching José, the one-eyed man lying on top of the
stored rice, eat bread and salami while throwing the (pieces of) skin to a mangy dog
who would trap them in the air with a click of his teeth.

[10]**Se . . . bebido** He went to my dad and extended the bottle from which all had
drunk.

—Dése un palo,° don . . .

—Muchas gracias, pero yo no puedo tomar.

—Ah, ¿con que me desprecia porque soy un pelao?[11]

—No es eso, amigo. Es que no puedo tomar. Déselo usted en mi nombre.

—Este palo se lo da usted o ca . . . se lo echo por° la cabeza. Lo intentó, pero no pudo. El empellón de papá lo arrojó contra el barril de macarelas.[12] Se levantó medio aturdido° por el ron y por el golpe, y palpándose° el cinturón° con ambas manos, dijo:

—Está usted de suerte, viejito, porque ando desarmao.°

—A ver, préstenle° un cuchillo.

Yo no podía creerlo, pero era papá el que hablaba.

Todavía al recordarlo un escalofrío me corre por el cuerpo.[13] Veinte manos se hundieron en las camisetas sucias, en los pantalones raídos,° en las botas enlodadas,° en todos los sitios° en que un hombre sabe guardar° su arma. Veinte manos surgieron ofreciendo, en silencio de jíbaro encastado,[14] el cuchillo casero, el puñal de tres filos,° la sevillana corva° . . .

—Amigo, escoja el que más le guste.[15]

—Mire don, yo soy un hombre guapo, pero usté° es más que yo.

Así dijo el colorado y salió de la tienda con pasito° lento.°

Pagó papá sus cigarros, dio las buenas tardes y salimos. Al bajar el escaloncito° escuché al Tuerto decir con admiración:

—Ahí va un macho completo.°

Mi trompeta de amapola tocaba a triunfo. ¡Dios mío; que llegue el lunes para contárselo a los muchachos![16]

Por Manuel del Toro
(*Del amor a la revolución*)

Dése un palo Do get yourself a drink

se lo echo por I will pour it on

stunned
touching / belt
desarmao = desarmado unarmed
Do let him have

worn out / muddy / places
to keep

cutting edges / **sevillana corva** curved knife

usté = usted

small step / slow

steps, stairway
macho completo a real he-man

---

[11]**¿con . . . pelao?** so you won't accept (my invitation) because I am a nobody?
[12]**El . . . macarelas** My father's shove threw him against the mackerel barrel.
[13]**Todavía . . . cuerpo** A chill still runs through my body when I remember it.
[14]**en . . . encastado** in a peasant bred silence
[15]**escoja . . . guste** choose the one you like best.
[16]**Mi . . . muchachos** I was triumphantly playing my hibiscus trumpet. Please God; let Monday arrive soon so that I can tell my friends!

Ejercicios

A. *Preguntas sobre la lectura.*

1. ¿Qué pensaba el muchacho de su padre?
2. ¿Qué narraban sus condiscípulos?
3. ¿Cuándo logró ver que su padre carecía de cicatrices?
4. ¿Por qué casi se traga el muchacho la trompeta?
5. ¿De qué era el punto de reunión La Aurora?
6. ¿Qué hacía el chico mientras su padre escogía los cigarros?
7. ¿Dónde se jugaba al dominó?
8. ¿Cómo comenzó el colorado la provocación?
9. ¿Por qué se enojó el colorado?
10. Cuando el padre arroja al colorado contra el barril, ¿qué le dice el colorado?
11. ¿Cuál fue la respuesta del padre?
12. ¿Qué le contestó el colorado?
13. ¿Por qué el Tuerto siente admiración por el padre?
14. ¿Qué iba a hacer el niño el lunes?

B. *¿Son verdaderas o falsas las siguientes oraciones?*

1. El niño creía que su padre era un cobarde.
2. Los papás de los compañeros del niño usualmente llevaban armas.
3. A Felipe Chaveta lo asesinaron con un tajo de perrillo.
4. La trompeta del niño era un tallo de amapola.
5. El padre decidió parar en La Aurora porque tenía sed.
6. El Tuerto estaba comiendo galletas con jamón.
7. Todos en La Aurora bebían cerveza.
8. El colorado quería que el padre del niño le diera un cigarro.
9. El padre del muchacho acepta el trago que le ofrece el colorado.
10. El colorado y el padre del niño pelean con cuchillos.
11. El colorado le tuvo miedo al padre del joven.
12. El niño se siente orgulloso del padre porque sabe que es valiente.
13. El niño no piensa contarle a nadie lo que pasó en La Aurora.

C. *Sinónimos. De la lista a continuación, sustituya un verbo similar al verbo en bastardilla en cada oración. Haga todos los cambios gramaticales necesarios.*

tomar	**poseer**	**confirmar**	**volver**
seleccionar	**aparecer**	**decir**	**comer**

1. Mi padre no *tenía* ni una sola cicatriz.
2. Acababa de *comprobarlo* con gran pena.
3. Del asombro por poco me *trago* la trompeta.
4. Allí se jugaba barajas, se *bebía* ron, y casi siempre se daban tajos.
5. Los iba *escogiendo* uno a uno con fruición de fumador.
6. El machete *convertía* brazos en cortos muñones.
7. Veinte manos *surgieron* con cuchillos.
8. El lunes se lo *contaré* a los muchachos.

D. *Traduzca al español las siguientes oraciones.*

1. He was afraid that I might be a coward.
2. I did not have a scar on my body.
3. The boy tried to hide between his father's pant legs.
4. He selected the cigars with pleasure.
5. His father did not scorn the red-headed fellow.
6. I envied my friends who told of their fathers' deeds.
7. My father is a real he-man.
8. I still get a chill when I think of the knife.
9. He left the store walking very slowly.
10. My father paid for his cigars and said good night.

CAPÍTULO 15

Los hispanos en los Estados Unidos

En los Estados Unidos hay cerca de veinte millones de personas que hablan español. Para el año 2,000, se calcula que éste será el grupo minoritario más grande. El Departamento de Salud y Servicios Humanos pronostica que habrá más de treinta millones de hispanohablantes para fines de siglo.

Los tres grupos más representativos de las minorías hispánicas son los chicanos, los puertorriqueños y los cubanos. Se han escogido para este capítulo tres selecciones sobre estas minorías.

UNA FAMILIA INOLVIDABLE

VOCABULARIO ACTIVO

SUSTANTIVOS

la alegría happiness
la cabaña cabin
la cosecha crop
la delicia delight
el enano midget
el equipaje luggage
la hembra female
la indemnización compensation
el lío muddle, mess
la mejora improvement
la paga payment
el rechinar squeak
la temporada season
la tribu tribe

VERBOS

acomodar to lodge
ceder to give away
criar to raise
embellecer to beautify
enterarse to find out
herir to hurt, wound
recorrer to travel over
refunfuñarse to grumble
sembrar to plant

ADJETIVOS

ahorrado saved
apurado needy
destartalado falling apart
jactancioso boastful
orgulloso proud
raída worn out
vacío empty
valioso valuable
vetusto old

EXPRESIONES

atestado de full of
dejar de to stop
en cualquier faena in any task
estar dispuesto to be willing
gastar plata to spend money
hacerse cargo to take charge of
la ruda barriada the tough neighborhood
llegar a ser to become
más adelante later
ponerles a prueba to try them out

Un día oímos un rechinar° de frenos en el camino que lleva a la granja° de mi tío en el Valle de San Fernando; acto seguido vimos subir con dificultad hacia la casa un auto destartalado° y lleno de gente con pobre equipaje.° Era la temporada de los trabajadores migratorios de fruta pero aquella gente era diferente. Vestía ropa de ciudad, aunque bastante raída.°

to squeak
farm
falling apart
baggage

worn out

Trabajador chicano recogiendo fresas en California.

Los ocupantes del coche eran morenos° y bajos, por lo que parecían una tribu de enanos.° Ellos se presentaron a sí mismos como la familia Gómez. Papá Gómez y su esposa María debían de tener unos 50 años. De los cuatro hijos (tres varones° y una hembra°), el menor tendría 10 años y el mayor 15. Después de observar la granja por unos minutos con orgullosa° satisfacción de propietarios, nos informaron: que habían pasado el día recorriendo° el valle, y que habían decidido elegir nuestra granja para trabajar.

    Nos informaron que eran muy buenos trabajadores, con excepción del padre. Así pues,° trabajarían por la mitad de la paga° usual. Como a mi tío le gustaba economizar, decidió ponerles a prueba° por un día. Les indicó que se acomodaran en la vieja cabaña° que había sido anteriormente la casa de la granja. En pocas horas la casa se transformó en el hogar de los Gómez.

    Al pasar los días, les fuimos sacando a los Gómez cómo fue que se habían hecho trabajadores migratorios.

    Ellos eran vecinos de la ruda barriada° que se extiende al sur de la Calle del Mercado en San Francisco. Al padre, que había nacido en la ciudad, le gustaba el ruido, las multitudes, las tabernas, los salones de billar y trabajaba de peón° en una compañía constructora. María, su esposa, se había criado° en una granja. Ella sufría en aquel barrio atestado de° gente y se sentía prisionera en el oscuro apartamento. En los años se fue consumiendo y dejó de reír.° El señor Gómez quería devolverle la alegría° de su juventud, pero nunca tenía dinero para llevarla a pasar unas vacaciones al campo.

---

dark
midgets

males
female
proud

driving around

así pues thus / payment
ponerles a prueba to try them out
hut

ruda barriada tough neighborhood

unskilled laborer
raised
atestado de full of
dejó de reír she stopped laughing
happiness

Un buen día, el padre decidió que se irían a ganar la vida trabajando durante tres meses al año en el campo californiano. Hacía cuatro años que la familia pasaba los veranos en el campo, pero al padre le era imposible adaptarse. Dos de los hijos coincidían con él, pero se lo ocultaban a la madre. María era completamente feliz. Ella pasaba el invierno riendo y cantando para hacerles creer que le gustaba la vida de la ciudad, mientras que el resto de la familia pasaba el verano haciéndole creer a ella que les encantaba el campo.

Después de haber pasado un verano con la familia Gómez, llegó la época de marcharse. Pensamos que no les volveríamos a ver nuevamente. Nunca habían trabajado dos veces en la misma granja. Pero un día del verano siguiente oímos de pronto alegre gritería,° y allí estaban de nuevo, tan contentos de vernos como si fuésemos miembros perdidos de su familia. **uproar**

Ahora consideraban la granja como su segundo hogar, y empezaron a hacer mejoras° con orgullo de propietarios. Arreglaron el camino que conducía a las casas, luego sembraron° flores al borde del camino y alrededor de las casas, y en general embellecieron° la granja. Aquellos jardines° llegaron a ser la suprema delicia de mi tía. **improvements / they planted / they beautified / flower gardens**

Pintaron su cabaña, lo cual hizo que nuestra casa y establo lucieran como edificaciones vetustas° y grises.° Mi tía, no descansó hasta vencer la repugnancia de su marido por todo lo que fuese gastar plata° y le hizo llamar a unos pintores profesionales para que renovaran la casa. El tío refunfuñaba° diciendo: "no tendremos la granja más linda del valle, pero sí la más recién pintada." **old / gray / gastar plata to spend money / he would grumble**

Antes de que partieran el segundo año, la devoción que los Gómez sentían por nosotros fue puesta a dura prueba.° La escalera que llevaba al piso alto° del granero° estaba floja° desde hacía un tiempo. Mi tío tenía siempre la intención de clavarla° pero se le olvidaba. Un día mandó a Pedrito que subiese° al piso alto; la escalera cedió° y el muchacho fue llevado al hospital con la pierna izquierda rota en dos partes. **fue ... prueba it was truly tested / piso alto upper floor / barn / loose / to nail it / he would go up / it gave away**

Al día siguiente un joven abogado° se presentó en la granja. Se había enterado del accidente y estaba dispuesto° a hacerse cargo° del caso y reclamar judicialmente° una indemnización.° Entró en la cabaña con aire jactancioso° y cuando pasó un rato sin salir, mi tío se sobresaltó.° Finalmente, al no poderse dominar entró en la cabaña a ver lo que ocurría. Allí se enteró que los Gómez habían invitado a comer al abogado, pues creían que debía tener hambre para querer meterles° esas ideas en la cabeza. Era una filosofía sencillísima: "a un amigo no se le trata de sacar plata nunca, y el estómago vacío es la causa de todos los males."[1] **lawyer / willing / hacerse cargo to take charge / reclamar judicialmente to sue for / reimbursement / boastful / he was startled / querer meterles to want to put in them**

---

[1] **a ... males** one never makes money off a friend and an empty stomach is the cause of all evil.

Al acercarse el próximo verano, mi tío se vio obligado° a escribirles que no volvieran. Una helada tardía° había arruinado la cosecha de fruta. No iba a necesitar trabajadores . . . y desde luego° no podría permitirse tal gasto.° La carta se cruzó con otra de los Gómez en la cual anunciaban tristemente que no vendrían. Pedrito estaba enfermo en el hospital y como era natural no querían dejarle solo.

Imagínense cual sería nuestra sorpresa cuando dos semanas después oímos el matraqueo° que nos era familiar. Los vimos bajar del viejo auto y nos dijeron que no pretendían trabajar en nuestra granja . . . pero que, si no teníamos inconveniente,° les gustaría vivir en la cabaña mientras trabajan en otras granjas. Pronto vimos claramente que ellos pensaban que la pérdida de la cosecha° nos había dejado en apurada° situación. Habían venido para ayudarnos y asegurarse de que no moriríamos de hambre. Cada vez que cocinaban, uno de los Gómez se aparecía en la casa con una cazuela,° y nos solían decir: "Mamá cocinó hoy más de la cuenta,"° para no herir° nuestra suceptibilidad. Estaban todo el día trabajando en otra granja, pero al regresar siempre ayudaban a mi tío en cualquier faena.°

Durante las cuatro semanas de su permanencia, los Gómez nos prestaron° infinidad de servicios. Y cuando ya se habían ido para San Francisco, mi tío descubrió el último regalo. Habían dejado sobre la mesa de la cabaña una cantidad de dinero . . . la reserva ahorrada en semanas de duro trabajo y que ellos tan desesperadamente necesitaban. Junto al dinero había una nota: "Para ayudar en la nueva cosecha. Volveremos el año que viene. Sus amigos, los Gómez."

Mucho tiempo después mi tío supo por qué Pedrito había estado en el hospital. La pierna rota en el accidente del granero no había soldado° bien y hubo que arreglarla de nuevo.

Nunca más vi a los Gómez. Fui al este y no volví a pasar las vacaciones en la granja. Pero mi tío me dio noticias de ellos a menudo con admiración y dulzura. Volvieron todos los veranos hasta que el tío murió, llevando siempre consigo aquel raro y valioso regalo: la grandeza y la generosidad de sus sencillos corazones.

Por Pamela Hennell
(Adaptado de *Selección de Selecciones*)

---

se vio obligado he was forced
helada tardía late frost
desde luego after all
tal gasto such expense

rattle

si . . . inconveniente if we didn't mind

harvest

needy

pot
más de la cuenta too much
to hurt, injure

task

they gave (did for) us

healed

Ejercicios

A. *Preguntas sobre la lectura.*

1. ¿Dónde está la granja del tío?
2. ¿Qué vieron subir hacia la casa?
3. ¿Qué temporada era?
4. ¿Cómo eran los ocupantes del coche?
5. ¿Cómo se llamaba la familia?
6. ¿Cuántos eran en la familia?
7. ¿Qué les informaron?
8. ¿Por qué el tío decidió ponerles a prueba?
9. ¿Dónde se acomodaron los Gómez?
10. ¿De dónde venían los Gómez?
11. ¿Dónde había nacido el papá?
12. ¿Dónde se había criado María?
13. ¿Por qué la familia se pasaba los veranos en el campo?
14. ¿Cómo consideraban los Gómez la granja?
15. ¿Qué hicieron para embellecer la granja?
16. ¿Qué pintaron?
17. ¿Qué tuvo que hacer el tío para embellecer la casa?
18. Cuando refunfuñaba el tío, ¿qué decía?
19. ¿Qué le pasó a Pedrito?
20. ¿Quién se presentó en la granja?
21. ¿Qué estaba haciendo el abogado cuando el tío entró en la cabaña?
22. ¿Cuál era la filosofía de los Gómez?
23. ¿Por qué el tío les escribió que no volvieran el tercer verano?
24. ¿Por qué los Gómez no pensaban ir?
25. ¿Por qué decidieron los Gómez ir a la granja?
26. ¿Qué llevaban los Gómez a la casa todos los días?
27. ¿Qué hicieron durante cuatro semanas?
28. ¿Qué dejaron en la mesa al marcharse?
29. ¿De qué se enteró el tío más adelante?
30. ¿Volvió a ver la narradora a los Gómez?
31. ¿Cuál era el valioso regalo de los Gómez?

B. *Escoja la palabra que mejor complete la oración de acuerdo con la lectura.*

1. Un día oímos un rechinar de _____.
   a. coches   *b.* frenos   *c.* camiones
2. El auto estaba lleno de gente con pobre _____.
   a. ropa   *b.* vestidos   *c.* equipaje
3. Vestían con ropa de ciudad aunque bastante _____.
   a. raída   *b.* lucida   *c.* bonita

4. Los hijos eran tres varones y una _____.
   a. niña   b. chica   c. hembra

5. Nos informaron que eligieron nuestra granja para _____.
   a. vivir   b. trabajar   c. cultivar

6. Trabajarían por la mitad de la paga _____.
   a. normal   b. actual   c. usual

7. La cabaña en pocas horas se transformó en un _____.
   a. hogar   b. casa   c. mansión

8. El señor Gómez quiso devolverle la alegría de su _____.
   a. niñez   b. juvenil   c. juventud

9. María era completamente _____.
   a. contenta   b. feliz   c. alegre

10. La escalera del granero estaba _____.
    a. rota   b. suelta   c. floja

11. El joven abogado quería hacerse cargo del _____.
    a. caso   b. lío   c. problema

12. Mi tío no pudo dominarse y entró en la _____.
    a. casa   b. cabaña   c. granja

13. No querían herir nuestra _____.
    a. orgullo   b. suceptibilidad   c. sensibilidad

14. La pierna de Pedrito no había _____.
    a. curado   b. mejorado   c. soldado

15. Volvieron todos los veranos hasta que mi tío _____.
    a. se retiró   b. murió   c. se enfermó

C. *¿Son verdaderas o falsas las siguientes oraciones?*

   1. Los ocupantes parecían una tribu de enanos.
   2. El matrimonio Gómez tenía unos 40 años.
   3. La familia tenía siete miembros en total.
   4. El menor de los hijos tenía nueve años.
   5. Se acomodaron en la casa principal.
   6. Vivían en San Diego.
   7. A María no le gustaba el campo.
   8. Trabajaban durante tres meses como trabajadores migratorios.
   9. Tenían orgullo de propietarios por la granja.
   10. Mi tío decía que nuestra granja era la más linda del valle.
   11. Pedrito se rompió el brazo en dos partes.
   12. El abogado entró en la cabaña con aire jactancioso.
   13. Los Gómez nunca le sacaban plata a un amigo.
   14. A Pedrito le soldó bien la pierna.
   15. Los Gómez nunca más volvieron.

LA CALLE OCHO

VOCABULARIO ACTIVO

SUSTANTIVOS

la abnegación   self-denial
el comercio   business
la costumbre   custom
el criollo   native of America
el desterrado   exiled person
la fachada   front, facade
el género   class
el muestrario   showcase
el sabor   flavor

VERBOS

asegurarse   to make sure
discutir   to argue
gesticular   to make gestures
imponer   to impose
opinar   to argue
sospechar   to suspect

ADJETIVOS

acogedor   hospitable
desventurado   unfortunate
errante   wandering
luminoso   shining
soportable   bearable

EXPRESIONES

a gritos   with loud voices
darse cuenta   to realize
de costumbre   as usual
de habla hispana   Spanish-speaking
de nuevo   again

Miami es Para Mí

Cubanos jugando dominó en el Restaurante Ayesterán de Miami.

En la literatura hispanoamericana el artículo de costumbre es un género popular. Se puede definir como una corta narrativa en la que el autor describe costumbres, paisajes, usos o personajes típicos de la sociedad. El artículo que se leerá a continuación, es un cuadro ameno,° en el que Eladio Secades, el costumbrista cubano más notable, trata de divertirnos° con la descripción de lo que hoy se conoce como "Little Havana," el barrio al suroeste del centro de Miami. Los cubanos, con su presencia, lo han convertido en un pedazo de su tierra añorada.°

cuadro ameno   pleasant scene
to amuse us

longed-for

El exilio impone° a quien lo sufre abnegación y heroísmo. Sin embargo, el exilio de los cubanos en Miami parece menos exilio. Tiene compensaciones íntimas que no se encuentran en otras partes. El desterrado° que sube al norte, tendrá que adaptarse. Los que se han quedado en Miami han formado una Cuba minúscula, maravillosa, y nueva. La pena de la patria perdida la disminuye bastante la sensación de que se vive en una ciudad pacíficamente conquistada. Hay en Miami tantos cubanos y la manera de vivir ha adquirido un sabor tan criollo,[1] que a veces llegamos a pensar que el norteamericano es un extranjero. De pronto° oímos hablar inglés en la Calle Ocho y sospechamos que se trata de un turista desventurado° y errante.° Los nativos que tenían sus hogares y negocios en esta calle se han ido retirando, y ahora se pueden apreciar en las fachadas en letra luminosa los nombres de los comercios que en La Habana nos eran familiares.

imposes

El desterrado   The exiled (person)

De pronto   Suddenly

unfortunate / wandering

---

[1]**criollo**   a native Spanish American from Spanish descent. By extension the word **criollo** is used to refer to habits, customs, cuisine, etc. from Spanish America.

La Calle Ocho de Miami es como un catálogo orgulloso de lo que éramos y seguimos siendo. Del carácter que no pudieron quitarnos. Más que calle, es un muestrario° delicioso de los gustos, las costumbres y de las clases sociales cubanas.

showcase

Hay tramos° de la Calle Ocho cuyos vecinos° evocan al rico que dejó de serlo. Acaso° era socio° del Habana Yacht Club, gerente de empresa encautada.° Ahora maneja un ascensor° y tiene el pelo teñido° para aparecer más joven, mientras la esposa pega botones° en la factoría. Y todos con la moral muy alta.°

sections / neighbors
Perhaps / member
confiscated / elevator
bleached / **pega botones** sews
   buttons
con . . . alta hanging in there

La clase media tiene su representación en los Fernández, que en Cuba habían fabricado° una casita en el barrio de Lawton. Para un criollo lo más importante era tener su casa propia, todo lo demás° se arregla de alguna manera. Para construir una casa en Cuba había que ahorrar heroicamente, o si no ganarse el premio mayor° de la lotería nacional. En los Estados Unidos el techo° no se asegura nunca porque siempre se debe.°

built

lo demás the rest

premio mayor first prize / roof
se debe it is owed

Más que reproducción de Cuba, la Calle Ocho de Miami tiene sitios,° tipos y cosas que son pedazos de Cuba. Si el pensamiento nos ayuda algo, sentiremos la ilusión del regreso transitorio y teórico. El pan cubano. El café acabadito de colar.° Los grupos que se paran a discutir° en la esquina. La democracia interpretada a gritos.° Todos gesticulan y opinan al mismo tiempo. Y no escucha nadie. Es posible que los cubanos estemos de acuerdo y sigamos discutiendo. La discusión es una necesidad fisiológica heredada de los españoles.

places

acabadito de colar
   fresh-perked
to argue / **a gritos** with loud
   voices

La ocupación por los exiliados cubanos de la Calle Ocho proporciona un exilio más soportable° y acogedor.° Se ven salas que recuerdan las casas que nos quitaron.[2] La caja° con el juego de dominó. Los sillones° para la murmuración y el reposo.°

bearable / hospitable

box
rocking chairs / rest

Dicen que Miami es la capital del exilio y el consuelo se lo debemos a la Calle Ocho. Para muchos vecinos de esta zona, la relocalización hubiera sido un segundo destierro.°

exile

Por Eladio Secades
(Adaptado de *Las mejores estampas de Secades*)

---

[2]**nos quitaron**   they took away from us; i.e., the Castro government confiscated.

Ejercicios

A. *Preguntas sobre la lectura.*

1. ¿Qué impone el exilio?
2. ¿Qué tiene que hacer el desterrado que sube al norte?
3. ¿Qué han formado los cubanos que se quedaron en Miami?
4. ¿Qué se piensa de un norteamericano que va a la Calle Ocho?
5. ¿Qué se puede apreciar en las fachadas de los comercios?
6. ¿Qué nombres se les ha dado a los comercios?
7. ¿De qué es un muestrario la Calle Ocho?
8. ¿Qué representan los Fernández?
9. ¿Cómo interpretan los cubanos la democracia?
10. ¿Qué es una necesidad fisiológica de ellos?
11. ¿Cómo es el exilio en la Calle Ocho?
12. ¿Qué hubiera sido la relocalización?

B. *Preguntas para discutir en clase.*

1. ¿Conoce Ud. a algún exiliado político? ¿De qué país y por qué se fue?
2. ¿Ha estado Ud. en Miami? ¿A qué fue?
3. ¿Tiene Ud. amistad con una persona de habla hispana? ¿Por qué razón?
4. ¿Algún estudiante de la clase ha estado en la Calle Ocho? Descríbala.
5. ¿Sabe Ud. cuántos habitantes hay en Miami?
6. ¿Ha comprado Ud. alguna vez en un comercio donde se hable español? Explique.
7. ¿Ha tomado café cubano alguna vez? ¿Le gustó o no? ¿Por qué?
8. ¿A qué distancia está Cuba de Miami?
9. ¿Le gusta a Ud. discutir? ¿Por qué?
10. ¿Sabe Ud. jugar al dominó? Explique cómo se juega.
11. ¿Usa Ud. las manos cuando habla? ¿Qué grupos étnicos usualmente gesticulan?
12. ¿Qué hace Ud. cuando otra persona le habla? Explique.

C. *¿Son verdaderas o falsas las siguientes oraciones?*

1. El artículo de costumbre es un género popular.
2. El autor de este artículo es el señor Mario Hurtado.
3. La Calle Ocho está al sureste del centro de Miami.
4. El exilio de los cubanos en Miami es menos exilio.
5. La ciudad ha sido pacíficamente conquistada.
6. La manera de vivir ha adquirido un sabor criollo.

7. La Calle Ocho es un catálogo de lo que son los cubanos.
8. Paga un criollo lo más importante era tener un automóvil.
9. En los Estados Unidos el techo nunca se asegura.
10. Se puede comprar fácilmente café y pan cubanos.
11. Los cubanos no discuten.
12. Cuando están de acuerdo, no se dan cuenta.
13. El exilio en la Calle Ocho es insoportable.
14. Miami es la capital del exilio.
15. Si relocalizan a los cubanos, se sentirán exiliados de nuevo.

D. *Usando las palabras a continuación, forme una oración que tenga sentido.*

Ejemplo: Pedro / calle / salió / a la
Pedro salió a la calle.

1. compensaciones / tiene / que no / se encuentran / íntimas
2. patria / de la / perdída / la pena / disminuye / en Miami / el vivir
3. se han / ido / los nativos / retirando / sus hogares / que tenían
4. maneja / el pelo / un ascensor / ahora / y tiene / teñido
5. en el / Lawton / barrio d / habían fabricado / una / casita
6. que / se paran / los grupos / en las / a discutir / esquinas
7. nombres / que / son / familiares / nos eran
8. en la / pega / la esposa / botones / factoría /
9. tiene / la Calle Ocho / tipos y cosas / sitios / pedazos / de Cuba / que son
10. el reposo / murmuración y / los sillones / para / la

PUERTO RICO: VISIÓN PANORÁMICA

VOCABULARIO ACTIVO

SUSTANTIVOS

el ciudadano citizen
la confianza confidence
el crecimiento growth
la esclavitud slavery
el esclavo slave
el fuerte fort
la gama whole range
la raza race
el reto challenge

VERBOS

agobiar to overwhelm
añadir to add
desarrollarse to develop
desembarcar to land
desempeñar to play
enfrentarse to face
impartir to grant

predominar to dominate
regir to rule

ADJETIVOS

abolido abolished
amplio wide
escaso scarce
estratégico strategical

EXPRESIONES

a principios at the beginning
a raíz de right after the
bajar a tierra to go ashore
dar fin to end
debido a due to
hacerle frente to face
manos a la obra get to work
salvo except for

Introducción. Desde su institución° en el año de 1952, el Estado Libre Asociado de Puerto Rico ha sido un constante tema de estudio por parte de economistas, sociólogos y políticos debido a° sus particulares condiciones de asociación con los Estados Unidos de América. Esta asociación es única dentro de la estructura del sistema de gobierno norteamericano. Ha servido de modelo para otros países que procuran° encontrar los medios° para alcanzar progreso económico y social.

    A principios del siglo actual, dificultades extremas agobiaban° a la comunidad puertorriqueña. Salvo° su gente, que era y sigue siendo su mayor patrimonio,° Puerto Rico tenía muy escasos recursos° y un limitado territorio cultivable que no le permitía satisfacer las necesidades de alimentación de una población en rápido crecimiento.°

foundation

debido a due to

try to / means

overwhelmed
except for
asset
escasos recursos scarce
  resources
growth

La fortaleza "El Morro" es un buen ejemplo de las fortificaciones españolas que se construyeron en la época colonial para proteger el territorio de los ataques de los piratas y demás enemigos del Imperio.

Sin embargo, desde la década de 1940 en adelante, el país se enfrentó° a estos retos° con voluntad férrea y logró un amplio° desarrollo que impartió en sus ciudadanos un alto grado de dignidad en un mundo lleno de problemas complejos.

Hoy día, el pueblo puertorriqueño sigue demostrando° su capacidad para enfrentarse a las situaciones que caracterizan a la sociedad moderna, dentro de un sistema de gobierno basado en los más altos principios democráticos.

Comienzo de una era. Para los españoles que salieron de Cádiz el 25 de septiembre de 1493, transcurría el segundo mes de travesía° por el Atlántico. Había llegado el mes de noviembre y las embarcaciones navegaban[1] por el archipiélago donde un año antes ocurriera el gran descubrimiento. Marchando por estas aguas anclaron° en algunas islas donde recogieron° indios taínos, de carácter pacífico, que deseaban libertarse de las tribus caribes.

A mitad del camino por el archipiélago, divisaron° una isla que los nativos llamaban "Borinquén" y de donde eran oriundos°

se enfrentó faced / challenges / wide

showing

sea voyage

they anchored
they picked up

they sighted
natives

---

[1]**las . . . navegaban** the ships were sailing

"La Costa de Oro" de Puerto Rico, una de las playas más bellas del Caribe.

muchos de los libertados. Ya iban a pasarla de largo,[2] mas cuando pasaron por su ángulo oeste, se detuvieron a tomar agua.

Bajaron a tierra[3] y bautizaron la isla con el nombre de San Juan Bautista. Era el 19 de noviembre de 1493.

Para el español que por primera vez pisó las arenas cálidas,[4] en aquel momento esta isla era una más del conglomerado de islas del vasto archipiélago caribeño. Para la isla hospitalaria° que ofreció su agua al navegante° cansado fue aquél el comienzo de una nueva era de su civilización y el establecimiento de su fe cristiana.

hospitable
traveller

Colonización. Don Juan Ponce de León, compañero de Cristóbal Colón en aquel memorable segundo viaje, regresó a la isla en 1508 para colonizarla. En 1509, los reyes de España, Fernando e Isabel, lo nombraron Gobernador, convirtiéndose° en el primero de los gobernadores españoles que rigieron° el destino de este país hasta 1898.

becoming
they ruled

---

[2]**Ya . . . largo**   They were going to pass it by
[3]**Bajaron a tierra**   They went ashore
[4]**pisó . . . cálidas**   stepped on the warm sand

Durante cuatro siglos° los españoles se dieron a la tarea[5] de colonizar la isla. Por su localización estratégica, que podía llamársele la puerta del imperio español en América Latina, Puerto Rico desempeñó° un rol crucial en la defensa del imperio español ante los ataques de las potencias° europeas y de piratas aventureros. Prueba de ello son los imponentes fuertes y murallas° que bordean lo que hoy llamamos el viejo San Juan, la parte más antigua de la ciudad capital.

Herencia cultural. Puerto Rico posee una rica herencia cultural que es combinación de cuatro factores determinantes en su historia.

En primer término la influencia de sus habitantes originales, los indios taínos, se percibe aún en frases y vocablos° y en remanentes arqueológicos que nos permiten apreciar la forma de vida y costumbres de aquella raza.

Cuatro siglos de dominio español nos dieron la lengua española, la religión católica que aún predomina, una amplia muestra° arquitectónica y una rica gama de costumbres y tradiciones.

Los esclavos africanos que fueron traídos a la isla en el Siglo XVI (la esclavitud fue abolida en el 1873) añadieron el elemento africano que también influyó en la vida y tradiciones del pueblo puertorriqueño.

A raíz del° Tratado de París, que dio fin a° la Guerra Hispanoamericana en diciembre de 1898, llegaron a la isla los norteamericanos y con ellos un nuevo elemento en la vida y cultura de los habitantes de la isla que muchos denominan ''Perla del Caribe.''

Toda esta herencia cultural se evidencia no sólo en la vida y manera de ser del puertorriqueño, de profunda raíz hispanoamericana, sino también en una amplia riqueza literaria que ha trascendido hacia los países europeos y latinoamericanos.

Época moderna. Los Estados Unidos, al igual que España, reconocieron la importancia de Puerto Rico como un bastión defensivo. Asimismo,° reconocieron su obligación moral al asumir su soberanía sobre la isla.

''No hemos venido aquí a combatir contra un pueblo que durante siglos ha sido víctima de la opresión,'' expresó el General Nelson A. Miles poco después del desembarco por el pueblo de Guancia en 1898, ''por el contrario, queremos traerles protección a ustedes y a sus propiedades y otorgarles° las inmunidades y bendiciones° de las instituciones liberales de nuestro Gobierno . . . .''

Sin embargo, transcurrió un largo y a veces triste periodo de ajuste° entre ambas partes. No fue hasta que se estableció la ''Operación Manos a la Obra'' de don Luis Muñoz Marín en la década del

---

centuries

performed

powers

walls

terms

sample

A raíz del Right after the / **dio fin a** it ended

Likewise

to grant you

blessings

adjustment

---

[5]**se . . . tarea** they took to the task

1940 que se transformó la economía puertorriqueña. Luego con la institución del Estado Libre Asociado se creó una nueva perspectiva política en el país. No obstante,° las dificultades iniciales se vencieron y al presente la relación entre ambos territorios, los Estados Unidos y Puerto Rico es de mutua cordialidad y cooperación. El *status* de Estado Libre Asociado se aprobó el 25 de julio de 1952. Bajo este *status*, de unión permanente con los Estados Unidos, los puertorriqueños son ciudadanos americanos y se rigen por la Constitución del Estado Libre Asociado y la Constitución de los Estados Unidos. Su estructura y poderes se asemejan estrechamente a los de los demás[6] estados de la Unión Americana.

    No obstante Nevertheless

Los puertorriqueños utilizan el mismo sistema postal y monetario de los Estados Unidos y sirven en sus fuerzas armadas. Han adoptado muchas de las costumbres norteamericanas aunque conservan su idioma español y sus tradiciones heredadas de la época de colonización española.

La mayoría de los puertorriqueños favorece el actual *status* aunque también son muchos los que desean la estadidad° federada y un sector mínimo que prefiere la independencia.

    full-fledged statehood

Durante los últimos ocho años, de 1976 a 1984, el partido que gobernó el país era el Partido Nuevo Progresista, partidario de la estadidad. El Gobernador durante esos años fue el Lcdo.° Carlos Romero Barceló.

    Atty., lawyer

En las pasadas elecciones del 2 de noviembre de 1984, los votantes puertorriqueños eligieron al Lcdo.° Rafael Hernández Colón, candidato por el Partido Popular Democrático que es el responsable por la institución del Estado Libre Asociado en 1952. Rafael Hernández Colón gobernó la isla de 1973 a 1977. En esa ocasión llegó a la gobernación a la edad de 36 años siendo el Gobernador más joven que han tenido los puertorriqueños. En este nuevo término es el único Gobernador derrotado° que vuelve a ser seleccionado en votación libre y democrática para ocupar el puesto de Primer Ejecutivo de todos los puertorriqueños.

    licenciado i.e., lawyer

    defeated

En su mensaje el día de la toma de posesión del cargo,[7] Rafael Hernández Colón destacó° la importancia de Puerto Rico ante el resto de los países caribeños, el respeto por nuestra herencia hispánica y el propósito de continuar adelante° con los postulados del Estado Libre Asociado.

    he emphasized

    ahead

Esto se manifiesta en los siguientes párrafos de su mensaje ante el inmenso público que presenció su juramento como Gobernador:

---

[6]**se . . . demás**   closely resemble those of the remaining
[7]**el día . . . cargo**   the day of his inauguration (as Governor)

El Lcdo. Rafael Hernández Colón le habla al pueblo durante su última campaña política.

"Puerto Rico tiene un papel importante que desempeñar° para adelantar° la causa de la democracia entre los países caribeños. Vamos a asumir un rol de liderazgo para alcanzar aquellos objetivos valiosos que persigue la Iniciativa del Caribe del Presidente Reagan.

    "Vamos a convertirnos en un protagonista activo y creador en la promoción del desarrollo económico, de la estabilidad política y de la democracia en esta región. Vamos a brindarle° una mano amiga a nuestros vecinos° caribeños y, al mismo tiempo, vamos a fortalecer nuestra propia economía y nuestro desarrollo.

    "En 1992 se conmemora el V Centenario del Descubrimiento de América. Todos los países de América han sido invitados a participar junto a° España en los proyectos que ya han comenzado para la conmemoración de ese transcendental acontecimiento. Para incorporarnos a ese esfuerzo se constituirá la Comisión del Estado Libre Asociado de Puerto Rico encargada de estimular, desarrollar y coordinar los proyectos puertorriqueños y de representarnos en la Conferencia de Comisiones Nacionales de Países Iberoamericanos.

    "El V Centenario del Descubrimiento nos invita a un encuentro con nuestras raíces° y a un acercamiento° a los países hermanos y a la Madre Patria,° que constituyen la comunidad espiritual de naciones iberoamericanas. La conmemoración del V Centenario es momento de un reclamo° histórico para la reafirmación de nuestra voluntad° de ser, de nuestra personalidad de pueblo, de la historia,

to perform
to advance

to offer
neighbors

junto a *together with*

roots / rapprochement
Madre Patria *Motherland*

claim
will

valores,° tradiciones, cultura y actitud ante la vida, que nos brindan nuestro propio perfil° y son credenciales de nuestra identidad."

Con estas palabras se puede apreciar la confianza° que tiene el Gobernador Hernández Colón de que su pueblo posee la capacidad de hacerle frente al futuro con optimismo y que su política llevará al país hacia más elevados niveles° de calidad de vida.

values
profile
confidence

más . . . niveles   higher levels

Por Daniel Vélez,
Secretario de Prensa del Gobernador Hernández Colón

Ejercicios

A. *Preguntas sobre la lectura.*

1. ¿Por qué es tema de estudio Puerto Rico desde 1952?
2. ¿Cuál era la situación de Puerto Rico a principios del siglo actual?
3. ¿Qué ha pasado desde la década de 1940?
4. ¿Cómo llamaban los nativos a Puerto Rico?
5. ¿Qué nombre le dieron los españoles a Puerto Rico?
6. ¿Quién colonizó a Puerto Rico?
7. ¿Cuánto tiempo duró la colonización?
8. ¿Por qué desempeñó Puerto Rico un rol crucial en la defensa del imperio español?
9. ¿Cómo se llamaban los indios puertorriqueños?
10. ¿Qué cosas dejó en Puerto Rico el dominio español?
11. ¿Cuándo llegaron a la isla los esclavos africanos?
12. ¿A qué dio fin el Tratado de París?
13. ¿Cuándo y dónde desembarcó el General Miles en Puerto Rico?
14. ¿Cuándo se transformó la economía puertorriqueña?
15. ¿En qué fecha adquirió Puerto Rico el *status* de Estado Libre Asociado?
16. ¿Qué dos constituciones rigen a los puertorriqueños?
17. ¿Quién fue gobernador de Puerto Rico de 1976 a 1984?
18. ¿Quién salió electo en noviembre de 1984?
19. ¿Qué pasará en 1992?
20. ¿En qué tiene confianza el Gobernador Hernández Colón?

B. *¿Son verdaderas o falsas las siguientes oraciones?*

1. A principios de este siglo, la situación económica de Puerto Rico era buena.
2. El Estado Libre Asociado de Puerto Rico es una asociación única dentro del sistema de gobierno de los Estados Unidos.

3. Desde la década de 1940, Puerto Rico ha encontrado dificultades para desarrollarse.
4. Los españoles bautizaron a Puerto Rico con el nombre de Borinquén.
5. Ponce de León colonizó a Puerto Rico en 1508.
6. En 1509, Cristóbal Colón fue nombrado gobernador de Puerto Rico por los reyes Fernando e Isabel.
7. Puerto Rico tiene una posición estratégica.
8. La parte más antigua de Puerto Rico es el viejo San Juan.
9. No existen fuertes ni murallas en San Juan.
10. La primera raza que vivió en Puerto Rico fue la india.
11. La esclavitud fue abolida en Puerto Rico en 1873.
12. La Guerra Hispanoamericana terminó en 1898.
13. El Tratado del Caribe finalizó la Guerra Hispanoamericana.
14. Los norteamericanos llegaron a Puerto Rico en 1898 con buenas intenciones.
15. Los puertorriqueños son ciudadanos de los Estados Unidos.
16. La "Operación Manos a la Obra" transformó la economía puertorriqueña.
17. Puerto Rico sólo tiene una constitución.
18. El sistema monetario de Puerto Rico es igual al de los Estados Unidos.
19. La mayoría de los puertorriqueños desea la estatidad federada.
20. Carlos Romero Barceló fue gobernador entre 1976 y 1984.
21. Rafael Hernández Colón ha sido gobernador dos veces.
22. En 1992 se conmemora el IV Centenario del Descrubrimiento de América.
23. Las palabras del Gobernador Hernández Colón nos indican que tiene fe en el futuro de Puerto Rico.

C. *Escoja la palabra que mejor complete la oración de acuerdo con la lectura.*

1. Desde su _____ en el año 1952, Puerto Rico es un Estado Libre Asociado.
   a. nacimiento   *b.* muerte   *c.* fundación
2. Puerto Rico ha servido de _____ para otros países.
   a. ejemplo   *b.* barrera   *c.* duda
3. El sistema de gobierno de Puerto Rico es _____.
   a. democrático   *b.* dictatorial   *c.* totalitario
4. Puerto Rico forma parte de un _____.
   a. nación   *b.* archipiélago   *c.* isla
5. "Borinquén" es un nombre _____.
   a. francés   *b.* español   *c.* indio

6. La primera vez que los españoles bajaron a tierra en Puerto Rico lo hicieron porque necesitaban tomar _____.

   a. agua   *b.* comida   *c.* provisiones

7. Los primeros habitantes de Puerto Rico fueron los indios _____.

   a. aztecas   *b.* taínos   *c.* caribes

8. _____ fue el autor de la "Operación Manos a la Obra."

   a. Romero-   *b.* Hernández-   *c.* Muñoz-
       Barceló   Colón   Marín

9. La relación entre los Estados Unidos y Puerto Rico es _____.

   a. cordial   *b.* hostil   *c.* problemática

Vocabulario

Omitted from the vocabulary are: (a) articles; (b) personal pronouns; (c) demonstrative and possessive adjectives and pronouns; (d) adverbs ending in -*mente* when the corresponding adjectives are listed; (e) verb forms other than the infinitive except some uncommon irregular forms and irregular past participles with special meanings when used as adjectives; (f) names of persons, places, and general references explained in the notes; (g) identical or easily recognizable cognates; (h) numbers, days of the week, and names of months; and (i) diminutives and superlatives unless they have special meaning.

Gender of nouns has not been indicated in the cases of masculines ending in -*o* and feminines ending in -*a*, -*ad*, and -*ión*. Adjectives are given in their masculine singular form only.

The following abbreviations are used:

adj. adjective	*fig.* figuratively	*n.* noun
adv. adverb	*indef.* indefinite	*pl.* plural
Am. Americanism	*inf.* infinitive	*p.p.* past participle
conj. conjunction	*interj.* interjection	*prep.* preposition
eccles. ecclesiastic	*lit.* literally	*pron.* pronoun
f. feminine	*m.* masculine	*rel.* relative

a at, by, in, on, to
  a causa de because of
  a costa de at the expense of
  ¿a dónde? (to) where?
  a duras penas scarcely
  a eso de at about (*time*)
  a hurtadillas furtively
  a la larga in the long run
  a largo plazo long-term
  a la vez at the same time
  a media voz in a whisper
  a medida que as; while

  a modo de as, like, in the manner of
  a no ser que unless
  a pesar de (que) in spite of (the fact that)
  a propósito by the way
  a ratos from time to time
  a tiempo on time
  a través de through
  a ver let's see
abajo *adv.* down, below; downstairs

abono fertilizer; payment, installment
abordar to approach
abrigo coat
abrumador *adj.* crushing, overwhelming
abuela grandmother
abuelo grandfather
acabar to end, finish
  acabar de (+ *inf.*) to have just
acaloradamente *adv.* heatedly

acarrear   to transport; to bring about (harm, disaster)
acercamiento   rapprochement
acercar   to bring near, draw up
acercarse   to get near, approach
acertar   to guess right
acíbar   bitterness
   beber el acíbar   to suffer the frustration
acierto   success
acogedor *adj.*   friendly, hospitable
acometedor *adj.*   enterprising
acometer   to attach; to undertake
acomodado *adj.*   well-off, wealthy
acomodador *m.*   usher
acomodar   *(cosa)* to arrange; *(a una persona)* to lodge
acomodarse   to make oneself comfortable; to relax
aconsejable *adj.*   advisable
acontecimiento   event
acoplar   to couple, connect, pair
acoplarse   to adapt oneself
acuatizar   to land in the sea
acuerdo   agreement; decision; opinion
   de acuerdo con   according to
   estar de acuerdo   to be in agreement
   ponerse de acuerdo   to come to an agreement
achacar   to blame; attribute, impute
adelantar   to advance, progress, better
adelantarse   to get ahead
adelgazamiento   loss of weight
adelgazar   to thin out, lose weight
adentro *adv.*   within, inside
   mar adentro   out to sea
   tierra adentro   inland
adiestramiento   training; drill
adivino   fortune teller; soothsayer

admirar   to admire
admirarse   to be amazed; to wonder
adular   to flatter
advertir   to notice; to warn
afán *m.*   eagerness
afecto   affection
afectuoso *adj.*   affectionate
aferramiento   grasping; stubbornness; tenacity; attachment
afluente *adj.*   abundant; *n.* tributary
afrontar   to face
agarrar   to grab, get, grasp
agarrarse   to cling
agobiar   to overwhelm
agotador *adj.*   exhausting
agradar   to please
agregar   to add, join
aguacate *m.*   avocado
aguardar   to wait, wait for, expect
agudo *adj.*   sharp; keen, witty; acute; shrill
ahogar   to drown
ahorrar   to save
ahorro   saving, economy
ahumado *adj.*   smoked
aislado *adj.*   isolated
ajeno *adj.*   another; foreign, alien
ajo   garlic
al = a + el   to the
   al aire libre   outdoors
   al lado de   besides
   al menos   at least
   al por mayor   wholesale
alabanza   praise
alabar   to praise
alardear   to boast, brag
albornoz   bathrobe (of terry cloth)
alcance   reach, scope
   dar alcance a   to catch up with
alcanzar   to reach, obtain; to overtake
alegarse   to argue; to assert
alegrar   to brighten, cheer up
alegrarse   to be glad
alegría   happiness

alejar   to remove, move away from
alejarse   to leave, go away
alentador *adj.*   encouraging
alevoso *adj.*   treacherous
aliento   breath
alimentar   to feed, nourish
alimento   meal, food
aliviar   to feel relief; to lighten
aliviarse   to get better
alma   soul, spirit
almacén *m.*   warehouse; department store; store
alquitrán *m.*   tar
alrededor *adv.*   around, about
   alrededor de   approximately
altivez *f.*   arrogance
altivo *adj.*   arrogant
alto *adj.*   high, tall
altura   height; altitude
alzamiento   uprising, insurrection
alzar   to raise, lift
alzarse   to rise up in arms
allá *adv.*   there, over there
   allá ellos   that's up to them
   el más allá   the Great Beyond
   más allá   farther
allí *adv.*   there
   allí mismo   right there
   por allí   around there
amante *m.*   lover; *f.* mistress
amargar   to embitter
amargo   bitter
amatorio *adj.*   amatory
ambos *adv.*   both
ameno *adv.*   pleasant, agreeable
amígdala   tonsil
aminorar   to lessen
amistad   friendship
amistades *f. pl.*   friends
amo   owner, master, boss
amor *m.*   love
ampliar   to widen
analfabeto *adj.*   illiterate
anciano   old man
anclar   to anchor
ancho *adj.*   wide, broad; loose; roomy

andar to walk
andariego *adj.* roving; fond of walking
anhelar to crave, long for
anillo curl; ring
animado *adj.* lively
anímico *adj.* psychic; spiritual
ánimo spirit, mind
anochecer to get dark; to be or arrive at nightfall
ansia longing
ansioso *adj.* anxious
ante *prep.* before, in the presence of, in front of
  ante todo above all
anterior *adj.* before
antojarse to take a fancy to; to want, desire
  antojársele a uno to develop a sudden craving
antojo pleasure, whim, notion
anuncio announcement; advertisement
añadir to add
añorar to miss; to long for; to be homesick for
apagar to extinguish; to quench
apagarse to die out; to go out
aparcamiento parking lot
aparcar to park
aparecer to appeal, show up
aparición appearance
apartado *adj.* distant
apartar to separate; to remove
apartarse to withdraw; to step aside
apellido surname
apenar to grieve, afflict
apenarse to be grieved
apenas *adv.* hardly, scarcely; *conj.* as soon as
aperitivo appetizer
apestar to smell, stink; to corrupt
aplastar to crush
apoderar to empower
apoderarse de to take possession of, seize
apogeo highest point, height (of glory, fame, etc.)

aportar to contribute
apoyo support
apresurar to hurry
apresurarse to hasten
apretar to press; to squeeze; to urge on
aprovechar to profit; to progress; to utilize
  ¡que aproveche! may you enjoy it!
aprovecharse de to take advantage of
apuntar to aim
apurado *adj.* worried; needy
apuro need; worry
arado plow
arañado *adj.* scratched
archivar to file; to put away
arder to burn; to be consumed
arena sand; arena
arma arm, weapon
armario cabinet
armas armed forces
arte *m. and f.* art, craft; skill; cunning
  bellas artes fine arts
arraigado *adj.* fixed
arraigar to root, take root
arraigarse to become attached
arrancar to tear away; to uproot; to tear out
arrastrarse to crawl
¡arre! *(command)* get up there!
arrebatar to snatch away
arreglar to fix
arriba *adv.* above; upstairs
  de arriba a abajo from top to bottom; up and down
¡arriba! *(interj.)* hurrah!
arriero muleteer
arriesgar to risk; to undertake a venture
arrodillarse to kneel down
arrojar to throw, cast
arruga wrinkle
asar to roast
asarse to feel hot
ascensor *m.* elevator
asegurar to assure; to secure
asegurarse to make sure

así *adv.* so, thus, like this; therefore
  así pues thus
asistir to attend, be present; to help
asomar to appear, look out
asomarse a to take a look at, peek into
asombro amazement; fright
astro star; planet
asumir to assume
asunto subject matter; topic; business; affair
asustar to frighten, scare
atar to tie, fasten
atardecer *m.* dusk
atascarse to get bogged down
aterrizar to land
atestado *adj.* crowded, jammed
atolladero mudhole
atrapar to catch; grab
atrás *adv.* behind, back, backward
  más atrás farther back
atrasado *adj.* late, backward
atropellar to run over; to trample upon
aturdido *adj.* dazed
audacia daring, boldness
auge *m.* boom (in the market); boost (in prices)
aún *adv.* even, still, yet
aunque *conj.* although
autóctono *adj.* indigenous
automovilista *m and f.* motorist
autoretrato self-portrait
auxiliar *m.* helper; assistant; *inf.* to help
auxilio help, aid
avergonzar to shame
averiar to damage, spoil, hurt
averiguar to investigate; to find out
ayudante *m.* aid; assistant
ayudar to help, aid
ayuntamiento city hall
azar *m.* unforseen event, chance
  al azar blindly

azotar   to whip, beat, lash
azul *m.*   blue

bahía   bay
bajar   to go down, lower
bajo *adj.*   low; short; *prep.* under
  bajo techo   indoors
bajos   cuffs
balompié *m.*   soccer
baloncesto   basketball
banal *adj.*   banal; trivial
bandera   flag, banner
bañar   to bathe, wash; to dip
bañarse   to take a bath
  bañarse en el mar   to go swimming
barato *adj.*   cheap, inexpensive
barba   beard
barbería   barbershop
barbilla   point of the chin
barco   ship, boat
barrera   barrier; obstacle
barriada   neighborhood
barrio   neighborhood; district
bastardilla   italic type, italics
  en bastardilla   italics
bastón *m.*   cane, walking stick
bien *adv.*   well
  ahora bien   now then
  bien que   although
  más bien   rather
  o bien   rather
bienestar *m.*   well-being; welfare
bigote *m.*   mustache
blanco *n.*   target, goal
blando *adj.*   soft, smooth
boca   mouth; opening
  boca abajo   face downward
  boca arriba   face upward
bocadito   snack, sandwich, tidbit
bocado   mouthful, morsel
bolsa   bag, purse; stock exchange
bondad   kindness, goodness
bordillo   curb
borrar   to erase; to blot out

borrón *m.*   blot
bosque *m.*   forest, woods
bosquejo   survey; sketch, plan, outline
botar   to throw away; to fling; to launch
botón *m.*   button; bud
botones   bellboy
brillar   to shine, sparkle
brincar   to hop, skip
brindar   to offer; to invite
brindis *m.*   toast
brío   liveliness, vigor; courage, valor
bromear   to joke, jest
brújula   compass; magnetic needle
bufanda   scarf
bullicioso *adj.*   noisy, loud; stormy
buque *m.*   ship
burlar   to mock, ridicule
burlarse   to make fun of
burlas   mockeries
buscar   to look for
  buscarse la vida   to make a living

cabello   hair
caber   to fit into, go into; to have enough room for
  no cabe duda   there is no doubt
cabo   handle, tip
  al cabo   finally
  al cabo de   at the end of
  al fin y al cabo   in the long run
  de cabo a rabo   from beginning to end
  llevar a cabo   to carry out
cada *adj.*   each, every
  cada uno   each one, each
  cada cual   each one
cadera   hip
caer   to fall
  caer bien   to be becoming; to like
  dejar caer   to drop

caerse   to fall down, tumble
caída   fall
caja   case, box
  caja de ahorro   savings bank
  caja fuerte   strongbox, safe
cajetilla   small box; package of cigarettes
calambre *m.*   cramp
calcetín *m.*   sock
calefacción   heating
cálido *adj.*   warm, hot
calificar   to consider; to qualify
calor *m.*   heat, warmth
callar   to keep quiet
camarero   steward; valet; waiter
cambiar   to change
cambio   change; exchange
  en cambio   on the other hand
caminata   long walk
camiseta   undershirt
campana   bell
campesino   peasant; farmer
campo   field; country; camp
canasta   basket; crate
cancerígeno *adj.*   cancer-producing
cancha   court, playing field (*sports*)
cansado *adj.*   tired, tiresome, boring
cansancio   weariness, fatigue
cantidad   quantity
cantón *m.*   region
capaz *adj.*   capable
capote *m.*   cape
capsulado *adj.*   capped
captar   to grasp
carecer   to lack, be in need of
cargar   to carry; to load; to charge
caricia   caress
cariño   affection
carmelita *adj.*   light brown, tan
carne *f.*   meat
  carne propia   one's own flesh
carnero   ram, male sheep

carta letter; menu
cartomancia fortune telling
carrera career; race
carretera highway
casarse to marry
casco helmet
casi *adv.* almost
castaño *adj.* brown, chestnut-colored
castigo punishment; correction
caudillo leader, chief
cazuela pot
ceder to yield, give in; to cede, transfer
cegar to blind; to confuse
ceja eyebrow
celebrar to praise
célebre *adj.* famous
celos *m. pl.* jealousy, suspicion
  tener celos to be jealous
cenar to eat supper
cenicero ashtray
ceniza ash, cinder
centro center, middle; downtown
cicatriz *f.* scar
ciclismo cycling
ciencias comerciales business administration
cierto *adj.* certain, true
  ser cierto to be true
cima peak, top
cine *m.* movie, motion picture
cintura waist
cinturón *m.* belt
circo circus
clara egg white; *adj.* clear
  a las claras clearly, openly
clavar to stick, nail
clero clergy
cobarde *adj.* cowardly; timid; weak
cobrar to receive; to collect; to charge
cobro collection (of bills)
  a cobro revertido reverse charges, collect
cocinar to cook

cochino pig, hog; dirty person
codo elbow
coetáneo *adj.* contemporary
coger to take, grab
colar to strain, filter
cólera anger
colérico *adj.* irritable; angry
colgar to hang
colocar to place; to arrange; to give employment to
colocarse to position oneself
colorado *n.* a red-headed man
colorado *adj.* red
  ponerse colorado to blush
combustible *m.* fuel
comensal *m. and f.* table companion; dinner guest
comerciante *m.* merchant
como *adv. and conj.* as, like, such as; provided that; *Am.* approximately
¿cómo? *interj.* how? what (did you say)?
  ¡cómo no! yes, of course!
comodidad comfort
compañera comrade, companion, partner
compartir to share
compás *m.* beat
complacencia satisfaction
comportamiento behavior
comprender to understand; to realize
comprobar to verify; to check
conde *m.* count
conducir to drive; to guide, lead
conductor *m.* driver; leader; *adj.* conducting
confiar to trust, confide in
congoja anguish
conocimiento knowledge
conquistar to conquer, win
consejo advice
consigo with itself
consorte *m. and f.* mate; companion
contagiar to infect, contaminate

contagiarse to become affected by
contar to tell, relate; to count
contratiempo mishap
convenio pact, agreement
convertir to convert
convivir to live together
conyugal *adj.* marital
cónyuge *m.* husband; *f.* wife
cónyuges husband and wife, married couple
copa goblet
coquetear to flirt
corbata tie
cornamenta horns of any animal, antlers
corona crown; wreath
cortar to cut; to interrupt
corte *m.* cut; cutting
corto *adj.* short; scanty
correo mail, mail service; post office
  correo aéreo airmail
corriente *adj.* running; flowing; usual, common
  estar al corriente to be up to date
  llevarle la corriente a uno to humor someone
  poner a uno al corriente to keep someone posted
cosecha harvest
costado side
costilla rib; chop, cutlet
cotidiano *adj.* daily
cotizar to quote (prices)
convertir to convert
convertirse to become; to turn into
crecer to grow up, increase; to open wide
creencia belief, faith
cría de animales animal husbandry
criar to breed; to bring up; to nurse
criollo native of América; *adj.* national, domestic
crucero cruise, cruiser

crudo *adj.*   raw, uncooked; coarse
cruzar   to cross
  cruzarse con   to meet
cuadra   (street) block
cuadrado *adj.*   square; *n.* square ruler
cuadro   painting, picture; patch; scene *(theatrical)*
cuanto *rel. adj. and pron.*   all that, as much (as), whatever
  cuanto más   the more that
  en cuanto   as soon as
  en cuanto a   as to
¿cuánto, -a(-os, -as)?   how much (many)?
  ¿cuánto tiempo?   how long?
cuaternario *adj.*   quaternary
cubierto   place setting for one person at a table
cubiertos   silverware
cuchilla   large knife; blade (of any cutting instrument); *Am.* mountain ridge
cuello   neck, collar
cuenta   count; calculation; bill; account; bead (of a rosary or necklace)
  cuenta bancaria   bank account
  más de la cuenta   too much
cuerpo   body; bulk; corpse
cuidado   care; attention
  ¡cuidado!   look out!
  tener cuidado   to be careful
cuidar   to take care of, look after
cuidarse de   to be careful with
culpa   fault; guilt; blame
culpar   to blame
cumplido *adj.*   finished; complete; fulfilled
cumplir   to carry out; to fulfill
  cumplir años   to have a birthday; to be (so many) years old
cuna   cradle; origin
cuñada   sister-in-law
cuñado   brother-in-law
cura *m.*   priest; *f.* cure

cuyo *adj.*   whose, of whom, of which

chaqueta   jacket; sport coat
chino *adj.*   Chinese
chisme *m.*   gossip
chispa   spark; small diamond; wit
chispeante *adj.*   sparkling
chiste *m.*   joke, jest
chocar   to bump, collide, shock; to surprise
chorrear   to drip; to spout
chorrearse   to spill on oneself
chupar   to draw, suck

dama   lady
  dama de honor   lady in waiting; flower girl
daño   harm
dar   to give
  dar a luz   to give birth
  dar el sí   to consent (to marriage)
  dar en tierra   to touch the ground
  dar grima   to be disgusting
  dar lástima   to take pity
  dar muerte   to kill
  dar una vuelta   to take a ride
  dar vivas   to praise
  darle por   to take up
darse   to occur
  darse cuenta   to realize
  darse un chapuzón   to take a dip
daño   damage, harm, loss
de *prep.*   of, from; about, concerning
  de acuerdo con   according to
  de pacotilla   shoddy
  de pronto   suddenly
deber *m.*   duty, obligation; debt
débil *adj.*   weak, feeble
decaído *adj.*   depressed

decepcionado *adj.*   disappointed
décimo *adj.*   tenth
dedo   finger
dejar   to leave; to quit; to let go
  dejar caer   to drop
  dejar de   to stop
delantal *m.*   apron
delante *adj.*   before, in front; ahead
  delante suyo   ahead of him
delgado *adj.*   thin; slender
demás *indef. adj. and pron.*   besides
  lo demás   the rest
  los demás   the rest; the others
demorarse   to take too long; to linger; to be delayed
dentro *adv.*   inside, within
  allí dentro   in there
  dentro de poco   in a short while
  por dentro   inside
derecho   law; *adj.* right; straight
derrocar   to overthrow
derrochar   to waste; to squander
derroche *m.*   waste
derrota   defeat
derrotar   to defeat; to destroy
desafiar   to defy; to challenge
desafinado *adj.*   out of tune
desafío   challenge
desajuste *m.*   dissension
desarmado *adj.*   unarmed
desarrollado *adj.*   developed
desarrollar   to unroll, unfold; to explain
desarrollarse   to develop; to unfold
desatar   to untie, unfasten
descabellado *adj.*   absurd
descalzo *adj.*   bare, barefoot
descansar   to rest
desconfiar   to distrust, lose confidence
desconocido *adj.*   unknown; *n.* stranger

descubrir to discover, uncover

descuidado *adj.* careless, negligent

descuido carelessness, neglect; error

desde *prep.* from; since

   desde luego of course

   desde que *conj.* since, ever since

desdecir to be out of harmony; to contradict

desdén *m.* disdain, scorn

desear to desire, want; to wish

deseo desire

desempeñar to take out of hock

   desempeñar un cargo to perform the duties of a position

   desempeñar un papel to play a part

desenfado ease, freedom

desequilibrado *adj.* unbalanced

desequilibrio lack of balance; mental disorder

desfile *m.* parade

deshacer to undo, untie; to dissolve

deshacerse to melt

   deshacerse de to get rid of

desmayarse to pass out, to faint

desmentir to deny

desnudo *adj.* bare, naked

despachar to dispatch, send; to finish off

despecho spite

despedida farewell

   despedida de soltero last bachelor party

despedir to discharge, dismiss

despedirse to take leave, say goodbye

despegar to take off; to detach

despejado *adj.* clear

desperfecto damage

despertador *m.* alarm clock

despertar to wake up; to awaken

desplazar to displace, move

despreciar to scorn, despise

desprecio despise, distain

desprender to unfasten, loosen; to detach

desprenderse to get loose, get rid of

desprevenido *adj.* unprepared

destacar to stand out; to emphasize

destartalado *adj.* ramshackle; falling apart

desterrado *n.* exile; outcast; *adj.* exiled, banished

desterrar to banish

destierro exile

destreza dexterity, skill, ability

desván *m.* attic

desventurado *adj.* unfortunate, unhappy, miserable

desviar to deviate; to swerve

desviarse to shift direction

detener to stop; to detain; to arrest; to hold

detrás *adv.* behind

   detrás de after

   por detrás by the rear, from behind

diario *adj.* daily; *m.* newspaper; diary

dibujar to sketch, draw

dibujo drawing

dicho *p.p.* said; *n.* saying

diente *m.* tooth

dinero money; currency

dirección direction, guidance; address

   dirección a towards

discrepar to differ

disculparse to apologize

discurrir to ramble about; to discuss

discutir to argue

disfraz *m.* disguise, mask; masquerade costume

disfrutar to enjoy

disgusto quarrel

dispuesto *adj.* ready; disposed; fit

distraer to distract, divert; to amuse

distraerse to have a good time; to be absent-minded

divertido *adj.* amusing, funny

divertir to amuse

doblar to fold; to double; to toll

   doblar la esquina to turn the corner

doblarse to bend down; to give in

dolencias estomacales stomach trouble

doler to hurt, ache

dolor *m.* pain, ache; sorrow

doloroso *adj.* painful

domador *m.* tamer

dominio domain, authority, mastery (of a science, art, language, etc.)

dorado *adj.* golden; gilded

dormitorio bedroom

ducha shower (bath)

ducharse to take a shower

duda doubt

   por las dudas just in case

dudoso *adj.* doubtful, uncertain

duelo a group of mourners; grief, sorrow

dueño owner; master

dulce *adj.* sweet; gentle; mild

dulzura sweetness

durar to last; to wear well

dureza hardness; harshness

duro *adj.* hard; harsh

echar to throw; to expel

   echar a correr to run away

   echar de menos to miss

   echarse a perder to spoil

   echarse boca abajo to stretch out on one's stomach

edad age

   Edad Media Middle Ages

eficaz *adj.* effective

ejercer   to practice
elegir   to elect, choose
elevado *adj.*   high
elogio   compliment
embarazar   to make pregnant
embarazarse   to become pregnant; to become embarrassed
embarcación   vessel
embelesado *adj.*   enraptured
embellecer   to beautify
embotellamiento   traffic jam
embutido   salami; sausage
empedrado *adj.*   paved with cobblestones
empeorar   to impair; to grow worse
emprender   to embark; to undertake
empresa   enterprise, undertaking, company
empujar   to push, shove
empuje *m.*   push, shove
enamorar   to court, woo
enamorarse   to fall in love
enano   dwarf; midget
encajar   to fit
encaminarse   to be on one's way; to be intended for
encargar   to entrust; to put in charge of
encautado *adj.*   confiscated
encauzar   to channel, direct
encender   to turn on; to light
encerrar   to lock up
encía   gum (of the mouth)
encima *adv.*   over, above, on top
encontrar   to find, meet
encontrarse   to realize; to coincide; to meet
encuadernación   binding
encuesta   search, inquiry, investigation; survey, poll
endocrino *adj.*   endocrine
enfermedad   sickness, illness
enfermo *adj.*   sick, ill
enfisema *m.*   emphysema
enfoque *m.*   approach
enfrentar   to put in front; to face

enfrentarse con   to confront
enfriar   to cool, chill
engalanado *adj.*   dressed up
engañar   to deceive
engendrar   to produce; to cause
enjuiciamiento   judgment
enjuiciar   to judge; to indict; to prosecute; to try (a case)
enlatado *adj.*   canned
enlodado *adj.*   muddy
enojado *adj.*   angry
enojar   to make angry, annoy
enojarse   to get angry
enraizado   rooted
enredar   to entangle, mix up
enredarse   to get trapped
   enredarse con   to have an affair with
enredador   troublemaker
entallar   to fit closely (*clothing*); to carve
enterar   to inform; to acquaint
enterarse   to find out, learn
entre   between, among
   entre sí   between themselves
entregar   to deliver, hand over
entregarse   to surrender, give up
entremés *m.*   relish, side dish, hors d'oeuvres
entrenar   to train
envejecer   to grow old; to make old
enverdecer   to turn green
enviar   to send
época   time; epoch
equipaje *m.*   luggage, baggage
equipo   team; equipment
equitación   horsemanship, horseback riding
equivocación   error, mistake
equivocado *adj.*   mistaken
equivocarse   to make a mistake
errante *adj.*   wandering
errar   to err, make mistakes, miss
escalera   stairs; ladder

escaloncito   step
escenario   stage
escéptico *adj.*   skeptic
Escocia   Scotland
escoger   to choose, pick out
esconder   to hide, conceal
escote *m.*   low neckline
escritorio   desk
escrutar   to scrutinize
escurridizo *adj.*   slippery
esfuerzo   effort; stress
esfumarse   to banish
espada   sword
espalda   back, shoulder
   a espaldas   behind one's back
   de espaldas   on one's back
espantar   to frighten, scare
espantarse   to be scared; to be astonished
espanto   horror; terror
esparcir   to scatter, spread
espejo   mirror
espejuelos   eyeglasses
esperanza   hope; expectation
esperar   to wait, wait for; to hope; to expect
espeso *adj.*   thick, dense
esquina   corner, angle
estacionar   to park
estancamiento   stagnation
estantería   shelves
estar   to be
   estar a gusto   to be pleased
   estar de moda   to be fashionable
   estar de prisa   to be in a hurry
   estar listo   to be ready
estatidad   full-fledged statehood
estelar *adj.*   stellar
estirar   to stretch, extend
   estirar la pata   to die
estirarse   to stretch out
estorbar   to hinder; to obstruct
estornudo   sneeze
estrecho *adj.*   narrow; tight
estrofa   stanza
etapa   stage

evitar to avoid

exigir to require; to demand

éxito success

expectorar to expectorate, cough up

experimentar to experience; to test

extenso *adj.* ample; vast; spacious

extranjero *adj.* foreign; *n.* foreigner

extrañar to miss (a person or thing); to wonder at; to seem odd

extraviar to misplace

fabricar to build

faena task

falda skirt; lap; foothill

falta mistake; defect; deficiency

  hacer falta to be necessary

faltar to lack; to be absent; to fail

fallar to fail; to render a verdict

fallo mistake; verdict, judgment, decision; *adj.* lacking

fanfarrón *adj.* bluffer; braggart

fantasmal *adj.* ghostly

fastidiar to annoy, bother; to bore

fastuoso *adj.* ostentatious

fealdad ugliness

fécula starch

fecha date

felicitar to congratulate

fenecer to die

fenicio *adj.* Phoenician

feo *adj.* ugly, homely

ferrocarril *m.* railroad

ferroviario *adj.* railway, railroad

feto fetus

fiel *adj.* faithful, true

fielmente faithfully

fiera beast

fijar to fix, fasten; to establish

fijarse to settle

  fijarse en to notice

fila line; file; row

filial *f.* affiliate

filo edge; cutting edge

fin *m.* goal

finca *adj.* farm, ranch

fineza nicely; good manners

fingir to pretend, fake

fino *adj.* fine; nice; delicate

firma signature

flaco *adj.* thin, lean; frail

flamante *adj.* bright

flojo *adj.* lax; loose; lazy; weak

follaje *m.* foliage

fondo bottom; back; deep

  a fondo thoroughly

  en el fondo at heart

fondos funds

forjador *m.* forger; marker

fortalecer to strengthen

forro lining; covering; book cover

fracasar to fail

fracaso failure

frenar to stop; to brake

frenesí *m.* frenzy, madness

frente *f.* forehead

frío *adj.* cold, frigid

fruición fruition; enjoyment

fuego fire; passion

fuera *adv.* outside, out

fuerte *adj.* strong, loud

fuerza force, strength

fuga escape, flight; leak

gafas eyeglasses

gales adj. Welsh

ganado cattle, livestock

ganar to win; to profit; to earn

ganarse la vida to make a living

garbo elegance, graceful air

garganta throat, neck

garra claw, pay, hook

gasolinera gas station

gastar to spend; to wear; to use; to waste

gasto expense

gemelos twins; binoculars; cuff links

gerente *m., f.* manager

gira excursion, tour, outing

girar to revolve, rotate; to draw (checks, drafts, etc.)

golosina tidbit

goloso *adj.* greedy; gluttonous

golpe *m.* bump, stroke, knock

gordo *adj.* fat, thick, plump

gotear to drip; to leak

gozar to enjoy; to possess

gozarse to rejoice

grabar to carve; to engrave; to record

gracioso *adj.* funny, amusing

granero barn; grain bin

granja farm

grasa fat, grease

griego *adj.* Greek

gripe *f.* flu, grippe

gris *adj.* gray

gritar to scream; to shout

gritería uproar

grito shout, cry

grueso *adj.* fat; thick

guapo bully; quarreler; *adj.* brave, daring; handsome

guardar to keep; to guard

guardarropa *m.* wardrobe; cloakroom

guarnición garrison

guiar to guide; to drive (a car)

guiso stew

gula gluttony

gusto taste; pleasure

  estar a gusto to be comfortable

haber to have

hábil *adj.* skillful, capable, able

habilitar to enable; equip; furnish

hábilmente skillfully

habitación room, apartment

hábito   habit; custom; dress of ecclesiastics
hacer   to do; to make
  hacer caso   to pay attention
  hacer daño   to hurt
  hacer el agosto   to make a killing
  hacer frío (calor)   to be cold (warm)
  hacer seguir   to have one followed
  hacer trampas   to cheat
  hacerle el frente a   to face
  hacerse cargo   to take charge
hallar   to find
hambre *f.*   hunger
harto *adj.*   full; satiated; fed up
hastío   boredom
hay   there is, there are
  hay que (+ *inf.*)   it is necessary
  ¿qué hay?   what's the matter?
hazaña   deed, feat
hechizar   to bewitch; to charm
hechizo   spell
hecho   fact; act, deed
helada   frost
hembra   female
heredero   heir
hereje *m.*   heretic
herida   wound, injury
herir   to hurt, wound
herramienta   tool
hervida *adj.*   boiled
hervir   to boil
hidroavión *m.*   hydroplane
hielo   ice
hierro   iron; brand; weapon
hígado   liver
hogar *m.*   home; hearth, fireplace
hoja   leaf, petal
hombro   shoulder
hondo *adj.*   deep
horario   schedule, timetable
hospedaje *m.*   lodging, room and board
hueco   hole; *adj.* hollow, empty

hacer hueco   to make room
huelga   strike
huella   trace, footprint, mark
huérfano   orphan
hueso   bone
huésped   guest
huir   to flee, escape
humilde *adj.*   humble; meek
humo   smoke, fume, vapor
hundir   to sink, submerge
hundirse   to sink; to collapse

igual *adj.*   equal; even; constant
  al igual que   like
  serle igual a uno   to make no difference to one
impar *adj.*   odd
imponente *adj.*   imposing
improperio   insult
impulsar   to impel; to urge; to push
incansable *adj.*   tireless
incendio   fire
incertidumbre *f.*   uncertainty
incomodarse   to become annoyed
incómodo *adj.*   uncomfortable, inconvenient
indagar   to investigate, find out; to inquire
indebido *adj.*   crooked, illegal
indefenso *adj.*   defenseless, unprotected
indeseable *adj.*   undesirable, unwelcome
índice *m.*   index
inesperado *adj.*   unexpected
inevitable *adj.*   unavoidable
infatigable *adj.*   tireless, untiring
infeliz *m.*   unfortunate one
inflamar   to inflame, set on fire; to excite
informe *m.*   report, account; paper; *adj.* shapeless
infundir   to infuse, inspire, instill
ingenuo   naive; simple; sincere

ingerir   to ingest
ingresar   to enroll
inoportuno *adj.*   inopportune, untimely, unsuitable
inquieto *adj.*   restless
inquietud *f.*   restlessness; anxiety; fear
inquilino   tenant; lodger
insípido *adj.*   dull
insoportable *adj.*   insufferable, unbearable
insular *adj.*   insular, isolated, detached
intentar   to try, attempt
inútil *adj.*   useless
invernadero   greenhouse, hot house
inverosímil *adj.*   unlikely; improbable
investigación   research
ir   to go; to walk

jactancioso *adj.*   boastful
jadear   to pant
jaqueca   headache
jardín   yard; flower garden
jaula   cage
jinete *m.*   horseman
jugada   play in a game
jugo   juice; sap
juguete *m.*   toy
juicio   judgment
  perder el juicio   to lose one's mind
jurar   to vow, swear
juzgar   to sentence; to judge

kilo (kilogramo)   kilogram: metric unit equivalent to 2.2046 pounds

labio   lip
labor *f.*   labor, work
lado   side; direction
  al lado de   by (on) the side of
  del lado   from the direction

del otro lado de on the other side of
por su lado for (on) its part
lágrima tear
laguna lagoon; gasp; blank space
lámina engraving
lana wool
largo *adj.* long; *n.* length
  a la larga in the long run
  a lo largo lengthwise
  ¡largo de aquí! get out of here!
lástima pity
lastimarse to get hurt
lastimoso *adj.* pitiful
latir to beat, palpitate
lavandera laundress, washerwoman
leal *adj.* loyal
lealtad loyalty
lector *m.* reader
lecho bed
lejano *adj.* distant, remote, far away
lema *m.* motto
lentitud *f.* slowness
lento *adj.* slow; dull
lesión injury
letra handwriting; letter (of alphabet); lyrics
letras arts
letrero sign, poster, notice; legend (under an illustration)
levantar to raise, lift
  levantar el vuelo to take flight
  levantar los ojos to raise one's eyes
levantarse to get up, rise, stand up
leve *adj.* slight; light
leyenda inscription
libra pound
licenciado *Am.* lawyer
lidiar to fight; to contend
  lidiar con to deal with
lienzo canvas for painting
ligero *adj.* light

limpieza cleanliness, neatness; purity; honesty
línea line; limit
liso *adj.* smooth; plain, cloudless
liviandad lewdness; lightness
liviano *adj.* light; slight, unimportant, frivolous
local *m.* place; site; quarters
locura insanity; madness
lodo mud
logrado accomplished
lograr to achieve, attain, obtain, gain; to manage to; to succeed in
lozano *adj.* vigorous
lucir to look; to shine; to befit
lucha struggle, fight
luego *adv.* then, later
lugar *m.* place, site
lujo luxury, extravagance
  de lujo luxurious
luna moon
  en la luna absent-minded
lustro five years

llamativo *adj.* loud; showy, flashy
llave *f.* key; faucet
llegar to arrive
  llegar a to arrive at, attain
  llegar a (+ *inf.*) to get to
llenar to fill, stuff
  volver a llenar to fill again
llenarse to become full, fill up
llevar to carry; to bear; to wear
  llevar a cabo to accomplish
llevarse bien to get along
llover to rain
lluvia rain
lluvioso *adj.* rainy

machista chauvinistic
macho he-man; male
madrina godmother
madrugada dawn; morning
maestría great skill

maestro teacher; master
maja belle; *adj.* showy; pretty
mal *adj.* bad, evil, wicked; ill; difficult; *adv.* badly, poorly; wrongly; *n.* sickness
maldecir to curse
malentendido misunderstanding
malestar *m.* malaise, slight illness, discomfort
malgastar to squander, waste
malidicencia slander
malintencionado *adj.* ill-intentioned, malicious
maltratado *adj.* mistreated, abused, treated badly
malvado wicked person
mancha spot, stain
mandar to send; to command, order, rule
manera manner, way
maniobras maneuvers
manjar *m.* delicacy
mano *f.* hand; forefoot; clock-hand
manso *adj.* tame; delicate
mantel *m.* tablecloth
manzana apple
maquillar to apply cosmetics to, make up (face)
mar *m.* sea, ocean
marca brand
marco frame
mareo dizzy spell; seasickness
marfil *m.* ivory
marinero sailor
  tipo marinero bell-bottom
mariposa butterfly
marqués *m.* marquis
más *adj.* more; most
  más que more than
matraqueo rattle
matricular to register, enroll
mayor *adj.* greater; larger; older; main; major
  al por mayor wholesale
  mayor de edad of age
  mayores elders
mecedora swing
mecenas *m.* patron

médico   physician
medida   measure; gauge, rule
  a medida que   as; the same time as
medio *adj.*   half; middle; intermediate
mejilla   cheek
mejor *adj.*   better, best; rather
  a lo mejor   probably
mejora   improvement; betterment
mejorar   to improve
melena   mane
menospreciar   to look down on; to despise, scorn
mensual *adj.*   monthly
mente *f.*   mind, intellect
mentir   to lie
mentira   lie
mentiroso   liar, fibber
merced *f.*   favor; present; mercy
  a merced de   at the mercy of
  vuestra merced   your honor
merecer   to deserve
merendero   picnic stand
merienda   afternoon snack
mesero   waiter
mesón *m.*   inn
mesonero   innkeeper
meta   goal
meter   to get in, hide
meterse   to meddle, interfere
mezquita   mosque
microbio   microbe, germ
miedo   fear; dread
misa   mass
mitad   half
moda   mode, custom, style, fashion
  de moda   fashionable
modales *m. pl.*   manners
mojar   to wet, dampen
molestar   to bother
molesto *adj.*   bothersome
mondadiente *n.*   toothpick
moneda   coin, money
  moneda corriente   currency
monja   nun
mono   joker *(cards)*; monkey

montar   to mount; to get on or in; to ride (a horse)
  montar en cólera   to become angry
monte *m.*   woods, forest, jungle; mountain; brush, weeds
montón *m.*   bunch, pile, heap
morado *adj.*   purple
mordaz *adj.*   biting, cutting, sarcastic
morder   to bite; to nip
moreno *adj.*   brown; dark
morir   to die
mostrar   to show, demonstrate, exhibit
mozo   waiter, servant; young man
mudarse   to move
mudo *adj.*   mute, speechless, silent
mueca   grimace; face
muerte *f.*   death
muestra   sample
muestrario   showcase
mujer   woman; wife
  mujer de edad   elderly lady
multa   fine, penalty
mundano *adj.*   worldly
muñón *m.*   stump (of an arm or leg)
muralla   surrounding wall
muro   wall; fence
musa   poetic inspiration

nacer   to start; to be born
nacimiento   birth
náhualt *n.*   the language of the Aztec Indians
naipe *m.*   cards; card games
naranja   orange
  media naranja   better half
nariz *f.*   nose
náutica   navigation (science of navigation)
navaja   switchblade
navajero *adj.*   switchblade carrying
necio *adj.*   stupid, ignorant; foolish; stubborn

negar   to deny
negarse   to refuse
negocio   business, deal
ni *conj. and adv.*   nor; not even; neither
  ni en   not even
  ni siquiera   not even
niñez *f.*   childhood
nivel *m.*   level
nocivo *adj.*   noxious, harmful
no obstante   notwithstanding; nevertheless
noroeste *adj. and m.*   northwest
noticia   news
noviazgo   engagement; courtship
nudillo   knuckle
nuera   daughter-in-law
número   number; issue

obedecer   to obey
obrar   to act
obsequiar   to treat
ocultar   to hide, conceal
oculto *adj.*   hidden
odiar   to hate
odio   hatred
oficio   position; trade
ojo   eye
ola   wave
oleada   pounding of waves
óleo   oil painting
  pintura al óleo   oil painting
oler   to smell
olfato   sense of smell
olor   smell
opacar   to outshine
oración   prayer; sentence
orgullo   pride
orgulloso *adj.*   proud; arrogant
oriente *m.*   east
orilla   shore
oriundo   native
  ser oriundo de   to come from
oscurecer   to get dark
oscuro   dark, obscure
óseo *adj.*   pertaining to bone
otorgar   to grant

otro   another; different
 otra vez   again

padecer   to suffer
padrino   godfather
paga   payment; pay, salary
pagar   to pay
pago   payment, prize, reward
paisaje *m.*   landscape
paja   straw; chaff; rubbish
paladar *m.*   palate; taste
palo   suit *(cards)*; stick
paloma   pigeon, dove
palpar   to feel, touch
panadería   bakery
pantalón *m.*   trousers, pants
 pantalón de vaquero   blue
 jeans
pantorrilla   calf
papa *m.*   Pope; *f.* potato
 no saber ni una papa   not to
 know a thing
 papas fritas   French fries
papel *m.*   role, part; paper
paquete *m.*   pack; package;
deck
para *prep.*   for; to; toward; in
order to
 para siempre   forever
parado *adj.*   standing
parar   to stop
 parar en seco   to come to a
 dead stop
pardo *adj.*   dark; brown; drab
parecer   to seem
parecerse a   to look like
parecido *adj.*   similar, like
pared *f.*   wall
pareja   couple, pair
parejo *adj.*   even, equal, like
parloteo   chatter
párpado   eyelid
partida   game, match (sports);
departure
 punto de partida   starting
 point
partidario   partisan, follower,
supporter
partido   game; district; faction

partir   to split; to break; to de-
part, leave
 a partir de hoy   starting today
parrandear   to go on a binge;
to paint the town red
pasar   to pass; to cross; to go
forward; to happen
 pasar el rato   to spend the
 time
 pasar por alto   to overlook
pasear   to take a drive; to
stroll
 pasear los ojos   to look
pasearse   to take a walk
paso   step, pace, gait; pass
pastilla   pill, tablet (of medi-
cine, candy, etc.); bar (of
soap)
pata   foot, leg (of table, etc.)
 de patas   on one's feet
patada *n.*   kick
pato   duck
patria   fatherland, native
country
paulatino *adj.*   gradual, slow
pausado *adj.*   slowly
pauta   norm
pavor *m.*   dread, terror
paz *f.*   peace
pecado   sin
pecar   to sin
pecho   chest, breast
pedazo   piece, portion, bit
pedido   order
 a pedido   on request
pedir   to ask, beg; to ask for;
to demand
 pedir ayuda   to ask for help
pegar   to hit; to join; to stick,
glue
 pegar gritos   to shout
peinar   to comb
pelea   fight
película   film; movie
peligro   danger
peligroso *adj.*   dangerous;
risky
pelo   hair; fur, coat; nap, pile
 pelos y señales   in detail

peludo *adj.*   hairy, shaggy,
furry
pellejo   skin, peel, rind, hide,
pelt
pellizcar   to pinch
pena   grief; pity; hardship
 a duras penas   with great
 difficulty
 me da pena   it grieves me;
 Am. to be embarrassed
 pena de muerte   death penalty
pensamiento   thought, mind
peón *m.*   unskilled laborer;
foot soldier; pawn (in chess)
peor *adj. and adv.*   worse,
worst
 peor que   worse than
pepita   seed; nugget (a lump
of gold or other mineral)
pequeñez *f.*   pettiness, small-
ness, trifle; meanness
percha   hanger
perdedor *m.*   loser
perder   to lose
perderse   to get lost
pérdida   loss, damage
perdido *adj.*   lost, strayed,
mislaid; *n.* bum, vagabond
perdurar   to last, endure
perecer   to die
peregrinaje *m.*   pilgrimage,
long journey
perezoso *adj.*   lazy
perfil *m.*   profile
periódico   newspaper
periodismo   journalism
peripecia   misadventure
perjudicial *adj.*   harmful, in-
jurious
permanencia   stay; duration;
stability
perseguir   to pursue
pertenecer   to belong, pertain;
to contain
perrillo   small machete
pesadilla   nightmare
pesar   to weigh; to consider; to
cause grief
pesarse   to weigh oneself

pescar to fish; to catch
pésimamente *adv.* horribly
pésimo *adj.* very bad
peso weight; monetary unit of several Spanish American countries
peste *f.* stench; epidemic, plague
picar to prick, pierce, bite, nibble; to stick, poke
picaresco *adj.* mischievous
pie *m.* foot
  a pie on foot
  de (en) pie standing
piedra stone
piel *f.* skin, hide, leather, fur
pierna leg
pieza animal; room (of a house); piece, part; play
  pieza de repuesto spare part
pifia mistake
pincel *m.* paint brush
piscina swimming pool
piso floor, ground
  piso alto upper floor
pitillo cigarette
plata silver; money
plátano banana
platicar to talk
platillo volador flying saucer
plato dish
playa beach
plazo term; date of payment
  a plazos on credit
plenamente *adv.* fully
pleno *adj.* full, complete
  en pleno in the middle of
  pleno de full of
poblador *m.* settler
pobre *adj.* poor
poder *m.* power
poderoso *adj.* powerful
podrido *adj.* rotten
polifacético *adj.* multi-faceted
polvo dust, powder
polvora gunpowder
poner to put
  ponerle el cuño to rest assured

ponerse to become; to begin to
  ponerse de pie to stand up
por by; for; on behalf of
  por ahí over there
  por ciento percent
  por encima de above
  por entre among, between
  por eso therefore
  por otra parte on the other hand
  ¿por qué? why?
  por supuesto obviously
porfiar to insist, persist
posterior *adj.* back, rear
postre *m.* dessert
potencia power; powerful nation
pradera prairie
preciso *adj.* necessary; precise, exact
predicar to preach
premio prize, reward
prensa press; printing press
preocuparse to worry
prescindir to omit; to disregard, set aside
préstamo loan
prestar to loan, lend
  prestar atención to pay attention
  prestar ayuda to give help
presumir to brag
presupuesto budget; estimate
prevenir to warn
prevenirse to prepare oneself
prever to foresee
primo cousin
  primo hermano first cousin
principio beginning; principle
prisa speed, haste
  de prisa quickly
  tener (estar de) prisa to be in a hurry
privar to deprive, prohibit
probar to try
proeza prowess
progenitor *m.* parent
prójimo neighbor, fellow being

propietario owner
propina tip
propio *adj.* own
  amor propio pride
proporcionar to furnish, supply; to give
propósito purpose
provecho profit, benefit, advantage
  buen provecho much good may it do you
próximo *adj.* close, near, neighboring
prueba test; trial; evidence, proof
  poner a prueba to test
púdico *adj.* modest
puente *m.* bridge
pues *conj.* since, because, for; then; *adv.* then; well
  así pues thus
  pues bien well then
  pues que since
puesto *n.* place; vendor's booth; post, position
  puesto que *conj.* since
pulir to polish
pulmón *m.* lung
pulmonar *adj.* pulmonary
puntualizar to stress
puñetazo blow with the fist, punch
pupila pupil (of the eye)

que that; which; who; whom
  la que the one that
¿qué? what?
quebrado *adj. and p.p.* broken
quebrantar to break, break down, break open
quebrar to go bankrupt, go broke; to break
quedar to remain, be left; to come out
  quedar atrás to leave behind
  quedar en to agree to
quedarse to stay
queja complaint; groan, moan

quejarse to complain
quemar to burn, scald
quemarse to be hot; to burn
querer to want; to love; to be willing
 querer decir to mean
queso cheese
química chemistry
quitar to remove, take away, deprive
quitarse to take off (clothing); to remove oneself

raído *adj.* worn out
raíz *f.* root
rama branch
rancho hut; camp; ranch
rascar to scratch
rasgo characteristic, trait, feature
rastrear to track
rato moment
 a ratos every now and then
reabastecerse to resupply
reanudar to resume, renew, begin again
rebajar to diminish, lower, reduce
rebasar to exceed, go beyond; to overcome
rebuscado *adj.* affected; pretentious
recado message
receloso *adj.* apprehensive
receta recipe; prescription
recetar to prescribe
recipiente *m.* container
reclamar to complain; to protest; to claim
recoger to pick up
recogerse to retire; to go home
recóndito *adj.* hidden
reconocer to identify; to know, recognize
recordar to remember, recall
recorrer to travel over; to go through, go over
recorrido trip, run

recto *adj.* straight
recurso recourse; resort; petition
recursos means, resources
rechazar to reject
rechinar to grate, grind; to gnash (the teeth)
refajo slip, underskirt
reflejo reflection
refunfuñar to grumble, mumble, growl
regalo present, gift
regañar to scold
regar to spread, irrigate, sprinkle, scatter
régimen *m.* diet
regir to rule, govern; to direct
regla rule
regreso return
 estar de regreso to be back
reino kingdom
reír to laugh
relámpago lightning
relato story, report, account
relucir to shine
rellenar to refill, fill up
remate *m.* finish, end; auction
rendir to give, yield, render
renovar to renew; to replace
renuencia resistance
repartir to give away, divide up, distribute, parcel out
reposar to rest
resaltar to stand out, project, be obvious
resbalar to slide, slip
resfriado cold
resolverse to decide; to resolve
respaldar to endorse, back, support; to guarantee
respirar to breathe
responder to answer
respuesta answer
restante *adj.* remaining; *m.* residue, remainder
restringir to restrict, limit
resultar to turn out to be, result, end up
resumen *m.* resumé, summary; recapitulation

 en resumen in brief
resurgimiento reappearance
retar to defy
reto challenge
retrasar to fall behind
retratar to portray, photograph
reunión meeting, gathering
reunir to reunite, gather
reunirse to meet, assemble
revés *m.* wrong side; reverse
 al revés inside out
revestir to dress
revuelta revolt, revolution; turn, bend
rezar to pray
riesgo risk
rigor *m.* severity; stiffness
 en rigor strictly
 ser de rigor to be absolutely indispensable
riguroso *adj.* strict, severe, rigorous
rincón *m.* corner (of a room), nook
riñón *m.* kidney
risueño *adj.* smiling, pleasant
robar to steal
rodear to surround; to go around, encircle
rodilla knee
 de rodillas on one's knees
rogar to beg
rojizo *adj.* reddish
rojo *adj.* red
romper to break, shatter, tear
ronco *adj.* hoarse
rondar to go around, hover around; to patrol
ropa clothes
 ropa hecha ready-made wear
rostro face
roto *adj. and p.p.* broken, shattered
rueda wheel
ruego plea, supplication, request
rugir to roar
ruido noise; dispute; rumor

rumbo   direction; route; course
rupestre *adj.*   rock or cave painting

sábana   sheet
saber   to know, find out
sabio   wise man; *adj.* learned
sabroso *adj.*   savory, tasty; delicious
sacar   to deduce; to get out, extract
sacerdote *n.*   priest
saciar   to satiate
saco   coat
sacro   holy
sacudir   to shake, shake off, jerk
salida   exit
salir   to turn out; to come out; to leave; to appear, turn up
salpicar   to splatter, spray, sprinkle
salsa   sauce
saltar   to jump, leap; to skip over; to jump out; to appear
salubridad   healthfulness, health; sanitation
salud *f.*   health
saludar   to salute, greet, say hello
sangre *f.*   blood
sangriento *adj.*   bloody
sano *adj.*   healthy
sastrería   tailoring, tailor's trade; tailor shop
satisfecho *adj.*   satisfied
secar   to dry; to wipe dry; to dry oneself
seco *adj.*   dry; cold; disagreeable
sed *f.*   thirst
seda   silk
sede *f.*   headquarters
sediento *adj.*   thirsty
según *prep.*   according to; *conj.* as; according to
seguir   to follow, continue; to pursue

seguridad   security, safety; certainty
   alfiler de seguridad   safety pin
selvático *adj.*   jungle-like
sello   seal, stamp
semana   week
sembrado   cultivated field
sembrar   to sow; scatter
semejante *adj.*   such; similar, alike, the same
   semejante a   like
semejanza   resemblance
semilla   seed
sencillo   simple
sendero   path, track
seno   breast, bosom; inner circle
sensible *adj.*   sensitive; perceptible
sentido   sense
sentir   to feel, sense; to hear
sentirse   to feel
señal *f.*   sign, symptom, signal
señalar   to mark, point out, indicate
señalarse   to distinguish oneself
servilleta   napkin
sevillana corva   curved knife
siempre *adv.*   always, all the time, ever
sien *f.*   temple (of the forehead)
significar   to mean
silbar   to whistle
sillón *m.*   rocking chair; large chair; easy chair
simpatía   charm; congeniality
simpático *adj.*   likeable; pleasant, attractive
sin *prep.*   without, besides; *conj.* without
   sin embargo   nevertheless
sitio   place; site
soborno   bribe
sobra   excess, surplus
   de sobra   excessive
sobre *prep.*   over, above, about
sobrepasar   to exceed, excel

sobresalir   to stand out, project; to excel
sobresaltar   to startle, frighten; to stand out clearly
sobrevenir   to happen, occur; to happen after
sobreviviente *m. and f.*   survivor; *adj.* surviving
sobrevivir   to survive
sobrino   nephew
socio   associate, partner; member
socorrer   to help
socorrido *adj.*   handy; trite; helped, aided, assisted
socorro   help, aid, assistance
solapa   lapel
soldar   to weld, solder
soledad   loneliness
soler   to have the custom of, be in the habit of
soltar   to set free, burst out, let loose, untie
soltero *adj.*   single, unmarried; bachelor
soltura   ease, agility
solucionar   to solve
sombra   shade; shadow; darkness
sonar   to ring, sound
sonreírse   to smile
sonriente *adj.*   smiling
soplar   to blow, puff; to blow up
soplo   puff, gust of wind
soportable *adj.*   bearable
soportar   to endure, put up with, tolerate
sor *f.*   sister *(eccles.)*
sorbo   sip, swallow, gulp
sostén *m.*   brassiere
sostener   to hold, support, defend
sota   jack *(cards)*
sótano   basement
subdesarrollado *adj.*   underdeveloped
subir   to climb, get into, go up
súbito *adj.*   sudden
   de súbito   suddenly

subterráneo   cellar, underground cave; subway
suceder   to take place, happen
suciedad   dirt, filth, dirtiness
sucio *adj.*   dirty
suculento *adj.*   juicy
sudar   to sweat
sueco *adj.*   Swedish
suegra   mother-in-law
sueldo   salary
suelo   ground, soil, land; terrain; floor
suelto *adj.*   loose
sueño   dream
suerte *f.*   luck, lot; way
  estar de suerte   to be lucky
sugerencia   suggestion
sumar   to add; to sum up
sumarse a   to join
sumido *adj.*   immersed
sumo *adj.*   supreme, highest
  a lo sumo   at most
superar   to surpass, exceed; to overcome
súplica   prayer
suponer   to suppose, assume; to be important
suprimir   to suppress; to abolish, cancel
surgir   to appear, arise, come forth, break out
surtido *adj.*   assorted
suspender   to end, suspend; to fail
suspiro   sigh
sutil *adj.*   subtle; fine, slender

tabaquismo   tobacco intoxication
tabla   board, plank, slab; list
tablas   draw, tie (in games)
tablero   playing board; board
tachar   to cross out
tajo   slash
tallar   to deal cards; carve, cut
talle *m.*   fit (of a dress); figure; waist
taller *m.*   repair shop
tamaño   size

tanto *adj. and adv.*   much, as much
tantos   so many
tapa   cover, lid
tardar   to delay, be late, take long
tardarse   to be delayed
tardío *adj.*   late; slow
tarea   homework, task, assignment
taza   cup; toilet
techo   roof; ceiling
tejido   fabric; texture; tissue
tela   cloth; membrane
  tela metálica   wire screen
temblar   to shake, tremble
temor *m.*   fear, dread
temporada   season
tenaz *adj.*   tenacious; firm
tenedor *m.*   table fork; holder, possessor, keeper
  tenedor de libro   bookkeeper
tener   to have; hold
  tener en consideración   to take into account
  tener en cuenta   to take into account
  tener ganas de   to feel like
  tener que (*+inf.*)   to have to
  tener sin cuidado   not to bother
teñir   to bleach
terco *adj.*   obstinate
ternura   tender feeling, tenderness
testigo   witness
tez *f.*   complexion
tibio *adj.*   lukewarm
tienda   store
tierra   earth, land, ground, soil
  tierra dentro   inland
  tierra firme   mainland
timón *m.*   steering wheel
tirar   to pull
tirarse   to lie down
  tirarse de clavado   to dive
tobillo   ankle

tomar   to take, catch, capture
  tomar el pelo   to make fun of
  tomar en cuenta   to pay attention to
tontería   foolishness
tonto   fool
torcido *adj.*   twisted
torear   to perform in a bullfight; to tease
torpe *adj.*   awkward; stupid, dull
tortuoso *adj.*   winding
tos *f.*   cough
tragar   to swallow, gulp; to engulf, swallow up
trago   shot, swallow
  echar un trago   to take a drink
traicionar   to deceive; to betray
traje *m.*   suit, dress
  traje de baño   swimming suit
trama   plot
tramo   stretch; short distance; lap
trancarse   to lock oneself up
tranquilizante *adj.*   soothing, reassuring
transigir   to compromise
tranvía *m.*   streetcar
trás *prep.*   after, behind
  trás que   after which
trasladarse   to move; to remove; to transfer
tratado   treatise
travesía   trip; crossing
trazado *adj.*   outlined
trazar   to trace, sketch, draw; to plan
trecho   stretch; distance
triste *adj.*   sad, sorrowful
tropezar con   to stumble upon
trozo   section, piece, bit
truco   trick
trucha   trout
trueno   thunder; explosion
turbar   to disturb, perturb
turnarse   to take turns

único *adj.*   only, sole; unique
untar   to smear
uña   fingernail

vaca   cow
  carne de vaca   beef
  cuero de vaca   cowhide
vaciar   to empty
vacilar   to hesitate, waver
vacío *adj.*   empty, hollow; *n.* vacuum
vacuna   vaccination
valer   to be worth; to cost
  más vale   it is better
  valer la pena   to be worth-while
vanagloriarse   to boast
vaquero   cowboy
varón *m.*   male
vaso   drinking glass
vecindario   neighborhood
vecino   neighbor; resident
vejiga   bladder
velocidad   speed, pace; gear
venado   deer
vencer   to overcome, conquer, defeat
venidero *adj.*   coming, future
venta   roadside inn; sale
ventaja   advantage; odds

ventorrillo   store, small shop
ver   to see, look, examine
  a mi modo de ver   in my opinion
  venir a ver   to open one's eyes
vera   edge
  a la vera del camino   at the edge of the road
veraniego *adj.*   summer, of summer
verdadero *adj.*   real, true; sincere
verdura   green vegetable
vértice *m.*   vertex, top
vestido   dress
vestimenta   dress
vestir   to dress
vestuario   wardrobe
vetusto *adj.*   old, ancient
vía   way; road; railroad track
viajero   traveller
vidrio   glass
viejo   old; old man; *fig.* father
viento   wind, breeze
vigencia   effect
vínculo   bond
virar   to turn (up)
virrey *m.*   viceroy
vista   sight, view; landscape
vistazo   glance

vistoso *adj.*   showy; colorful
vitrina   glass case; showcase
viuda   widow
vivero   tree nursery; fish hatchery
vocablo   term; word
voluntad   will
volver   to return; to turn
  volver a toparse   to meet again
  volver loco   to drive crazy
  volverse atrás   to go back
vuelo   flight; fullness (of a dress or cloak)
  a vuelo de pájaro   a bird's eye view
  levantar el vuelo   to take off
vuelta   turn
  dar vueltas   to go by

yema   egg yolk
  yema del dedo   fingertip
yerno   son-in-law
yeso   chalk; plaster

zanjón *m.*   deep ditch
zorro   fox
zumbido   buzz